D1923099

TOBIAS AICHELE

PORSCHE 911 · DER LUFTGEKÜHLTE BOXERMOTOR

HEEL

meiner Mutter gewidmet

TOBIAS AICHELE

PORSCHE 911

DER LUFTGEKÜHLTE BOXERMOTOR

HEEL

Mit freundlicher Unterstützung von: Jörg Austen, Oliver Bienert, Marc Bongers, Heinz Dorsch, Claus Ellermann, Martina Eibel-Ziegler, Paul Hensler, Wilfried Holzenthal, Hans Mezger, Olaf M. Ohl, Dr. Reiner Olzem, Klaus Parr, Wolfgang Peters, Cornelia Pfleiderer, Oliver Schrape, Klaus Steckkönig, Stefan Weidenfeld und Roland Wolf.

Fotos im Inhalt: Tobias Aichele, Christoph Bauer, fact by Joachim Schahl, Porsche Archiv, Reinhard Mutschler, H. D. Seufert, René Staud Studios und Peter Vann.

Ein besonderer Dank gebührt meiner Frau Cornelia und meinen beiden Töchtern Cäcilie und Chiara, die zahlreiche Abende und Wochenenden ohne mich verbringen mußten.

HEEL Verlag GmbH
Wintermühlenhof
53639 Königswinter

Telefon: 0 22 23 / 92 30-0
Telefax: 0 22 23 / 92 30 26

© 1997 Heel AG, Schindellegi, Schweiz

Autor und verantwortlich für den Inhalt: Tobias Aichele

Das Werk entstand im Rahmen der „Forever young-Collection by Tobias Aichele"

© 1997 für die CD „Porsche Sechszylinder-Boxer-Sounds" by Olaf M. Ohl, Xemxija, Malta

Umschlaggestaltung: Olaf Schumacher Artwork, Königswinter
Titelfoto: René Staud Studios
Reproduktion: Mayer + Rudolph GmbH, Stgt.-Fellbach
Druck und Bindung: New Interlitho spa, Italien
CD-Vervielfältigung: Glimex GmbH, Hamburg
Printed and bound in Italy

Alle Rechte vorbehalten

ISBN 3-89365-625-1

Inhalt

Hans Mezger

Viel Potential

Anfang der sechziger Jahre hatte man bei Porsche zwei ehrgeizige Projekte in Angriff genommen: einmal den Bau eines Formel-1-Rennwagens und gleichzeitig die Entwicklung eines neuen Sportwagens, der den 356 ablösen sollte.

Um es vorweg zu nehmen: Der luftgekühlte Sechszylinder-Boxermotor hat alle Anfang der sechziger Jahre aufgestellten Prognosen deutlich übertroffen. Er konnte dreieinhalb Jahrzehnte im Heck des 911 jung bleiben und trug wesentlich dazu bei, daß der Elfer zur Legende wurde.
Anfang der sechziger Jahre war ich zunächst für das Formel-1-Projekt eingesetzt. 1963 kam ich dann zusätzlich in das Team von Ferdinand Piëch, das den Sechszylinder-Boxermotor für den neuen Sportwagen entwickelte. Bei dem Motor – er hieß damals noch Typ 821 – handelte es sich um eine komplette Neukonstruktion.
Das neue Triebwerk sollte darüber hinaus so konstruiert werden, daß es genügend Potential für leistungsstärkere Rennsport-Versionen aufweist. Diese Vorgabe führte zu einer technischen Auslegung, durch die der Sechszylinder-Boxer das vielseitigste Triebwerk überhaupt werden konnte. Der Motor hatte zudem einen weiteren Vorteil: Er war äußerst zuverlässig, fast dreieinhalb Jahrzehnte lang im Straßensportwagen gleichermaßen wie in den Rennwagen. Auf Basis des luftgekühlten Boxer konnten die Techniker im Forschungs- und Entwicklungszentrum in Weissach faszinierende Derivate entwickeln, beispielsweise die überaus leistungsstarken Turbo-Motoren. Porsche hat 1976 den Langstreckenklassiker „Le Mans" als erster Hersteller überhaupt auf einem aufgeladenen Triebwerk gewonnen. Nur zum Formel-1-Triebwerk ist der luftgekühlte Boxer nie geworden.
Ich freue mich sehr, daß Tobias Aichele dem luftgekühlten Sechszylinder-Boxer zu dessen Abschied ein Buch schreibt, das alle Facetten einer einzigartigen Erfolgsstory aufzeigt.

Hans Mezger

Kunst und Kühlung

Tobias Aichele

Südfrankreich, Nans-les-Pins, am 11. März 1995 um 10.30 Uhr. Das milde Frühjahrslicht schimmert durch den dicht bewaldeten Park und scheint in die Empfangshalle des schmucken Golfhotels „Domaine de Châteauneuf". Es taucht die Technik eines sorgsam aufgestellten Turbo-Triebwerks in weiches Licht und zeigt, daß dieser Motor zu zwei Dritteln aus Ansaug- und Abgas-Trakt besteht. Der Rest ist die schiere Mechanik.

Damals, in der Funktion des Presse-Inlandschefs der Porsche AG, habe ich gerade die letzten Journalisten vor Ihrer Probefahrt mit dem brandneuen Porsche 911 Turbo verabschiedet. Zurück bleibt Peter Vann, ein Schweizer Fotograf, der von sich selbst sagt, daß er in Paris lebt und in der ganzen Welt arbeitet. Doch nicht nur das Weltmännische zeichnet Vann aus, es ist vielmehr sein fotografischer Blick, sein ganz persönlicher Stil.
So wundert es mich eigentlich nicht, daß er mich fragt, ob man den Motor für ihn im Park neben einer Statue aufbauen könne. Kein Problem. Natürlich kann man. Zwei Mechaniker werden die wuchtige Auspuffanlage demontieren, um das Triebwerk durch das Eingangsportal zu bekommen, und werden das Ganze vor der Linse Vanns wieder zusammenbauen.
Das Foto wurde dann der Aufmacher der Turbo-Story in einer Automobilzeitschrift, eine Vergrößerung schmückte die Wand meines Büros in Stuttgart-Zuffenhausen. direkt neben einem 911 Carrera RS 2.7-Triebwerk, das als technisches Feature mit mir meinen Arbeitsplatz teilte.
Vann-Aichele - Spinner unter sich? Ja und nein. Vann erklärte den luftgekühlten 911-Motor in seiner damals stärksten Version fotografisch zum Kunstwerk. Ich teile diese Ansicht und sehe den 911-Motor zusätzlich - in all seinen 40 Straßenvarianten - als ein technisches Kulturgut, das ich mit diesem Buch würdige.
Die Idee, ein Motorenbuch zu schreiben, wurde an diesem Samstagmorgen in Frankreich nicht geboren. Aber es war ein Auslöser, der Folgen haben sollte. Mir wurde durch den Anblick des aus dem Blechkleid herausgelösten Motors erneut bewußt, wie entscheidend der luftgekühlte Sechszylinder-Boxermotor zum Mythos 911 beigetragen hat. Er sensibilisiert drei Wahrnehmungsarten: das Sehen, das Spüren und das Hören.
Zur optischen Wahrnehmung: In den letzten drei Jahrzehnten wurde keine Motorhaube so oft spaßeshalber geöffnet wie die des Elfers. Wer das Auto betrachtet, riskiert stets auch den Blick auf den Boxermotor mit seinem dominant vorangestellten Lüfterrad. Einige macht der Anblick sogar süchtig, wahrscheinlich auch mich. Also ließ ich ein Zwei-Liter-Triebwerk mattschwarz lackieren und stellte es in den Garten meines Stuttgarter Büros - um die vier Jahreszeiten auf den Motor wirken zu lassen: Frühling, Sommer, Herbst und Winter (Fotos Seite 138). Zudem sollte der zum Kunstobjekt mutierte Motor die Resistenz des Triebwerks, seine Unverwüstlichkeit symbolisieren.

Die zweite Art der Wahrnehmung, das Spüren, ist nur den 911-Fahrern vergönnt: Zu spüren, wie der Boxer am Gas hängt und jede Fußbewegung sofort mit einem unerhört kraftvollen Schub nach vorne beantwortet. Der 911 Carrera RS 2.7 von 1973 ist dabei das Maß der Dinge, noch heute. Wenn man das Gaspedal niedertritt, beschleunigen die 210 Pferdestärken selbst die 1075 Kilogramm starke Touring-Version (die Rennderivate wiegen gerade rund 900 Kilogramm) mit einer Vehemenz, die der Fahrer nie vergißt. Der Sechszylinder mit einer einzigartigen Direktheit an. Fragen nach bleifreiem Kraftstoff und Lärmvorschriften waren sekundär, und ein lauter und relativ durstiger Wagen stellte im gesellschaftlichen Umfeld noch kein Problem dar. Danach ging es „bergab", was aber nicht nur spezifisch verstanden werden muß.

Dann der Klang: Jedes Kind erkennt den 911 bereits an seinem Ton, an diesem unverkennbaren Singen oder Bellen oder Grummeln, je nachdem - in den frühen Zweiliter-Versionen durch zahlreiche mechanische Geräusche noch etwas getrübt. Schon nach dem Anlassen läßt das Geräusch in seiner Eindeutigkeit die Herzen der Fans höher schlagen. Der metallische Klang des Motors dringt ohne Dämpfung durch einen Wassermantel unmittelbar ins Ohr. Hinzu kommt das charakteristische Heulen des zwölfflügeligen Gebläses, das sich bei den aktuellen Motoren fast 10.000 mal pro Minute dreht und an einen kühlenden Ventilator in

Porsche gelang mit dem Turbo 3.6 der große Wurf. Peter Vann würdigte das 408-PS-Triebwerk mit einem besonderen Foto, das das Aggregat zum Kunstwerk machte.

südlichen Ländern erinnert. In einem Porsche 911 kommunizieren Mensch und Maschine – bei jeder Geschwindigkeit. Man hört ihn heulen, brüllen oder sägen - oder beispielsweise im Carrera 2/4 ab Modelljahr 1989 erst tief brummen und sich bei hohen Drehzahlen zum tosenden Schreien steigern. Selbst im Stand, mit abgeschaltetem Motor, artikuliert er sich noch lange mit einem leisen Knistern, als ob er heiser sagen wollte: Ich freue mich auf die nächste Fahrt. Der Klang geriet dabei so einzigartig, daß er selbst bekannte Musiker und Dirigenten verzauberte. So äußerte sich Herbert von Karajan voller Überzeugung: „Der Klang eines 911 wird nur durch einen guten Mozart übertroffen." Auch Justus Frantz, Dirigent und Pianist, stimmt in diese Lobeshymne ein: „Porsche ist zeitlose Harmonie." Somit könnte das Spektrum der Fans des luftgekühlten Boxer-Sounds nicht breiter sein: vom Kind bis zum Musiker mit dem dritten Gehör.
So wurde für mich die Idee schnell zur Notwendigkeit. Wir können schließlich nicht den Lesern dieses Buchs rund 200 Seiten Boxermotoren-Erlebnis bieten und sie dann zurücklassen, ohne die beschriebenen Klänge hören zu können. Der HEEL-Verlag zeigte sich kooperativ, so daß wir dieser Würdigung des luftgekühlten Sechszylinders eine Audio-CD beifügen können. Eine Scheibe, die einen repräsentativen Querschnitt aller 911-Motoren und deren Rennderivate erklingen läßt. Für dieses aufwendige Projekt konnte ich Olaf M. Ohl aus Malta gewinnen, der dafür einige Monate in Deutschland verbrachte. Die Aufnahmetermine auf dem ehemaligen Flughafen in Malmsheim bei Stuttgart oder auf dem Nürburgring gerieten dabei zu stattlichen Porsche-Treffen.
Auch Zeitzeugen konnte ich finden, im Ruhestand. Über 30 Jahre war Hans Mezger an der Entwicklung der Porsche-Motoren für die Straße und vor allem für den Motorsport beteiligt. Spätestens nachdem McLaren dreimal mit seinen Turbomotoren Weltmeister werden konnte, war klar: Mezger ist ein Motorengenie. Auch Paul Hensler kam 1958 direkt von der Hochschule zu Porsche und zeichnet sich als besonders intimer Kenner der Motorentechnik aus. Bis zu seinem offiziellen Ausscheiden vor knapp vier Jahren leitete er den Motorenversuch im Forschungs- und Entwicklungszentrum in Weissach und ist heute mit der Dokumentation sämtlicher bei Porsche jemals entwickelten Motoren betraut. Das Duo stand geduldig Rede und Antwort.
Warum Abschied? Weil nur der 911 bis 1997 von einem luftgekühlten Sechszylinder-Boxermotor angetrieben wurde. Dabei ergibt das Zusammenspiel von Luftkühlung und Boxerprinzip eine Rarität an sich, die mit dem Modellwechsel zum 996 in Serienfahrzeugen nahezu ausstirbt. Spätestens mit der Einführung des neuen 911 Turbo im Jahre 1999 wird dieses pulsierende Herz aufhören zu schlagen. Übrig bleibt in dieser Gattung dann nur noch der aus Mexiko reimportierte VW Käfer, und das ist auch noch nicht sicher.
Durch technische Ansprüche und gnadenlose Umweltauflagen wird dann die Luftkühlung ein Thema von gestern sein. Nüchtern betrachtet, kein Grund zum Wehklagen. Zumal es einen Trost gibt: Ein Porsche 911 ist so langlebig, daß er nicht unbedingt neu sein muß. Ich jedenfalls werde den bisherigen Elfer vorläufig noch brauchen, weil ich eben Luft brauche.

Einige persönliche Erinnerungen an den luftgekühlten Boxermotor

Das verlorene Glück des Ohrensausens

Zu den Autos, die ich nie in der letzten Konsequenz ihres inneren Seins erfassen werde, gehört der Porsche 911. Aber das bedrückt mich nicht. Im Gegenteil. Dieses Unvermögen ist zwar eine kleine, offene Wunde, die schmerzt, wenn man auf sie drückt. Aber ich werde mit dieser Wunde zum Kinde, das sich mit der Süße des Schmerzes vertraut macht, indem es sich diesem aussetzt. Und dem Porsche 911 konnte man sich in den frühen Jahren der Unschuld des Autos gar nicht genug aussetzen.

Es war ja auch immer während jeder Fahrt das Entdecken der Fährten des eigenen Lebens. Und es zogen Ahnungen von Träumen herauf, die hätten wunderbar sein müssen, wenn man nur das Wagnis eingegangen wäre, sie zu träumen. Ich glaube, es gibt kein Auto, das mehr für die Freiheit und mehr für die persönliche Unabhängigkeit des Fahrens steht als der Porsche 911. Das hängt natürlich auch damit zusammen, daß der Motor zu durchaus unterschiedlichen Wirkungen auf Physis und Psyche des Fahrers fähig ist. Und wenn ich mich genügend tief erinnere, ist da ein leichter Hauch des Verstehens, daß die wirklich wichtigen Lebensäußerungen nicht nur von der Technik, wie Gang, Drehzahl oder Stellung des Gaspedals abgängig waren. Das Mirakel dieser Maschine ist ihr starker Charakter, der es ihr gestattete, gleichzeitig sich selbst treu zu bleiben und mir die Chance zu geben, in ihr das eigene - durchaus wechselnde - Gefühl für das Leben verstärkt und in ungeheurem Maße komprimiert zu finden.

Es ist der Fahrer, der mitleidlos und ohne Erbarmen sein kann.

Sie konnte vor der Anfahrt zu den Pässen und Alpen unvergleichlich inständig um Heizen und Hetzen flehen und bitten, sie konnte den Bewerbern um den besten Startplatz an der Ampel auf der Cristoforo Colombo südlich von Rom drohen und ihre Nichtigkeit bedeuten, sie war ordinär und grollend zwischen den Hochhäusern auf der Bankenmeile in Frankfurt, sie konnte schmeicheln und charmieren auf der Uferpromenade von Nizza, sie pfiff und sie kreischte auf der A7 zwischen den Weinreben vor Würzburg und den Kühen des Allgäu und sie atmete tief und flüsterte und sprach Worte der Liebe, wenn sie im Dunkel der Nacht auf dem Weg zur Berghütte am Rande des Kaunertales war, wo die holzgetäfelten Räume nur Raum hatten für zwei Menschen, einen Ofen und ein wenig roten Wein. Und sie klang traurig und war müde und weh auf dem Weg durch einen Herbst, der dunkle Tage des Abschiedes von lieben Menschen und die Trennung von ihr gebracht hatte. Und sie war zwar eine Maschine für alle Zeiten des Tages und für alle Jahreszeiten. Aber ihre Gespräche mit dem Fahrer und ihre Rufe nach draußen klangen keineswegs immer gleich. Mir scheint es, als seien ihre Töne auf nassem Asphalt noch eine Spur schärfer, gleichzeitig aber auch verhaltener. Vielleicht sind dann die Sinne nur schärfer. In einem heißen Sommer mit flirrender Hitze klingt der Motor natürlich anders als im Winter, und dann ist kein Vergleich mit dem Frühling, der neuen Aufbruch bringt, oder unter eine Decke feuchter Luft, wie sie sich gerne in der herbstlichen Ebene des Po nach einem warmen Tag bildet. Nirgendwo sonst fällt die Maschine mit der gesamten Welt ihrer Vokale mehr nach innen als im Winter. Vielleicht ist es die Stille rundum, eine kalte Welt aus Watte, Schnee schluckt und verstärkt zugleich das langsame Hämmern von Metall auf Metall, das schärfere Hämmern und dann das kreischende Drehen des Lüfterrades und das Blasen aus dem Endrohr der Abgasanlage, das zu einer Trommel wird auf dem Fell im Ohr. Das innere Wesen des Porsche 911, dort wo er lebt und pulst und vibriert, das ist sein Motor. Und dieser ist berechen- und konstruierbar, und man kann ihn in Daten und Zahlen abbilden. Aber ich werde ihn in seinem Innern nie begreifen. Beim Starten des 911 ist der richtige Griff nach links, ohne den zückenden Irrweg mit dem rechten Arm nicht das wichtigste Ritual. Ich habe immer vermieden, diese Maschine einfach wie einen Lichtschalter anzuknipsen, ohne das Bewußtsein für diesen Vorgang und den Folgen daraus, geschärft zu haben; sie niemals im Lauf eines Tages für eine belanglose Fahrt, wie zum Beispiel für ein Kreditgespräch in der Bank am Nachmittag, mit diesem Hoppla-Hopp-Gefühl wie bei einem japanischen Kleinwagen einfach anzulassen. Ich starte sie - wenn überhaupt - erstmals immer am frühen Morgen. Frühstücken kann man später oder einen Apfel essen. Und ich starte, wenn es irgend geht, ohne zuvor mit einem Menschen gesprochen zu haben. Oder gar von einem Radio angeplärrt worden zu sein. Das ist, wenn die Frau des Lebens gleichzeitig erwacht und sich sehnt nach den schönen Worten, die man ihr versprochen und am Abend zu sagen, kaum mehr imstande war, nicht immer ganz einfach zu erfüllen. Der frühe Tag ist in unserem Ort, der ein kleiner ist, und von den kühlenden Wäldern des Spessart umfangen wird, eine angenehme, klare Zeit des Überganges. Das Auto scheint noch in seinen Träumen zu ruhen und dennoch wartet es bereits. Es weiß nur noch nichts davon. Denn sein Schicksal ist ja nicht die Immobilität, sondern es ist der Fahrer, der mit-

Es gibt dieses Niemandsland in der Landschaft des Gaswechsels.

leidlos und ohne Erbarmen sein kann. Der Zündschlüssel gleitet weich hinein in sein Schloß, die Pedalerie bleibt unberührt, nur die rechte Hand liegt weich auf dem Kranz des Lenkrades. Der Zündschlüssel kreiert ein feines Knacken, so als breche die Schere eines Hummers, der es liebt, begleitet von einem weichen Chardonnay, verzehrt zu werden. Dann summt für den Bruchteil einer kleinen Ewigkeit irgendwo eine Starteinheit und dann bricht die Maschine los. Unvermittelt ereignet sich das von einem umfallenden Tellerstapel ausgehende Erdbeben, sie warnt nicht durch das Drehen des Anlassers und sie kann in diesem Moment rücksichtslos bis zur Gemeinheit sein. Sie beginnt nicht mit einzelnen, zögernden Zündfolgen die sich erst noch stabilisieren müssen, sie schreit ihre Empfindungen gleich ohne Hemmungen hinaus. Es ist der erste Schrei einer verletzbaren Kreatur am Morgen, die nicht weiß, daß die Nacht bereits vorüber ist und die zunächst Furcht hat vor dem Tag und erst dann erkennt, daß die Sonne schon warm ist und noch immer kleine Käfer im Kartoffelfeld sitzen. Dann fällt dieser Schrei in sich zusammen, der Motor murmelt seine Morgengebete und ich hoffe wieder darauf, sein Herr sein zu dürfen und vertraue auf seine Arbeit, die nicht billig, aber unbezahlbar ist: Eine Maschine, die aus freien Stücken heraus die Rolle der Unterwerfung übernommen hat. Sie könnte ja auch ihre Dienste einstellen. Ich bin jeden Morgen nach diesem ersten Schrei der dankbarste Mensch der Welt.

Wenn die Maschine erwacht ist, sich bei mittleren Drehzahlen den Schlaf aus den Ventilsitzen gerieben hat, horche ich auf der ersten kleinen Steigung in sie hinein. Und in mich selbst. Es könnte ja ein Tag sein, der niemanden über mittlere Drehzahlen hinausbringen muß, und wer sich zur Eile entschließt, kommt häufig zu spät. Ich war im Oberbayerischen vor vielen Jahren mit einem Porsche 356 noch unterwegs, da hielt die Nadel des Tourenzählers sich immer nur in einem Segment auf, das sehr grün war. Und wir waren sehr schnell dabei. Es ist ja nicht die Wut des Fahrers, die ein Auto zügig werden läßt, es sind seine Wachheit und sein Witz. Und mitunter lacht die Maschine des 911 sogar, vielleicht weil ich ihr auf langen Strecken nur die besten Pointen zum Schmausen vorlege. Es ist ein ehrliches Lachen, sie muß mir ja nichts vormachen und mir zu Gefallen sein, frisches Öl erhält sie auch so. Die Schaltpausen gönnen wir uns beide. Weil ich die Gänge nicht durchreiße, sondern durchschalte, den Wechsel von einer Position in die andere zerlege in Verlassen, Suchen, Finden und Einlegen, gibt es dieses Niemandsland in der Landschaft des Gaswechsels. Dann wird ihre Stimme für Bruchteile einer Zeit, die sich in Tönen messen läßt, leiser, sie klingt ein wenig heiser heute, denke ich besorgt, und drehe sie etwas höher, lege mein Ohr abwechselnd auf die Frischgas- oder auf die Abgasseite und glaube, daß da ein metallisches Geräusch ist, das gestern noch nicht da war, aber dann verschwindet es wieder und ich erreiche mit einem kräftigen Kreischen aus der Maschinenhalle jenen Ort, an dem die Seele zuhause ist.

Es gibt Tage, da sind die Laute der Maschine das Licht in der Finsternis des Business. Sie macht Mut zu Gesprächen, die ich besser auf morgen verschoben hätte. Mit dieser Maschine im Rücken, was kann mir da schon geschehen, überstehe ich diese Wut des Gaswechsels, dieses heftige Hecheln nach vorne, diese Aufforderung, ihr nun doch noch mehr und noch mehr Stoff zu geben, dann kommt man auch unbeschadet durch die Steuererklärung oder wieder aus der Praxis des Zahnarztes.

Dann ist die Zeit für heimliche Triumphe. Und die nehme ich mir im 911 nicht irgendwo, sondern draußen, vor der Stadt, in einem mittleren Gebirge, auch einer Landstraße, die nicht nur Hügel und Kuppen, sondern auch Hohlwege und eine Allee mit alten Pappeln, Bäumen die sonst nicht so alt werden, kennt. In den Hohlweg taucht der 911 untertourig ein, geschmeidig und ohne Spritzer, wie ein geübter Springer vom Zehn-Meter-Turm. Der Motor raschelt wie ein dickes, etwas gelangweiltes Kind beim Streifen durch ganz trockenes Laub, konstantes Gas hält ihn auf einem Niveau, auf dem die Teufel noch sehr kultiviert mit den Sündern umgehen. Noch bevor der Hohlweg zur Hälfte durchmessen ist, steigt die Straße an und macht einen Buckel, hinter dem sie dann abfällt;

Noch bevor der Hohlweg zur Hälfte durchmessen ist, steigt die Straße an und macht einen Buckel, hinter dem sie dann abfällt.

gleichzeitig gehen die Wände des Weges von festem Erdreich über in Gestein. Wenn ich konzentriert fahre, gelingt es, exakt vor dem Buckel den zweiten Gang einzulegen, mit dosiertem Zwischengas wird heruntergeschaltet. Dann klingt die Maschine wie eine kalte Nadel aus Stahl, die gespannt und dann losgelassen worden war, nur etwa so, als wäre es eine Million Nadeln, die von tausend Teufeln auf eine Eisenplatte geworfen wurden. Und aus dem Motorraum brechen berstende Töne hervor, die von den Wänden zurückkommen und dann über mir in der engen Fahrerkabine zusammenschlagen, als seien sie Wellen des Atlantiks vor der französischen Küste.

In meinem Ohr beginnt es zu sausen und zu brausen, fast gerate ich kurz an die Grenze zur Taubheit, ein Tor wird man dabei sowieso, aber ein kluger Tor, der die Ursache seines eigenen Verfalles kennt. Die Wirklichkeit ist nicht mehr Motor und mechanische Geräusche, die Realität ist ein tiefes Rauschen, das sich im Brustkorb austobt und dort seine Kraft verliert. Auf dem kleinen Gefälle in meinem Hohlweg entspannt sich dann alles wieder sehr rasch und das Glück des Ohrensausens geht verloren. Aber nur für die Dauer der zweiten Anfahrt zum Hohlweg. Denn der 911 ist kein Auto, mit dem man eine Strecke nur einmal hört.

Mit dem Vierzylinder-Boxermotor fing alles an

Aus der Notwendigkeit wird Tradition

Firmengründer Ferry Porsche griff Ende der vierziger Jahre auf Käfer-Technik zurück, als er die ersten Porsche vom Typ 356 schuf. Somit war die hecklastige Bauweise mit einem hinter der Hinterachse plazierten Motor vorgegeben. Auch das Triebwerk an sich war mit dieser kooperativen Vorgabe vorgegeben: ein luftgekühlter Vierzylinder-Boxermotor.

Am 18. September 1948 schrieb Heinrich Nordhoff vom Volkswagenwerk in Wolfsburg an Ferry Porsche, Porsche Konstruktionen GmbH in Gmünd/Kärnten, wie folgt: „Unter Bezugnahme auf Ziffer II/2 des Vertrages mit Ihrer Gesellschaft vom 17.9.48 erklären wir uns damit einverstanden, dass Sie auf der Grundlage der Volkswagenkonstruktion Sportwagen bauen. Wir verpflichten uns, Sie durch Anlieferung von Aggragaten und Einzelteilen des Volkswagens zu unterstützen."

Gemäß dieses Vertrages handelte es sich bei den ersten Motoren, die in den ersten rund fünf Monaten des Jahres 1949 eingebaut wurden, um Exemplare mit originalen VW-Zylinderköpfen, also mit parallel hängenden Ventilen. Danach verwendete der Sportwagenhersteller Porsche-eigene Zylinderköpfe, deren Ventile im Winkel zueinander hingen. Dabei waren die Auslaßventile um 32 Grad geneigt. Durch diese Maßnahme konnten die Einlaßventile um zehn auf 38 Millimeter vergrößert werden, die Auslaßventile um zwei auf 31 Millimeter. Damit stieg die Motorleistung von 35 PS auf 40 PS bei 4000/min. Der Hubraum betrug lediglich 1,1 Liter.

Die hängenden Ventile wurden über Stoßstangen und Kipphebel von jeweils einer zentralen, stirnradgetriebenen Nockenwelle betätigt. Die Kurbelwelle war vierfach gelagert, die Schmierung erfolgte im Druckumlauf. Für das Gemisch waren zwei Solex-Fallstromvergaser mit abgeändertem Saugsystem verantwortlich. Die Luftkühlung erfolgte durch ein Gebläse, das auf der verlängerten Welle der Lichtmaschine saß. Es wurde durch einen nachstellbaren Keilriemen von der Kurbelwelle aus angetrieben.

Die Luftkühlung funktioniert wie folgt: Das Gebläserad saugt durch eine Öffnung im Gebläsegehäuse Luft an. Diese Kühlluft wird durch Luftleitbleche überall an den Zylindern vorbeigeführt. Der Vorteil dieses Systems liegt im problemlosen und wartungsfreien Betrieb. Zudem sind luftgekühlte Motoren leichter. Nachteilig sind die notwen-

Vor-A-Motor von 1951 für eher bescheidenen Fahrspaß. Zwei Doppel-Fallstrom-Vergaser sorgen für das entsprechende Gemisch.

dige, höhere Geräuschdämpfung durch den fehlenden Wassermantel und die schwieriger darzustellende Heizung. Das Gebläse „frißt" darüber hinaus drei Prozent Motorleistung.

Das Motoren-Grundprinzip blieb in den Folgejahren erhalten, Leistung und Hubraum hingegen stiegen kontinuierlich: bis zu 130 PS aus zwei Litern Hubraum. Dabei zeichnete den Sportwagenhersteller immer ein sehr vielfältiges Motorenangebot aus. So gab es 1954 beispielsweise eine 1100-Version mit 40 PS, einen 1300 und 1300 A mit 44 PS, einen 1300 S mit 60 PS, einen 356 1500 mit 55 PS und das Spitzenmodell 1500 S mit 70 PS. Für alle Triebwerke fand sogar das gleiche Kurbelgehäuse Verwendung. Erst als das Topmodell über 1600 Kubikzentimeter verfügte, wurde es ersetzt. Dann auch gleich in allen Varianten.

Der 1600 S mobilisierte muntere 75 PS. Dieses Triebwerk gilt heute als optimale Motorisierung für die relativ leichten 356. 1963 erweiterte der Super 90 mit 90 PS das Lieferprogramm und ein Jahr später bot Porsche mit dem auf 95 PS erstakten 1600 SC das kräftigste Triebwerk mit stoßstangengesteuertem Ventiltrieb an.

Natürlich erkannten die Techniker, daß der Stoßstangenmotor des 356 immer wieder an seine Grenzen stieß.

Nächste Seite:
Oben: 1,1-Liter-Triebwerk eines 1100 Continental von 1955. Als Höchstleistung wurden 40 PS angegeben, als Dauerleistung 36 PS.

Unten: Der 356 B T6 verfügte in seiner schwächsten Version über 60 PS aus 1,6 Litern Hubraum.

„Beim 356 ist man noch nach Öltemperatur gefahren", konkretisierte der langjährige Entwicklungschef Helmuth Bott kurz vor seinem Tod am 14. Mai 1994 noch einmal. Eine kompromißbehaftete Lösung stellten die technisch sehr aufwendigen Carrera-Motoren dar. Deren Kurbelgehäuse, Zylinder und Köpfe bestehen aus Leichtmetall, wobei die Laufflächen hartverchromt sind. Die in den Zylinderköpfen V-förmig im Winkel von 78 Grad angeordneten Ventile werden über je zwei obenliegende Nockenwellen durch Schlepphebel gesteuert. Die Nockenwellen werden durch sogenannte Königswellen angetrieben. Eine Doppelzündung mit zwei Kerzen pro Zylinder, zwei direkt von den Einlaßnockenwellen angetriebene Verteiler, zwei Zündspulen und zwei Doppelvergaser vom Typ Solex PJJ komplettieren das technische Meisterwerk.
Die enge Verwandtschaft zu den bereits im 550 Spyder eingesetzten Sportmotoren dokumentiert auch die Trockensumpf-Schmierung, bei der das Motoröl von einer Rückförderpumpe aus dem Kurbelgehäuse abgesaugt und in den Öltank befördert wird. Von dort gelangt es durch eine Druckpumpe zu den Schmierstellen. Um größere Laufruhe zu erzielen, wurde die Verdichtung für die Carrera-Motoren von 9,5 : 1 (550 Spyder) auf 9,0 : 1 reduziert.
Der erste so motorisierte 356 stand im September 1955 mit dem Beinamen „Carrera" auf der IAA. Das intern 547/1 genannte Triebwerk leistete zunächst 100 PS bei 6200/min - stolze 25 PS mehr als der damals stärkste Serien-356. Notfalls konnte der Carrera auch einmal bis 7500/min gedreht werden. „Auto Motor und Sport"-Tester H.U.Wieselmann erreichte bei seiner ersten Probefahrt knapp 200 km/h Höchstgeschwindigkeit.

„Gerade acht Mechaniker weltweit konnten das Königswellen-Triebwerk einstellen", erinnert sich Hans Mezger.

Nochmals fünf PS mehr leistete der Typ 692, der im 356 A Carrera/1600 GS de Luxe angeboten wurde. Der tatsächliche Hubraum stieg ebenfalls auf 1587,5 Kubik-

Im Glöckler-Porsche von 1953 verrichtete ein 1,5-Liter-Boxer aus dem 1500 Super sein Werk. Die Leistung wurde auf 85 PS gesteigert.

Das 1600-GS-Triebwerk machte dank der Fuhrmann-Viernocken-Konstruktion satte 125 hochtourige Pferdchen locker.

Die Motornummer 96013 gibt Aufschluß über die Originalität. Im Bild der 1,6-Liter-Fuhrmann-Motor.

Im Porsche 912 arbeitete ebenfalls ein Vierzylinder-Boxer, leistungsreduziert auf vollgasfeste 90 PS.

Ventilspiel Auslaß 0,15 mm
kalt Einlaß 0,15 mm
Elektrodenabstand : 0,40 mm
U-Kontaktabstand : 0,35 mm
DE IN GERMAN
ARGUS
DN 12
DIN
3088

zentimeter. Ende 1961 debütierte auf dem Automobilsalon in Paris dann der Carrera 2 mit fast unglaublichen 130 PS, ein Vorserienfahrzeug mobilisierte sogar 135 PS. Der Carrera Zweiliter-Viernockenwellen-Motor von Ernst Fuhrmann war ein reinrassiges Renntriebwerk, viel zu aufwendig und teuer für den Einsatz in größeren Serien. Also mußte ein neuer Motor her - nach dem bewährten Rezept. Die Vorgaben des Firmenchefs Dr. Ferry Porsche lauteten: ein Heckmotor in Boxer-Anordnung mit Luftkühlung. Darüber hinaus sollte die Laufkultur des leistungsschwächeren Vierzylinders erreicht werden, gepaart mit dem Leistungsvermögen des Zweiliter-Carrera-Triebwerks, also mit rund 130 PS. Diese Vorgaben konnten nur mit zwei Zylindern mehr erreicht werden, also einer vollkommenen Neukonstruktion. Somit hat Porsche erst ab November 1964 einen neuen Pfeil im Köcher, den geforderten Sechszylinder-Boxer nämlich, der die Vierzylinder mit der Einführung des neuen 911 ablöste. Mit einer Ausnahme, dem 912.

Ende 1962 nämlich gab die Porsche-Geschäftsleitung den Auftrag, den 356-SC-Serienmotor vom Typ 616/7 mit 1600 Kubikzentimeter Hubraum in einen 901-Prototyp zu montieren.

„Meine erste Aufgabe in der Versuchsabteilung war es, den Vierzylinder-Motor 616 in das 901-Blechkleid einzubauen", erinnert sich Paul Hensler.

Ohne Probleme funktionierte die vorgesehene Transplantation aber nicht. So war zunächst ein neues Schwungrad notwendig. Motorenkonstrukteur Leopold Jäntschke machte am 22. Juni 1963 den Vorschlag, auch für den kleineren Motor die verstärkte Kupplung von Fichtel & Sachs zu montieren. Darüber hinaus wurde durch die hintere Motoraufhängung eine Änderung des Rückwand der Motorraumrückwand notwendig. Das vorerst letzte Problem ergab die Vorgabe, wie beim Sechszylinder ein Fünfgang-Getriebe möglich zu machen.

Paul Hensler: „Die Aufgabenstellung war schwieriger als angenommen."

Etwa zeitgleich mit der Beschlußfassung der Geschäftsleitung war das Blechkleid des Versuchswagens Nummer 10 fertiggestellt, er erhielt die Fahrgestellnummer 13.330 und hatte zunächst einen Vorläufer des neuen Vierzylinders vom Typ 616/36 installiert. Mit ihm absolvierten die Techniker sogar Versuche mit hydraulischen Stößeln. Im Lastenheft für den Vierzylinder-912 stand aber keine Neukonstruktion des Ventiltriebs als Vorgabe. Vielmehr sollte der 356-Motor vollgasfest gemacht werden. Dazu wurden der Ventiltrieb, die Ventile selbst und die Nockenwelle dahingehend leicht modifiziert, daß der Motor mit einer Kompression von 9,3 : 1 bedenkenlos bis zu 5800/min gedreht und damit Vollgas gefahren werden konnte. Das Ansauggeräusch minderten die Techniker, indem sie die zwei Doppelfallstromvergaser vom Typ Solex 40 PII-4 mit größeren Luftfiltern der Firma Mann und Hummel bestückten. Der Auspufftopf ähnelte der 911-Version und sonderte die Abgase ebenfalls über ein Auspuffrohr links unten ab.

Durch diese Maßnahmen verlor der Motor fünf PS im Vergleich zu seinem 356-Pendant, erwies sich aber schon bald als wesentlich robuster. Er leistete 90 PS bei 5800/min und beschleunigte den damals noch „902" titulierten Wagen in 12,8 Sekunden von null auf 100 Kilometer pro Stunde.

Links: Stärkste Vierzylinder-Version. Aus zwei Litern Hubraum schöpft der Carrera-Motor bis zu 180 PS.

Paul Hensler

Konzept beibehalten

Anfang der sechziger Jahre war man noch der Ansicht, daß Kraftfahrzeughersteller für Sportzwecke zusätzlich ein Fahrzeug mit Mittelmotor entwickeln müßten, um konkurrenzfähig zu sein. Mehrgleisigkeit wollte Firmenchef Ferry Porsche in jedem Fall vermeiden und entschied, weiterhin luftgekühlte, im Fahrzeugheck eingebaute Boxermotoren zu bauen.

Das Spannen der Steuerketten bereitete den Ingenieuren bei der Motorenentwicklung viel Kopfzerbrechen.

Anfang der sechziger Jahre genehmigte Ferry Porsche die Konstruktion und Entwicklung eines neuen Porsche-Modells. Karosserie-Entwürfe lagen bereits vor, doch welches Antriebsaggregat würde zu diesem neuen Wagen passen? „Ich wies meine Leute auf die exzellenten Beschleunigungswerte des 356 Carrera mit seinen 130 PS hin und sagte ihnen: So soll der neue Wagen abgehen! Nur leise muß er sein, er durfte nicht den Lärm eines Rennwagens machen", erläuterte Ferry Porsche.
Diese Aussage des Firmen-Chefs war eindeutig, die Motoren-Konstrukteure waren gefordert. Grundsätzlich war Porsche bis zu diesem Zeitpunkt weder mit der Luftkühlung noch mit der Montage des Motors im Heck verheiratet. Ferry Porsche selbst verwies in diesem Zusammenhang gerne auf den Porsche-Cisitalia, der wassergekühlt war. Andererseits sprachen gewichtige Gründe für die Beibehaltung des traditionellen Konzepts. So erforderten wettbewerbsfähige Sportwagen (Ferry Porsche sah nie einen begründeten Unterschied zwischen einen Reisesportwagen und einem Wettbewerbsfahrzeug) eine hohe Gewichtsbelastung der Antriebsräder; ein Mittelmotor würde den Innenraum zu stark einschränken, und bei Frontantrieb befürchtete man bei der anvisierten Leistung durchdrehende Räder beim Beschleunigen. Also blieb das Unternehmen aus Stuttgart-Zuffenhausen weiterhin bei dem

bewährten Konzept, einem luftgekühlten, im Fahrzeugheck eingebauten Boxermotor.
Daß Boxermotoren nicht häufiger verwendet werden, liegt daran, daß die Triebwerke sehr aufwendig gebaut sein müssen. Sie bieten aber Vorteile, die gerade für den elegant geschnittenen 911 besonders wertvoll sind:
Die zwei gegenüberliegenden Zylinderreihen sorgen für eine kompakte, flache Bauweise, die den Boxermotor - genauso wie V-Motoren - besonders kurz ausfallen lassen. Neben dem niedrigen Schwerpunkt ist die freie Gestaltung der Karosserieform mit großzügigen aerodynamischen Möglichkeiten ein weiterer Vorteil. Der hohe Anteil von Leichtmetall-Legierungen beim Porsche Sechszylinder-Boxermotor ergibt zudem ein geringes Gewicht. Darüber hinaus ist der Massenausgleich durch die sechs sich gegenüberliegenden, Zylinder ausgezeichnet. Die verwendete Trockensumpfschmierung macht ihn besonders für den Motorsport geeignet.

„Ich hatte Anfang der sechziger Jahre die Formel 1-Triebwerke mit zu konstruieren", erinnert sich Hans Mezger.

Der von Ferry Porsche gewünschte Zweiklang aus Leistung und Laufruhe konnte mit einem Vierzylinder-Motor nicht erreicht werden. Sonst gab es bei Porsche Anfang der sechziger Jahre nur das Projekt der Achtzylinder-Typen 753 und 771 (für die Formel-1-Rennwagen vom Typ 804), die gerade für den Renneinsatz 1962 konstruiert wurden. Doch auch diese Motoren konnten für den Serienbetrieb nicht wirtschaftlich genug hergestellt werden. So mußte eben - um die Entwicklungskosten vertreten zu können - die goldene Mitte gefunden werden, ein Sechszylinder-Motor. Um die gewünschte Leistungsausbeute von 130 PS zu realisieren, errechnete man einen notwendigen Hubraum von zwei Litern. „Eine stolze Entscheidung für die damalige Zeit", erläuterte Helmuth Bott in einem Gespräch kurz vor seinem Tod am 14. Mai 1994. Daß der Sechszylinder-Zweiliter bis zu seiner Einstellung in der Basisversion des 911 Carrera 1997 auf 3,6 Liter (Carrera RS sogar 3,8 Liter) wachsen würde, wagte natürlich damals noch niemand zu prophezeien.

Für die Formel 1 konzipierter Achtzylinder-Boxer, Typ 771, mit zwei Litern Hubraum.

Typ 745

Unter Leitung von Chefingenieur Klaus von Rücker (er war zuvor sehr stark an den Fremdentwicklungen für die amerikanische Traditionsmarke Studebaker beteiligt) begannen die Arbeiten an dem neuen Motor unter der Typenbezeichnung 745. Der Versuchsleiter hatte mit Leopold Jäntschke einen auf Boxer-Heckmotoren spezialisierten Konstrukteur. Jäntschke kam von dem tschechischen Automobilhersteller Tatra mit Sitz in Nesselsdorf/Mähren

Der abgebildete Versuchsmotor leistete bereits 130 PS. Er war mit einem 17flügeligen Lüfterrad ausgestattet.

(Koprivnice) zu Porsche. Im 1955 vorgestellten Tatra-Modell 603 kamen nur 175 Kilogramm schwere V-Achtzylinder mit zwei Axialkühlgebläsen und Rohrölkühlern zum Einsatz. Die Triebwerke mit 2545 Kubikzentimeter Hubraum leisteten 95 PS, im Renntrimm sogar 175 PS. Zusammen mit seinem Stellvertreter Robert Binder konstruierte Jäntschke nun für Porsche ein bulliges Aggregat mit über Stoßstangen angetriebenen Ventilen. Die Ventile waren im Winkel von 59 Grad V-förmig angeordnet und wurden über Kipphebel geöffnet. Wie bei luftgekühlten Flugzeugtriebwerken arbeitete jeder Kipphebel innerhalb einer eigenen Kammer mit einer eigenen Abdeckung (teilweise mit Kühlrippen versehen), die mit jeweils zwei Schrauben befestigt war. Aus den Erfahrungen mit den Carrera-Vierzylindermotoren stammten die kurzen Stoßstangen, die von oberhalb (für die Einlaßventile) und unterhalb (für die Auslaßventile) der Kurbelwelle liegenden Nockenwellen betätigt wurden. Diese aufwendige Lösung war von den Achtzylinder-Rennmotoren abgeleitet. Die Nockenwellen mit jeweils sechs Nocken waren vierfach gelagert, beide Wellen wurden - wieder an die Grand-Prix-Triebwerke angelehnt - von am vorderen Ende der Kurbelwelle montierten Zahnrädern mit halber Drehzahl angetrieben.

Die Kurbelwelle war lediglich vierfach gelagert. Die Luftkühlung erfolgte über zwei über Keilriemen vom Kurbelwellenende angetriebene Axialgebläse (vergleichbar mit der Kühlung der Tatra-Motoren), die an der Rückseite der Motoren angebracht waren. Sie ermöglichten eine relativ niedrige Bauhöhe des Triebwerks und hatten den Vorteil, daß jede Zylinderreihe für sich gekühlt werden konnte. Durch die relativ geringe Bauhöhe handelte es sich beim Typ 745 um einen sogenannten Unterflurmotor. Das bedeutete, daß das Triebwerk kaum höher als das Getriebe war und, in das Fahrzeug eingebaut, nur etwas über die Höhe des Fahrzeugbodens (Flur) hinausragte. Dieser Begriff wurde hauptsächlich bei Lkw verwendet.

Die Gemischaufbereitung übernahmen einzelne Solex-Fallstromvergaser, die dann auch später – etwas modifiziert – in den ersten Serienfahrzeugen eingesetzt wurden. Erste Prüfstandsversuche ergaben schnell, daß durch den konventionellen Ventiltrieb mit über - wenn auch kurzen - Stößelstangen betätigten Ventilen keine ausreichend hohen Drehzahlen möglich waren. Das Resultat waren für diese aufwendige Konstruktion eher bescheidene 120 PS bei 6500/min und ein Drehmoment von 17 kpm (etwa 170 Nm). Trotzdem wurde das Triebwerk in den Prototyp 754 T 7 installiert.

So rollte am 1.November 1960 der 356-Nachfolger aus eigener Kraft mit einem neuen Motor (der 754 T 7 ist heute noch im Porsche-Museum in Zuffenhausen zu besichtigen). Die Versuchsfahrt mit Helmuth Bott am Steuer war noch ernüchternder als die Messungen auf dem Motorenprüfstand. „Er war laut wie eine Dreschmaschine", dokumentierte Bott, „was ihm als Spitzname sofort die gleichnamige Bezeichnung einbrachte." In der Versuchsabteilung wurde daraufhin sogar ein Rilke-Gedicht auf den als unglückliche Konstruktion empfundenen Motor und seine Erbauer abgewandelt. Doch man gab noch nicht auf.

„Ich wollte immer einen Bezug zu den Serienmotoren haben", unterstreicht Hans Mezger.

Die Bohrung wurde auf 84 Millimeter vergrößert; dies ergab einen Hubraum von 2195 Kubikzentimetern und brachte die angestrebten 130 PS bei gleicher Drehzahl. Da aber Porsche-Serienmotoren stets Potential für den Rennsport aufweisen sollten, was der 745 höchstens durch eine erneute Hubraumvergrößerung, nicht aber durch höhere Drehzahlen hatte, kam das Projekt zum Erliegen. Hinzu kam, daß Klaus von Rücker durch Hans Tomala im Frühjahr 1962 abgelöst wurde, der damit seinen Verantwortungsbereich (bisher Konstruktion und Produktion) um den Versuch erweiterte.
Schließlich lehnte Ferry Porsche, der den T 7-Prototyp mit dem 745-Triebwerk selbst einige Monate fuhr, die Konstruktion weiterer Stoßstangenmotoren endgültig ab. Also mußte ein Sechszylinder mit obenliegenden Nockenwellen konstruiert werden.

Typ 821

Für diese Aufgabe wurde von der Rennmotoren-Abteilung ein erfahrener Mann abgezogen, Hans Mezger, der 1956 direkt von der Universität Stuttgart zu Porsche gekommen war. Mezger etablierte sich zunächst in der Rechnungsabteilung unter Egon Forstner und entwickelte sich bald zu einem Ventilsteuerungsspezialisten. Dann kam er in die Rennmotoren-Konstruktion zu Hans Hönick und sammelte dort wertvolle Erfahrungen (neue Erkenntnisse hinsichtlich der Gestaltung des Brennraums und der Anordnung des Ölkreislaufs), die er ab 1962 in die Konstruktion des 821-Triebwerks einfließen lassen konnte, nachdem die Formel-1-Aktivitäten aus Kostengründen bei Porsche gestoppt worden waren.
„Der Motorenversuch war damals nicht so strikt organisiert, so daß ich - obwohl in der Rennmotoren-Abteilung tätig - ständig bei der Serienmotoren-Entwicklung eingesetzt wurde", erläutert Mezger das Wechselspiel.

Hans Mezger: „Wenn wir schon zwei Nockenwellen einbauen, dann kann man sie auch gleich nach oben verlegen."

Das Luftfiltergehäuse dieses Versuchsmotors wurde bis zur Serienreife noch vollkommen geändert.

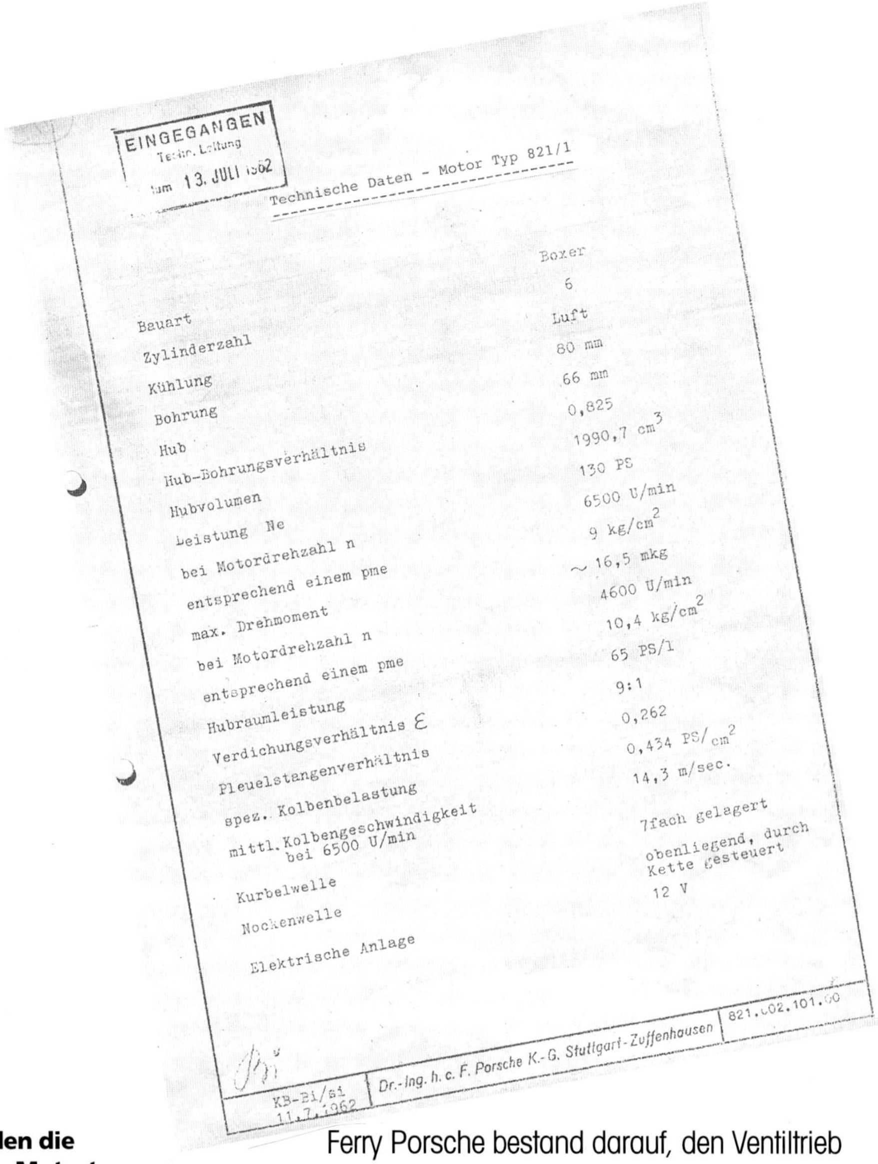

EINGEGANGEN
Techn. Leitung
am 13. JULI 1962

Technische Daten - Motor Typ 821/1

Bauart	Boxer
Zylinderzahl	6
Kühlung	Luft
Bohrung	80 mm
Hub	66 mm
Hub-Bohrungsverhältnis	0,825
Hubvolumen	1990,7 cm³
Leistung Ne	130 PS
bei Motordrehzahl n	6500 U/min
entsprechend einem pme	9 kg/cm²
max. Drehmoment	~ 16,5 mkg
bei Motordrehzahl n	4600 U/min
entsprechend einem pme	10,4 kg/cm²
Hubraumleistung	65 PS/l
Verdichungsverhältnis ε	9:1
Pleuelstangenverhältnis	0,262
spez. Kolbenbelastung	0,434 PS/cm²
mittl. Kolbengeschwindigkeit bei 6500 U/min	14,3 m/sec.
Kurbelwelle	7fach gelagert
Nockenwelle	obenliegend, durch Kette gesteuert
Elektrische Anlage	12 V

KB-Bi/si 11.7.1962 | Dr.-Ing. h. c. F. Porsche K.-G. Stuttgart-Zuffenhausen | 821.002.101.00

Am 11. Juli 1962 wurden die technischen Daten des Motortyps 821 erstmals so detailliert zu Papier gebracht.

Ferry Porsche bestand darauf, den Ventiltrieb nicht mehr über Stößelstangen zu steuern. Das führte natürlich zur Frage nach dem geeigneten Antrieb für je eine obenliegende Nockenwelle pro Zylinderkopf (ohc = overhead camshaft). Bei dieser elementaren Frage wurden unter dem Augenmerk von Hans Tomala insgesamt vier Alternativen erörtert. Königswellen kamen wegen zu aufwendiger Handhabung, zu hohen Fertigungskosten und der enormen Geräuschentfaltung nicht mehr in Frage, ebensowenig ein Zahnradantrieb, wie er bei Motorrädern vom Schlage MV Agustas erfolgreich eingesetzt wurde. Bei den Zahnriemen hatte Glas Pionierarbeit geleistet; Vorteile: geräuscharm und genügend elastisch, um die Wärmedehnung der Zylinderblöcke ohne Spannmechanismus auszugleichen. Trotzdem - diese Technik war noch relativ neu - schenkte man ihr für Hochleistungsmotoren zu wenig Vertrauen.

„Der Zahnriemen galt als unberechenbar", unterstreicht Paul Hensler, damals Versuchsleiter. Der später langjährige Motorenchef ist seit knapp vier Jahren im Ruhestand und mit der technischen Dokumentation sämtlicher Porsche-Triebwerke betraut.

Der Motor bekam schließlich mit besonders hochwertigen IWIS-Ketten angetriebene Nockenwellen und einen ölhydraulischen Kettenspanner, der von Hans Mezger und dem heutigen Entwicklungsvorstand Horst Marchart entworfen wurde. Mit Ferdinand Piëch hatte die Motoren-Konstruktion einen zweiten Mann, der viel Verständnis für modernen Motorenbau mitbrachte. Piëch, der noch an der ETH in Zürich studierte, konnte es gar nicht abwarten, an dieser reizvollen Aufgabe mitzuarbeiten. Deshalb verbrachte er stets seine Semesterferien in der Konstruktionsabteilung, ab April 1963 stand er Porsche dann ganz zur Verfügung. „Ferdinand Piëch achtete immer ganz stark auf Qualität", erinnert sich sein damaliger Kollege Mezger an den erst 26jährigen Ingenieur, der heute noch als Vollbluttechniker gilt. Da Piëch zur Familie gehörte, konnte er den Bezug hochwertigster Materialien (Qualität ist natürlich teurer) gegenüber den Kaufleuten immer durchsetzen. Diese Konsequenz trug einen wesentlichen Teil zur Standfestigkeit der neuen Triebwerke bei.

„Ferdinand Piëch war damals schon ein ganz besonderer Typ", erinnert sich Hans Mezger.

Aus den Erfahrungen bei der Konstruktion des Achtzylinder 754 wußte man, daß die Kurbelwelle mit je einem Lager

zwischen den Kolben ausgestattet sein mußte, damit sich bei höheren Drehzahlen (6500/min waren vorgesehen) die Welle nicht deformierte. Das ergab summa summarum sieben Hauptlager neben jedem Pleuel und ein zusätzliches achtes Lager am riemenscheibenseitigen Kurbelwellenende zur Öleinführung, der 745 war nur vierfach gelagert. Im Juni 1963 wurden die Monteure Himmelseher und Herrmann dann damit beauftragt, in den Motoren-Typ 901/1 Nummer 4 ein achtes Hauptlager einzubauen. Die ersten drei Triebwerke hatten anfangs nur sieben Lager. Außerdem war nach zahlreichen Fahrversuchen und Renneinsätzen bekannt, daß sich bei Boxermotoren durch die in schnell gefahrenen Kurven entstehenden Fliehkräfte das Öl in der äußeren Zylinderkopfreihe staut. Dieses physikalische Problem konnte durch eine sehr hohe Ölwanne gelöst werden. Dadurch war zwar genug Öl zur Schmierung vorhanden, aber die Bauhöhe des Motors selbst nahm zu.
Zur Kühlung genügte dem neuen Triebwerk ein mittig angeordnetes, dominant wirkendes Lüfterrad. Während die Stoßstangen-Motoren mit Radialgebläsen (Lizenzkäufe bei VW) ausgestattet waren, handelte es sich beim 821-Triebwerk um ein axiales Kühlgebläse. Durch die axiale Anordnung verbesserte sich der Wirkungsgrad so stark, daß das Gebläserad aus Leichtmetall nur noch einen Durchmesser von 245 Millimetern haben mußte. Auch die Anzahl der Lüfterflügel verringerte sich von zunächst 17 (bei den ersten Versuchsfahrzeugen) auf nur noch elf. Die vom Gebläse erzeugte Kühlluft wurde den Zylindern und Zylinderköpfen durch ein Luftführungsgehäuse aus Kunststoff zugeführt. Dabei war der Leistungsaufwand für die Luftkühlung nach Porsche-Art, laut Ausführungen von Hans Mezger, geringer als bei vergleichbaren wassergekühlten Aggregaten.

Typ 901/01

Am 9. Januar 1963 taucht in den Protokollen erstmals die Bezeichnung 901 für den neuen Sechszylinder auf. Es dauerte dann allerdings noch einige Wochen, bis die geänderte Bezeichnung einheitlich verwandt wurde. Versuchsleiter Helmut Rombold erhielt am 30. Oktober 1963 ein Protokoll von der Versuchsabteilung, in dem bestimmt wurde: „Hiermit wird festgelegt, daß der in absehbarer Zeit in Serie gehende Motor Typ 901 mit den fortlaufenden Nummern ab 900 001 versehen wird. Es ist allerdings zu beachten, daß die Nummern 900 001 bis 900 100 für Versuchsmotoren-Ausführungen vorbehalten bleiben. Die eigentliche Serie beginnt demzufolge erst bei 900 101."
In diesem Stadium begannen für die Konstrukteure Piëch und Mezger die Feinarbeiten an dem Triebwerk. Mit dem Typ 821 wurde die Richtung festgeschrieben. Grundsätzlich unterschieden sich die beiden Triebwerke vor allem in einem Merkmal, der Schmierung. Trotz der höheren Kosten genehmigte Ferry Porsche auf Drängen der Konstrukteure die Trockensumpfschmierung. Nur sie gewährleistete eine zufriedenstellende Ölversorgung des gesamten Ag-

Typ 821 mit geändertem Ansaug- und Abgassystem. Die 130 PS erreichten die Techniker „spielend".

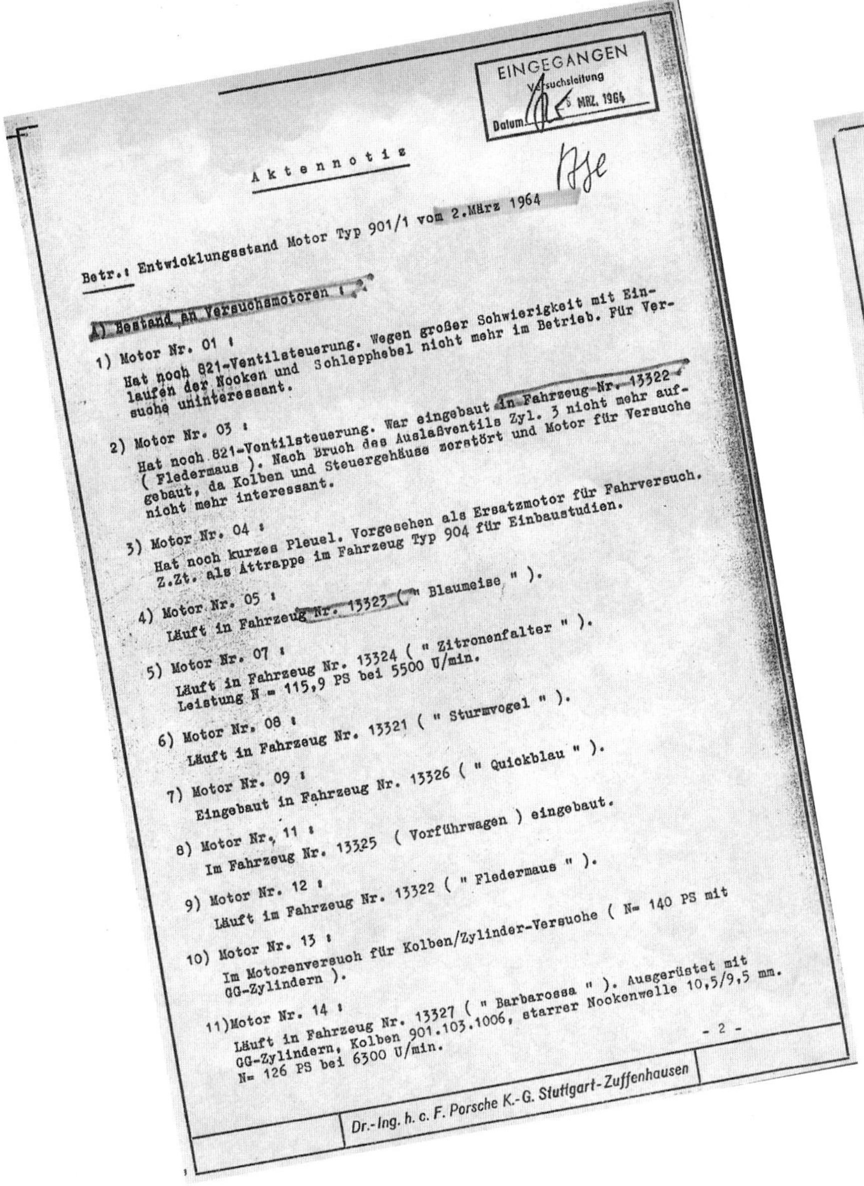

EINGEGANGEN
Versuchsleitung
Datum: 5. MRZ. 1964

Aktennotiz

Betr.: Entwicklungsstand Motor Typ 901/1 vom 2.März 1964

A) Bestand an Versuchsmotoren :

1) Motor Nr. 01 :
Hat noch 821-Ventilsteuerung. Wegen großer Schwierigkeit mit Einlaufen der Nocken und Schlepphebel nicht mehr im Betrieb. Für Versuche uninteressant.

2) Motor Nr. 03 :
Hat noch 821-Ventilsteuerung. War eingebaut in Fahrzeug Nr. 13322 (Fledermaus). Nach Bruch des Auslaßventils Zyl. 3 nicht mehr aufgebaut, da Kolben und Steuergehäuse zerstört und Motor für Versuche nicht mehr interessant.

3) Motor Nr. 04 :
Hat noch kurzes Pleuel. Vorgesehen als Ersatzmotor für Fahrversuch. Z.Zt. als Attrappe im Fahrzeug Typ 904 für Einbaustudien.

4) Motor Nr. 05 :
Läuft in Fahrzeug Nr. 13323 (" Blaumeise ").

5) Motor Nr. 07 :
Läuft in Fahrzeug Nr. 13324 (" Zitronenfalter ").
Leistung N = 115,9 PS bei 5500 U/min.

6) Motor Nr. 08 :
Läuft in Fahrzeug Nr. 13321 (" Sturmvogel ").

7) Motor Nr. 09 :
Eingebaut in Fahrzeug Nr. 13326 (" Quickblau ").

8) Motor Nr. 11 :
Im Fahrzeug Nr. 13325 (Vorführwagen) eingebaut.

9) Motor Nr. 12 :
Läuft im Fahrzeug Nr. 13322 (" Fledermaus ").

10) Motor Nr. 13 :
Im Motorenversuch für Kolben/Zylinder-Versuche (N= 140 PS mit GG-Zylindern).

11) Motor Nr. 14 :
Läuft in Fahrzeug Nr. 13327 (" Barbarossa "). Ausgerüstet mit GG-Zylindern, Kolben 901.103.1006, starrer Nockenwelle 10,5/9,5 mm. N= 126 PS bei 6300 U/min.

- 2 -

Dr.-Ing. h. c. F. Porsche K.-G. Stuttgart-Zuffenhausen

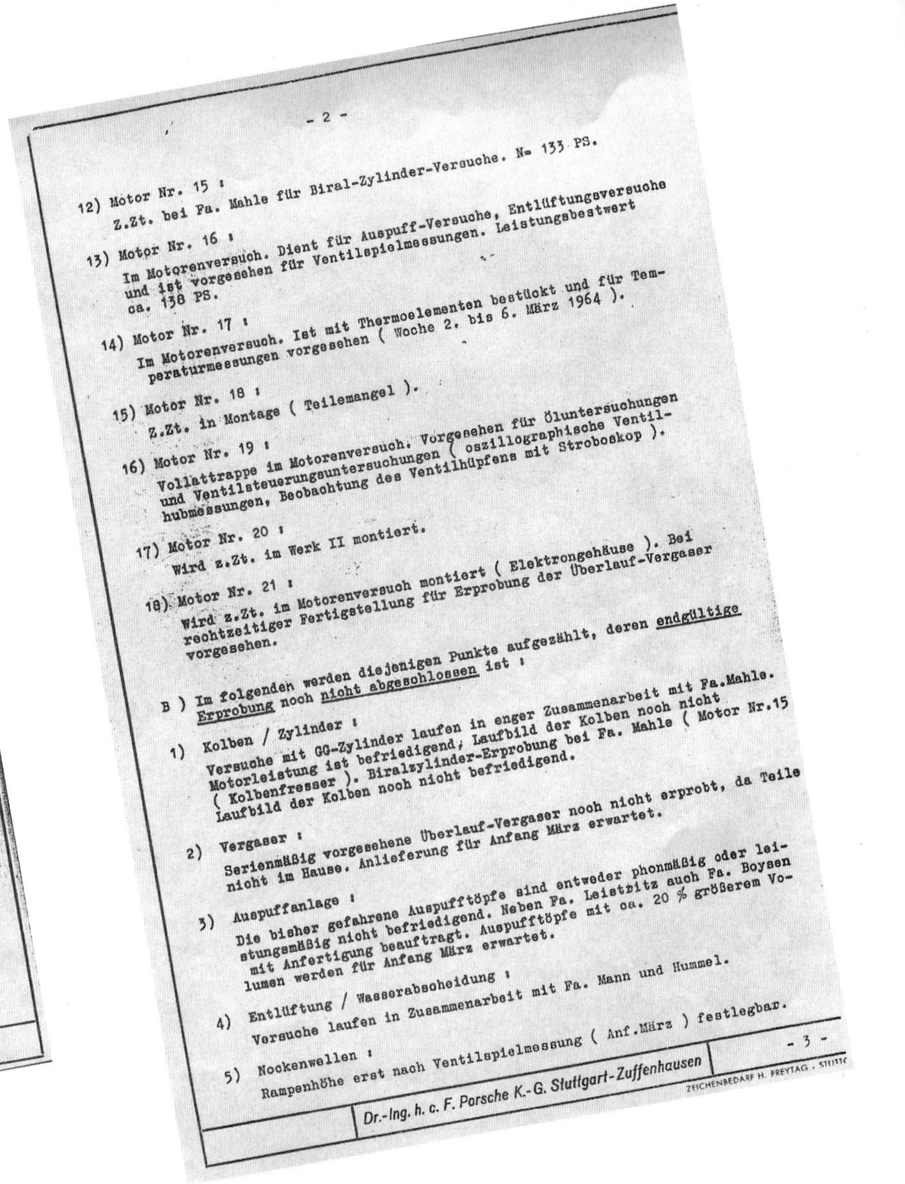

- 2 -

12) Motor Nr. 15 :
Z.Zt. bei Fa. Mahle für Biral-Zylinder-Versuche. N= 133 PS.

13) Motor Nr. 16 :
Im Motorenversuch. Dient für Auspuff-Versuche, Entlüftungsversuche und ist vorgesehen für Ventilspielmessungen. Leistungsbestwert ca. 138 PS.

14) Motor Nr. 17 :
Im Motorenversuch. Ist mit Thermoelementen bestückt und für Temperaturmessungen vorgesehen (Woche 2. bis 6. März 1964).

15) Motor Nr. 18 :
Z.Zt. in Montage (Teilemangel).

16) Motor Nr. 19 :
Vollattrappe im Motorenversuch. Vorgesehen für Öluntersuchungen und Ventilsteuerungsuntersuchungen (oszillographische Ventilhubmessungen, Beobachtung des Ventilhüpfens mit Stroboskop).

17) Motor Nr. 20 :
Wird z.Zt. im Werk II montiert.

18) Motor Nr. 21 :
Wird z.Zt. im Motorenversuch montiert (Elektrongehäuse). Bei rechtzeitiger Fertigstellung für Erprobung der Überlauf-Vergaser vorgesehen.

B) Im folgenden werden diejenigen Punkte aufgezählt, deren endgültige Erprobung noch nicht abgeschlossen ist :

1) Kolben / Zylinder :
Versuche mit GG-Zylinder laufen in enger Zusammenarbeit mit Fa.Mahle. Motorleistung ist befriedigend, Laufbild der Kolben noch nicht befriedigend. Biralzylinder-Erprobung bei Fa. Mahle (Motor Nr.15 (Kolbenfresser). Laufbild der Kolben noch nicht befriedigend.

2) Vergaser :
Serienmäßig vorgesehene Überlauf-Vergaser noch nicht erprobt, da Teile nicht im Hause. Anlieferung für Anfang März erwartet.

3) Auspuffanlage :
Die bisher gefahrene Auspufftöpfe sind entweder phonmäßig oder leistungsmäßig nicht befriedigend. Neben Fa. Leistritz auch Fa. Boysen mit Anfertigung beauftragt. Auspufftöpfe mit ca. 20 % größerem Volumen werden für Anfang März erwartet.

4) Entlüftung / Wasserabscheidung :
Versuche laufen in Zusammenarbeit mit Fa. Mann und Hummel.

5) Nockenwellen :
Rampenhöhe erst nach Ventilspielmessung (Anf.März) festlegbar.

- 3 -

Dr.-Ing. h. c. F. Porsche K.-G. Stuttgart-Zuffenhausen

ZEICHENBEDARF H. FREYTAG · STUTTG

Die Zeit lief: Rund sechs Monate vor dem Serienanlauf liefen 21 Motoren im Test. Hans Mezger protokolliert am 3. März 1964.

gregats in allen Fahrsituationen und ermöglichte eine besonders flache Bauweise, da keine großvolumige Ölwanne notwendig ist.

Die ausschließlich bei Porsche-Boxermotoren selbst in der Serienversion verwendete Trockensumpfschmierung findet man sonst nur bei Rennwagen, Flugzeugen oder Sportmotorrädern. Dieses Schmiersystem ist der Naßsumpf-Schmierung in zwei Punkten deutlich überlegen: Erstens lassen sich fast beliebig große Ölmengen zur Schmierung heranziehen, und zweitens ist auch bei extremer Querbeschleunigung der Öltransport zu allen Schmierstellen sichergestellt. Dem Trockensumpf genügt eine flache Ölsammelschale unter dem Motor. Aus ihr wird das Öl durch eine Pumpe in den separaten Öltank geführt. Von dort transportiert eine zweite Pumpe das Öl durch den Ölfilter und einen zweiten Kühler im Motor zu den Schmierstellen. Da sich beim 911-Triebwerk von den rund 11,5 Litern Gesamtölmenge lediglich ein bis drei Liter im Motor befinden, ist auch die Leistungseinbuße durch unnötiges Eintauchen der Kurbelwelle und Ölpantschen geringer als bei den herkömmlichen Druckumlaufschmierungen. Zudem sind Lagerschäden durch Absaugen von Luft bei extremster Kurvenfahrt fast ausgeschlossen.

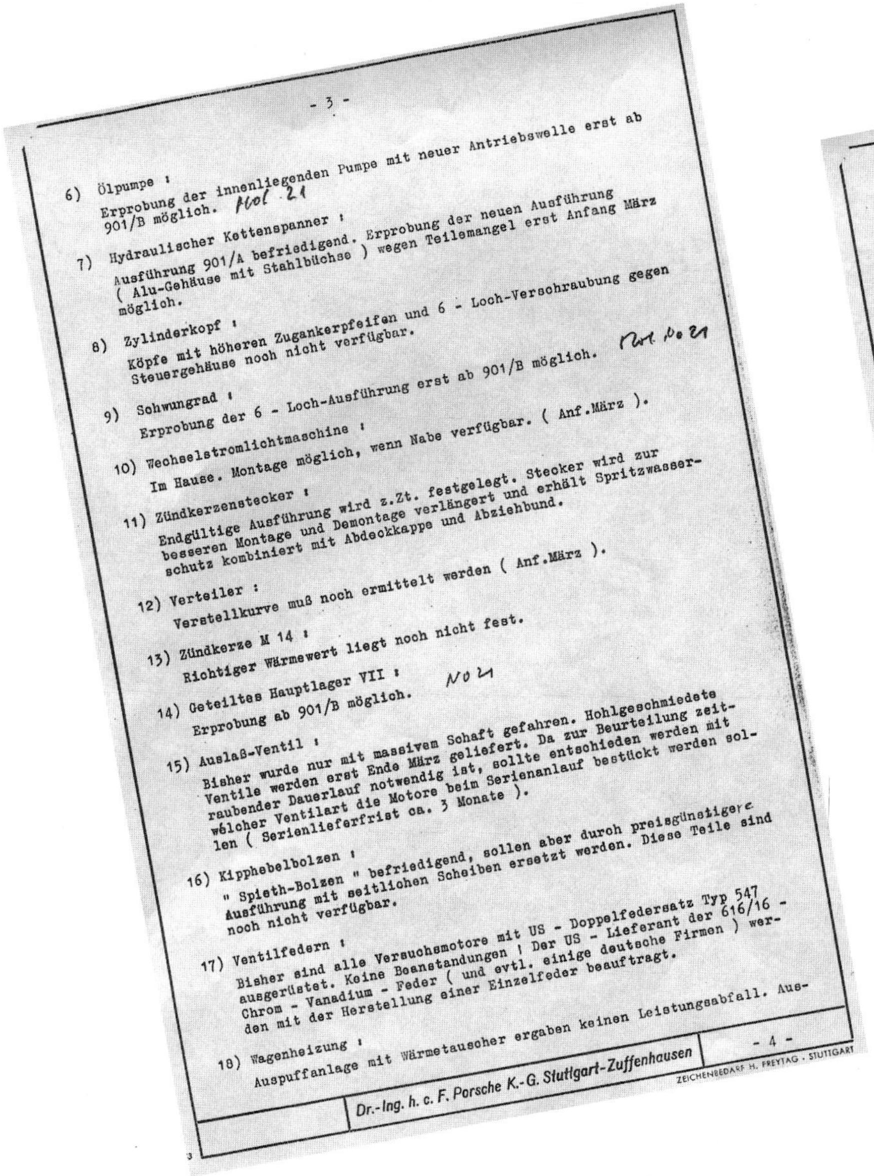

\- 3 -

6) Ölpumpe :
Erprobung der innenliegenden Pumpe mit neuer Antriebswelle erst ab 901/B möglich.

7) Hydraulischer Kettenspanner :
Ausführung 901/A befriedigend. Erprobung der neuen Ausführung (Alu-Gehäuse mit Stahlbüchse) wegen Teilemangel erst Anfang März möglich.

8) Zylinderkopf :
Köpfe mit höheren Zugankerpfeifen und 6 - Loch-Verschraubung gegen Steuergehäuse noch nicht verfügbar.

9) Schwungrad :
Erprobung der 6 - Loch-Ausführung erst ab 901/B möglich.

10) Wechselstromlichtmaschine :
Im Hause. Montage möglich, wenn Nabe verfügbar. (Anf.März).

11) Zündkerzenstecker :
Endgültige Ausführung wird z.Zt. festgelegt. Stecker wird zur besseren Montage und Demontage verlängert und erhält Spritzwasserschutz kombiniert mit Abdeckkappe und Abziehbund.

12) Verteiler :
Verstellkurve muß noch ermittelt werden (Anf.März).

13) Zündkerze M 14 :
Richtiger Wärmewert liegt noch nicht fest.

14) Geteiltes Hauptlager VII :
Erprobung ab 901/B möglich.

15) Auslaß-Ventil :
Bisher wurde nur mit massivem Schaft gefahren. Hohlgeschmiedete Ventile werden erst Ende März geliefert. Da zur Beurteilung zeitraubender Dauerlauf notwendig ist, sollte entschieden werden mit welcher Ventilart die Motore beim Serienanlauf bestückt werden sollen (Serienlieferfrist ca. 3 Monate).

16) Kipphebelbolzen :
" Spieth-Bolzen " befriedigend, sollen aber durch preisgünstigere Ausführung mit seitlichen Scheiben ersetzt werden. Diese Teile sind noch nicht verfügbar.

17) Ventilfedern :
Bisher sind alle Versuchsmotore mit US - Doppelfedersatz Typ 547 ausgerüstet. Keine Beanstandungen ! Der US - Lieferant der 616/16 - Chrom - Vanadium - Feder (und evtl. einige deutsche Firmen) werden mit der Herstellung einer Einzelfeder beauftragt.

18) Wagenheizung :
Auspuffanlage mit Wärmetauscher ergaben keinen Leistungsabfall. Aus-

\- 4 -

Dr.-Ing. h. c. F. Porsche K.-G. Stuttgart-Zuffenhausen

ZEICHENBEDARF H. FREYTAG · STUTTGART

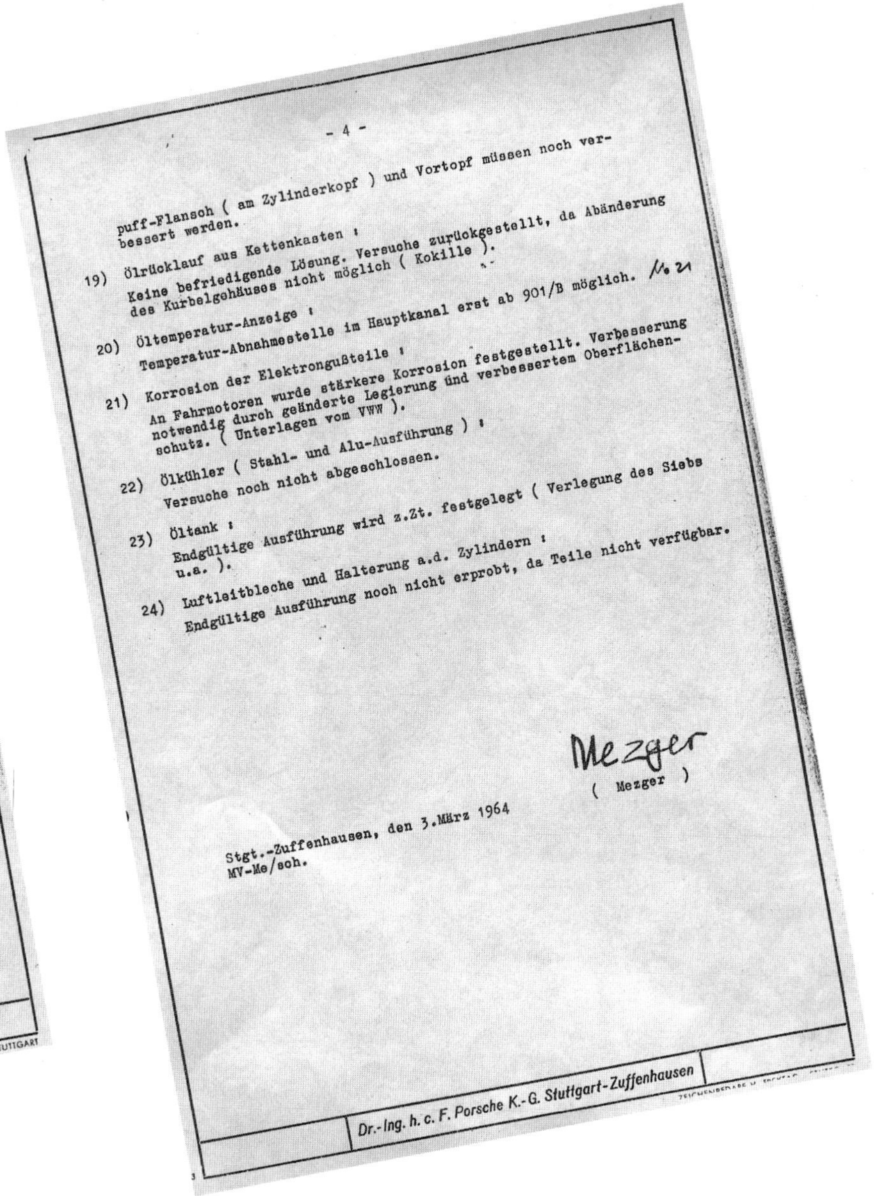

\- 4 -

puff-Flansch (am Zylinderkopf) und Vortopf müssen noch verbessert werden.

19) Ölrücklauf aus Kettenkasten :
Keine befriedigende Lösung. Versuche zurückgestellt, da Abänderung des Kurbelgehäuses nicht möglich (Kokille).

20) Öltemperatur-Anzeige :
Temperatur-Abnahmestelle im Hauptkanal erst ab 901/B möglich.

21) Korrosion der Elektrongußteile :
An Fahrmotoren wurde stärkere Korrosion festgestellt. Verbesserung notwendig durch geänderte Legierung und verbessertem Oberflächenschutz. (Unterlagen vom VWW).

22) Ölkühler (Stahl- und Alu-Ausführung) :
Versuche noch nicht abgeschlossen.

23) Öltank :
Endgültige Ausführung wird z.Zt. festgelegt (Verlegung des Siebs u.a.).

24) Luftleitbleche und Halterung a.d. Zylindern :
Endgültige Ausführung noch nicht erprobt, da Teile nicht verfügbar.

Mezger
(Mezger)

Stgt.-Zuffenhausen, den 3.März 1964
MV-Me/sch.

Dr.-Ing. h. c. F. Porsche K.-G. Stuttgart-Zuffenhausen

Um die erforderlichen Ölpumpen anzutreiben, wurde eine zusätzliche Welle notwendig. So war mittig direkt unter der Kurbelwelle als eine mit halber Drehzahl laufende Welle montiert, die über Zahnräder angetrieben wurde. Diese wiederum trieb zwei Zahnradpumpen an, eine Druck- und eine Saugpumpe, die für die Schmierung verantwortlich waren. Das aus einem separatem Tank angesaugte Öl wurde durch die Druckpumpe an die Schmierstellen befördert, danach in der Ölwanne aufgefangen und von der Saugpumpe durch einen in der Kühlluft positionierten Kühler in den Tank zurückbefördert.

Auch der Brennraum wurde nochmals überarbeitet und insgesamt kompakter gestaltet. In der Serienversion waren die Ventile in einem Winkel von 59 Grad zueinander angeordnet. Dabei waren die Einlaßventile 27 Grad und die Auslaßventile 32 Grad von der Vertikalen versetzt. Hans Mezger hatte an dieser Anordnung sehr viel gefeilt und erläutert nachträglich: „Es gibt keinen anderen Zweiventilmotor, bei dem die Ventile so optimiert angebracht werden können. Auf der anderen Seite mußten wir schon früh erkennen, daß sich luftgekühlte Vierventil-Motoren nicht realisieren lassen."

Noch sehr improvisiert wirkender Versuchsmotor von 1964 mit abenteuerlicher Auspuffanlage (links oben). Die Ventildeckel des 821-Versuchsträgers waren noch sehr rund. Das Vergasergestänge wurde später noch nach vorne verlegt (oben). Die Schnittzeichnung zeigt die erste Serienversion.

Angelehnt an die Achtzylinder-Formel-1-Motoren verfügte auch das 901-Triebwerk über einzelne Zylinder und einzelne Zylinderköpfe. Gerade in den Zylinderköpfen lag letztendlich großes Potential für die kontinuierlichen Hubraumerweiterungen. Rechtzeitig zum Serienanlauf wurden die Grauguß-(GG-)Laufbüchsen im Druckgießverfahren mit einem Rippenmantel aus Leichtmetall umgossen (Biral-Zylinder). Durch Hinterschnitte in der rauhen Oberfläche der Zylinderbuchse entstand eine sehr feste mechanische Verbindung zwischen Leichtmetall und Grauguß. Das Verfahren stammte von Kolbenspezialist Mahle aus Stuttgart und hatte den Vorteil, daß die Kolben auf den relativ unempfindlichen GG-Flächen liefen und die Wärme über die Aluminium-Druckguß-Kühlrippen optimal abgeführt werden konnte. Die ersten Biral-Zylinder standen Porsche im Mai 1963 zur Verfügung und wurden sofort in sechs Versuchsmotoren eingebaut. Die jahrzehntelang anhaltende Ära der luftgekühlten Sechszylinder-Boxermotoren konnte beginnen.

Auf die Luft kommt es an. Mit der Öffnung für die Luftzufuhr auf dem Heckdeckel wurde viel experimentiert. Die Version oben rechts kam der Serie am nächsten.

Geschichte geschrieben

Prototypen werden geschunden, meist, bis sie durch Defekt ausfallen. Dann werden sie untersucht und mit den daraus gewonnenen neuen Erkenntnissen wieder aufgebaut. Die vielfältigen Prüfungen machen mehrere Prototypen notwendig. Hauptsächlich zehn Motoren lehrten die Serien-Boxer-Triebwerke das Laufen.

Versuchsträger waren schon immer häßlich: „Fledermaus" in voller Fahrt bei Weissach.

Die 901-Prototypen basieren auf sogenannten Ersatzkarosserien mit Fahrgestellnummern, die mit einer „13" beginnen. So hat der erste 901-Versuchswagen die Fahrgestellnummer 13 321. Diese Vorläufer wurden bis zum zehnten Wagen chronologisch durchnumeriert. Der elfte Wagen fiel mit der Fahrgestellnummer 13 352 wieder aus der Reihe. Der zwölfte Versuchswagen hatte mit der Fahrgestellnummer 300 001 schon die erste Seriennummer.
Die erste Serienkarosserie mit der Fahrgestellnummer 300 007 lief am 14. September 1964 vom Band. Interessanterweise wurde das Auto mit der ersten Fahrgestellnummer erst am 17. September 1964 produziert. Da die Produktion dieser ersten Fahrzeuge aber vor dem Veto von Peugeot erfolgte, wurden die Fahrzeuge intern noch als 901 bezeichnet. Der Wechsel zur Bezifferung 911 erfolgte am 10. November 1964 mit der Fahrgestellnummer 300 049, also noch vor der Auslieferung der ersten Fahrzeuge. Das hieß aber nicht, daß 49 Fahrzeuge intern als 901 geführt wurden, da - wie schon bei den ersten Fahrzeugen aufgezeigt - die Wagen nicht mit chronologisch aufeinanderfolgenden Fahrgestellnummern produziert wurden. So wurden bereits am 5. November 1964 die Fahrzeuge 74 und 79 mit der internen Bezeichnung 901 hergestellt. Insgesamt liefen 82 Fahrzeuge unter der internen Bezeichnung 901, mit den entsprechenden Motornummern.
Auf folgende Quellen stützen sich diese Angaben. August Klie, in der Karosserieabteilung für die Kontakte zwischen Konstruktion, Produktion und Versuch zuständig, führte Protokoll über die Zuordnung der Fahrgestellnummern für die Prototypen. Der damalige Fahrversuchsleiter Helmuth

Dieser 1964 gebaute Prototyp wurde hauptsächlich für Dauerläufe eingesetzt. Dementsprechend häufig mußte das Triebwerk aus- und eingebaut werden. Die Solex-Vergaser bereiteten große Probleme.

Bei diesem 1964 eingesetzten Versuchsmotor stimmte unter anderem die Auspuffanlage noch nicht (oben). Prototyp Nummer 6 mit dem Spitznamen „Quickblau" wurde nach 1965 von Hans Mezger privat gefahren (rechts oben). Vierzylinder-Versuchsmotor im 911-Vorläufer T 7 (unten).

Bott führte Protokoll für den Versuch. In einer Auflistung vom 29. Juli 1963 wurden die ersten sieben Fahrzeuge erwähnt. Zusätzlich wurde von Bott ab Januar 1964 bis Ende 1965 in monatlichem Turnus eine Fahrzeugliste der Versuchswagen erstellt und ständig aktualisiert. Daraus gingen die Kilometerstände und die Verwendungszwecke der einzelnen Fahrzeuge hervor. In eigenständigen Protokollen führte Helmuth Bott im Jahr 1965 zusätzlich die Testverbräuche auf. Andere Angaben ließen sich aus den sogenannten T 8-Besprechungen, Donnerstag-Besprechungen und Technischen Besprechungen entnehmen. Dadurch, daß ein Protokoll vom 2. März 1964 über den Entwicklungsstand der Motoren erhalten blieb, ließen sich den Prototypen sogar die einzelnen Motornummern zuordnen. Auf diese Weise kamen zu jedem Prototyp faktische Angaben zusammen, die Helmuth Bott vor seinem Tod am 14. Mai 1994 mit seinen persönlichen Unterlagen aus jener Zeit nochmals abglich.

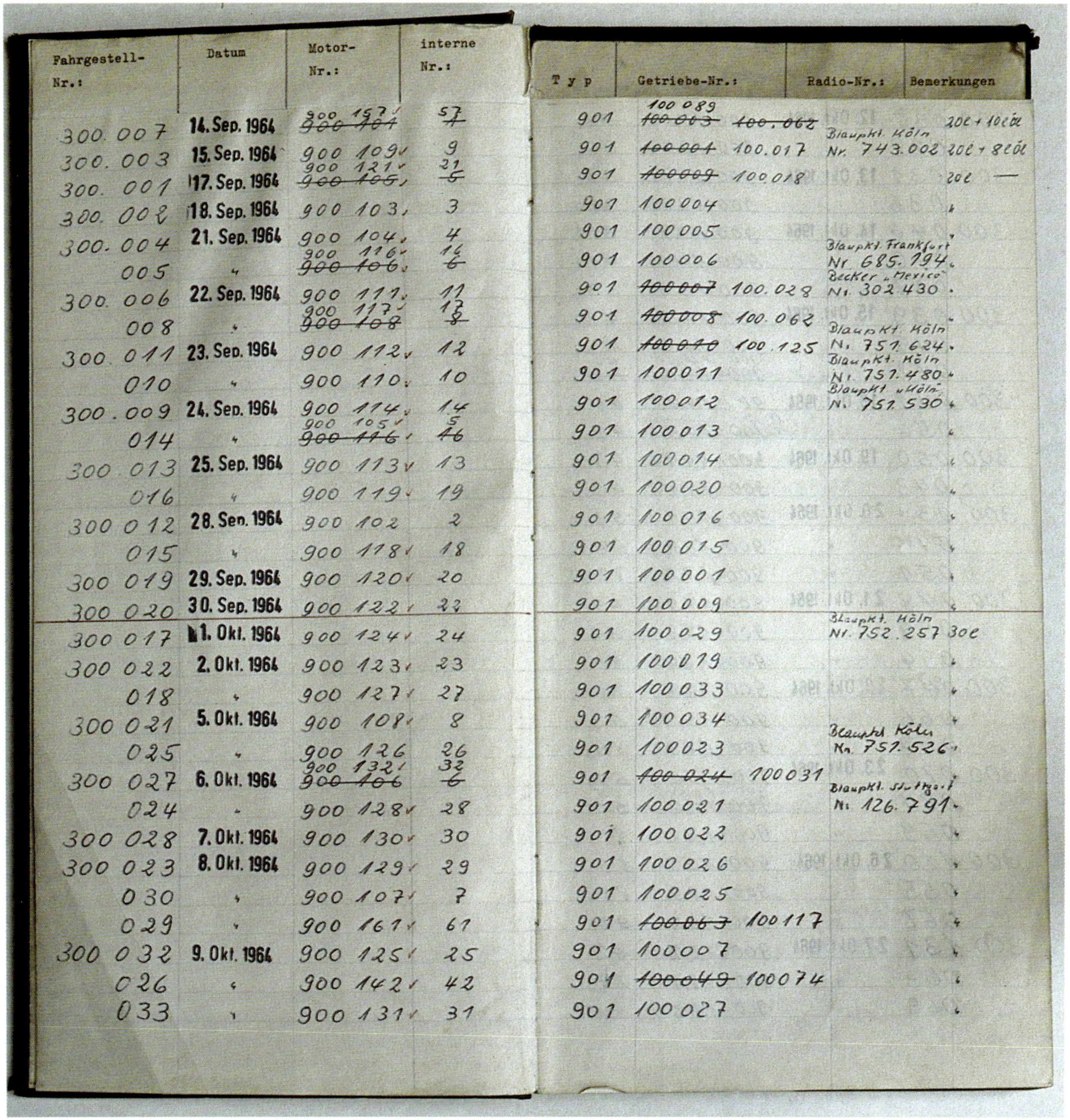

Fahrgestell-Nr.:	Datum	Motor-Nr.:	interne Nr.:	Typ	Getriebe-Nr.:	Radio-Nr.:	Bemerkungen
300 007	14. Sep. 1964	900 157 ~~900 101~~	57 ~~1~~	901	100 089 ~~100 063~~ ~~100.062~~		20l + 10l Öl
300 003	15. Sep. 1964	900 109	9	901	~~100 001~~ 100.017	Blaupkt. Köln Nr. 743.002	20l + 8l Öl
300 001	17. Sep. 1964	900 121 ~~900 105~~	21 ~~5~~	901	~~100009~~ 100.018		20l —
300 002	18. Sep. 1964	900 103	3	901	100004		
300 004	21. Sep. 1964	900 104	4	901	100005		
005	"	900 116 ~~900 106~~	16 ~~6~~	901	100006	Blaupkt. Frankfurt Nr. 685.794	
300 006	22. Sep. 1964	900 111	11	901	~~100007~~ 100.028	Becker „Mexico" Nr. 302 430	
008	"	900 117 ~~900 108~~	17 ~~8~~	901	~~100008~~ 100.062		
300 011	23. Sep. 1964	900 112	12	901	~~100010~~ 100.125	Blaupkt. Köln Nr. 751 624	
010	"	900 110	10	901	100011	Blaupkt. Köln Nr. 751.480	
300 009	24. Sep. 1964	900 114	14	901	100012	Blaupkt „Köln" Nr. 751 530	
014	"	900 105 ~~900 116~~	5 ~~16~~	901	100013		
300 013	25. Sep. 1964	900 113	13	901	100014		
016	"	900 119	19	901	100020		
300 012	28. Sep. 1964	900 102	2	901	100016		
015	"	900 118	18	901	100015		
300 019	29. Sep. 1964	900 120	20	901	100001		
300 020	30. Sep. 1964	900 122	22	901	100009		
300 017	1. Okt. 1964	900 124	24	901	100029	Blaupkt. Köln Nr. 752.257	30l
300 022	2. Okt. 1964	900 123	23	901	100019		
018	"	900 127	27	901	100033		
300 021	5. Okt. 1964	900 108	8	901	100034		
025	"	900 126	26	901	100023	Blaupkt Köln Nr. 751.526	
300 027	6. Okt. 1964	900 132 ~~900 106~~	32 ~~6~~	901	~~100 024~~ 100031		
024	"	900 128	28	901	100021	Blaupkt. Stuttgart Nr. 126.791	
300 028	7. Okt. 1964	900 130	30	901	100022		
300 023	8. Okt. 1964	900 129	29	901	100026		
030	"	900 107	7	901	100025		
029	"	900 161	61	901	~~100 063~~ 100117		
300 032	9. Okt. 1964	900 125	25	901	100007		
026	"	900 142	42	901	~~100049~~ 100074		
033	"	900 131	31	901	100027		

Buchführung: Anhand dieser in den sechziger Jahren noch ohne EDV geführten Liste lassen sich Fahrgestell- und Motornummern der ersten 901/911er zuordnen.

Tiefer Einblick: Der Motor des Prototyps Nummer 7 wurde in den USA originalgetreu restauriert. Gut zu erkennen ist die von der Serie deutlich abweichende Luftfilter-Anlage.

Datenkunde

Nummer 1 (901/1) (911/1) *
Fahrgestell-Nummer: 13 321
Spitzname: „Sturmvogel"
Baujahr: 1962
Verwendungszweck: Vorstellungen und Besichtigungen; Windkanal; später hauptsächlich Brems- und Vergaserversuche
Motor: S 90; später 901
Motor-Nummer: 900 008

Nummer 2 (901/2) (911/2)*
Fahrgestell-Nummer: 13 322
Spitzname: „Fledermaus"
Baujahr: 1963
Verwendungszweck: Karosserie- und Motormessungen; Heizungsversuche; Fahrwerkserprobung; Vergaserversuche
Motor: 901 ohne Trockensumpfschmierung; 821-Ventilsteuerung; Überlaufvergaser
Motor-Nummer: 900 003 (zerstört), dann 900 012

Nummer 3 (901/3) (911/3)*
Fahrgestell-Nummer: 13 323
Spitzname: „Blaumeise"
Baujahr: 1963
Verwendungszweck: Versuch: Fahrwerkserprobung; Versuchswagen für Wolfsburg-Dauerläufe und Windkanal
Motor: 901 mit Trockensumpfschmierung, im Januar 1964 auf letzten Stand gebracht, Motorschaden am 5. März 1964; Überlaufvergaser mit Knecht-Ansaugfilter; Vergleiche mit Dreifach-Solex-Schwimmervergaser
Motor-Nummer: 900 005; später 900 004 mit 142 PS bei 6300 U/min

Nummer 4 (901/4) (911/4)*
Fahrgestell-Nummer: 13 324
Spitzname: „Zitronenfalter"
Baujahr: 1963
Verwendungszweck: Versuch: Ausstellungen, Ersatz; sollte ursprünglich IAA-Wagen werden; Straßenlage
Motor: 901 mit Trockensumpfschmierung (115,9 PS bei 5500/min)
Motor-Nummer: 900 007; defekt am 8. Juni 1964; ab 2. November 1965 170 PS starker Motor (bei 6500/min) mit 2195 Kubikzentimeter Hubraum

Nummer 5 (901/5) (911/5)*
Fahrgestell-Nummer: 13 325
Spitzname: ohne
Baujahr: 1963
Verwendungszweck: Verkauf: erster Ausstellungswagen; Vorführwagen; Versuchswagen (Vergaser)
Motor: zunächst Motorenattrappe, dann 901 mit Trockensumpfschmierung
Motor-Nummer: 900 011 (bei 31 900 Kilometer instandgesetzt), dann 900 015

Nummer 6 (901/6) (911/6)*
Fahrgestell-Nummer: 13 326
Spitzname: „Quickblau"
Baujahr: 1963
Verwendungszweck: Verkauf: Ausstellungen Ausland
Motor: zunächst Motorattrappe, ab Mai 1964 901 mit Trockensumpfschmierung
Motor-Nummer: 900 009; später 900 154

Nummer 7 (901/7) (911/7)*
Fahrgestell-Nummer: 13 327
Spitzname: „Barbarossa"
Verwendungszweck: Versuch: Windkanal; Typisierung (beendet am 9. Juli 1964)
Motor: Motoreinbau am 10. April 1964; 901 mit Trockensumpfschmierung (126 PS bei 6300/min); Grauguß-Zylinder
Motor-Nummer: 900 014

Nummer 8 (911/8)
Fahrgestell-Nummer: 13 328
Spitzname: ohne
Baujahr: 1964
Motor: 901 mit Trockensumpfschmierung; ab August 1965 Vierzylinder-Motor 616/36
Motor-Nummer: Vierzylinder: 902 279

Nummer 9 (911/9)
Fahrgestell-Nummer: 13 329
Spitzname: ohne
Baujahr: 1964
Verwendungszweck: Verkauf: Vorführwagen, Typisierung Italien (November 1964); Karosserieversuche
Motor: 901 mit Trockensumpfschmierung; später Vierzylinder Typ 616/36
Motor-Nummer: unbekannt

Nummer 10 (902/10) (912/10)*
Fahrgestell-Nummer: 13 330
Spitzname: ohne
Baujahr 1964
Verwendungszweck: Versuch
Motor: Vierzylinder
Motor-Nummer: 830 001

* ab November 1964

Showstück: Der IAA-Wagen von 1963 war noch nicht fahrbereit. Von den beiden Auspuffendrohren kamen die Techniker wieder ab.

Der Aufbau des luftgekühlten Sechszylinder-Boxermotors

Weitblick bewiesen

Dem Weitblick der Konstrukteure des 911-Motors ist es zu verdanken, daß eine kontinuierliche Weiterentwicklung dieses Motors über 30 Jahre möglich war. Insbesondere der modulare Aufbau des Aggregats war hierfür eine wesentliche Grundlage.

Trotz einer Vielzahl von Detailänderungen ist der prinzipielle Aufbau des luftgekühlten Sechszylinder-Boxermotors über die gesamte Entwicklungszeit nicht verändert worden. Dabei mußte das Triebwerk stets neuen Anforderungen angepaßt werden: an schärfere Umweltgesetze, an die Ansprüche der Kunden bezüglich Leistung, Zuverlässigkeit, Sparsamkeit und Wartungsfreundlichkeit sowie an den zunehmenden Kostendruck bei der Produktion. Die wesentlichen Merkmale des Motors und deren Weiterentwicklung werden nachfolgend dargestellt.

Technik im Detail: Zweiliter-Motor mit jeweils drei Vergaser-Stutzen für die Solex-Batterie.

Das Kurbelgehäuse

Das Kurbelgehäuse ist vertikal geteilt und wird im Druckguß-Verfahren hergestellt.
Bis zum Modelljahr 1969 wurde das Kurbelgehäuse aus Magnesium gefertigt. Aus Festigkeitsgründen wurde ab Modelljahr 1970 auf Aluminiumlegierung umgestellt.

Die Kurbelwelle

Die Lagerung der Kurbelwelle erfolgte von Beginn an bis heute durch acht Kurbelwellenlager. Zur sicheren Ölversorgung der Pleuellager auch bei hohen Drehzahlen wird das Öl von Lager eins und acht in die Kurbelwelle eingespeist. Die Kurbelwelle war von Beginn der Entwicklung als geschmiedete Welle ausgeführt. Die Anzahl der Gegengewichte wurde im Laufe der Entwicklung zur Verminderung der Lagerbelastungen verändert. Bei den ersten Motorvarianten war die Kurbelwelle ohne Gegengewichte ausgeführt. Bei Steigerung des Hubes von 66 Millimeter auf 70,4 Millimeter wurde ein Gegengewicht pro Zylinder eingeführt, später erhielten alle Kurbelwellen zwei Gegengewichte pro Zylinder.

Steuerungsantrieb und Ölpumpe

Die beiden obenliegenden Nockenwellen des Motors werden mittels Doppelketten von einer Zwischenwelle angetrieben. Diese Zwischenwelle liegt unterhalb der Kurbelwelle und wird über ein Räderpaar von der Kurbelwelle angetrieben.

Aufgeschnitten: Im Sechszylinder-Boxer steckte jede Menge Technik. Die Steuerketten zum Antrieb der obenliegenden Nockenwellen wurden zunächst mechanisch gespannt (unten rechts).

Die Zwischenwelle treibt neben der Motorsteuerung auch die in einem Gehäuse integrierten Öldruck- und Ölsaugpumpen an. Im Laufe der Entwicklung wurden infolge der steigenden Beanspruchung des Steuerungsantriebes der Rädertrieb und die hydraulischen Kettenspanner mehrfach den neuen Anforderungen angepaßt. Die Größe der Druck- und Saugölpumpe wurde ebenfalls mehrfach modifiziert.

Pleuelstangen

Die Pleuelstangen des Motors waren von Beginn der Entwicklung bis heute als Stahl-Schmiedeteil ausgeführt. Um die Evolutionsschritte des Hubraums von ursprünglich 2,0 Liter auf heute 3,6 Liter realisieren zu können, war es notwendig, Pleuellagerdurchmesser und Pleuellänge mehrfach zu ändern.

Wegen des Pleuelfreiganges zur Ölpumpe wurde bei der Steigerung des Hubs von 66 auf 70,4 Millimeter zunächst der Pleuelzapfendurchmesser von 57 Millimeter auf 52 Millimeter vermindert. Bei der späteren Erhöhung des Hubs war es aus Gründen der Zapfenüberdeckung und der Pleuellagerbelastung notwendig, den Pleuellagerzapfen wieder auf 55 Millimeter zu vergrößern. Durch begleitende Maßnahmen am Kurbelgehäuse, an Pleueln und Ölpumpe konnte der Freigang der Pleuel erreicht werden. Die großen Fortschritte bei der beanspruchungsgerechten Auslegung von Bauteilen mittels der heutigen Entwicklungsmethoden verdeutlicht der unmittelbare Vergleich der Pleuelstangen des Modellbaujahres 1964 mit denen das Modellbaujahres 1994.
Trotz der erheblich gestiegenen Beanspruchung konnte das Gewicht jeder einzelnen Pleuelstange des aktuellen Motors um 15 Prozent niedriger gehalten werden als bei jener des Modelljahres 1964.

Die Zylinder

Die Zylinder des 911-Motors sind als Einzelzylinder ausgeführt. Insbesondere die Weiterentwicklung der Zylinder-Technologie machte es möglich, bei konstantem Zylinderabstand die Bohrung von 80 Millimetern auf 100 Millimeter zu steigern. Für Sonderanwendungen im Motorsport ist sogar die Bohrung 102 Millimeter ausgeführt. Zu Beginn der Entwicklungshistorie hatte der Motor Grauguß-Aluminium-Verbundzylinder (Biral-Verfahren). Mit diesen Zylindern wurden die Motoren mit 80 Millimeter und 84 Millimetern Bohrung ausgerüstet. Eine später zusätzlich auf

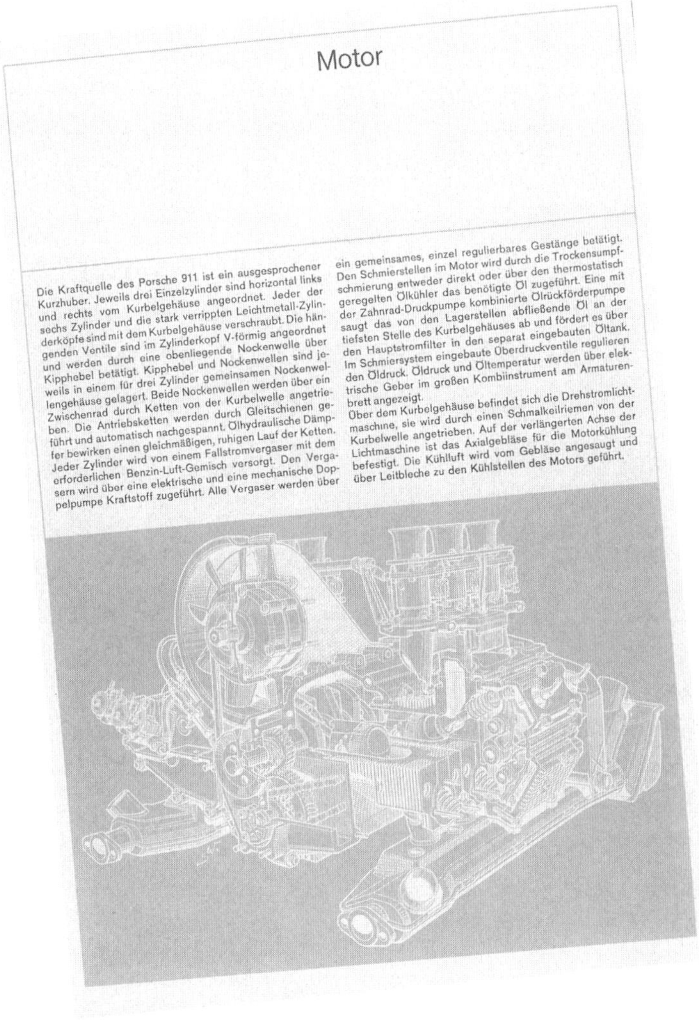

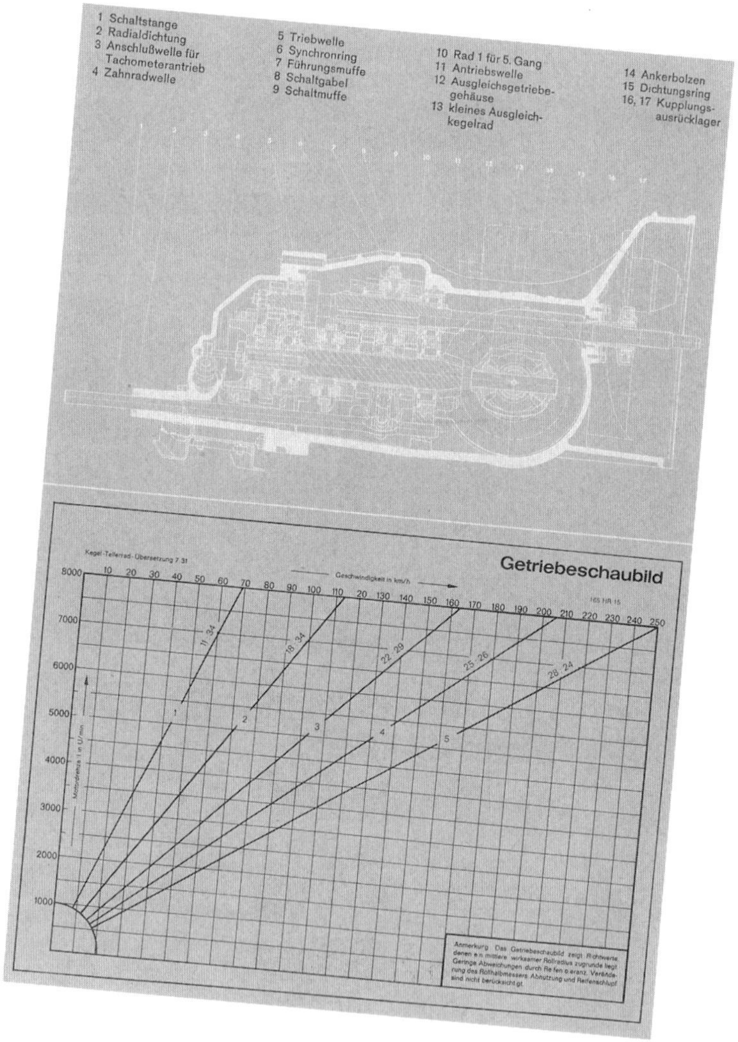

Die Verkaufsprospekte der ersten 911 beschrieben die Technik des Fahrzeugs recht ausführlich.

den Markt gebrachte Motorvariante mit reduzierter Leistung wurde auch mit Grauguß-Zylindern gebaut.
Der entscheidende Entwicklungsschritt gelang mit der Entwicklung von Monometall-Aluminium-Zylindern.
Die spezielle Problematik des luftgekühlten Motors ist es, daß wegen des gleichbleibenden Zylinderabstandes bei Vergrößerung der Bohrung die Kühlrippenhöhe verringert und damit die Wärmeabfuhr verschlechtert wird. Nur die Entwicklung des Monometall-Aluminium-Zylinders ermöglichte die weitere Hubraumsteigerung, weil durch diese Technik die notwendigen Kühlluftquerschnitte gewährleistet und darum die erhöhte Wärmemenge abgeführt werden konnte. Im Jahre 1973 wurden beim 2,7-Liter-Motor mit der Bohrung von 90 Millimeter erstmals nickeldispersionsbeschichtete Monometall-Aluminium-Zylinder eingeführt (Nikasil-Verfahren). Ein Jahr später fanden alternativ dazu Zylinder aus der übereutektischen Aluminium-Silizium-Legierung SAE 390 (Umkehrverfahren) Einzug in die Serie. Die Nikasil-Zylinder erwiesen sich im Laufe der Jahre hinsichtlich des Verschleißes, des Ölverbrauchs und der Reibungsverluste als die beste Lösung, und sie werden auch heute noch, mit der Bohrung von 100 Millimetern, in der Serie eingesetzt.
Die Kühlrippenlänge wurde bei zunehmendem Zylinderdurchmesser immer problematischer.

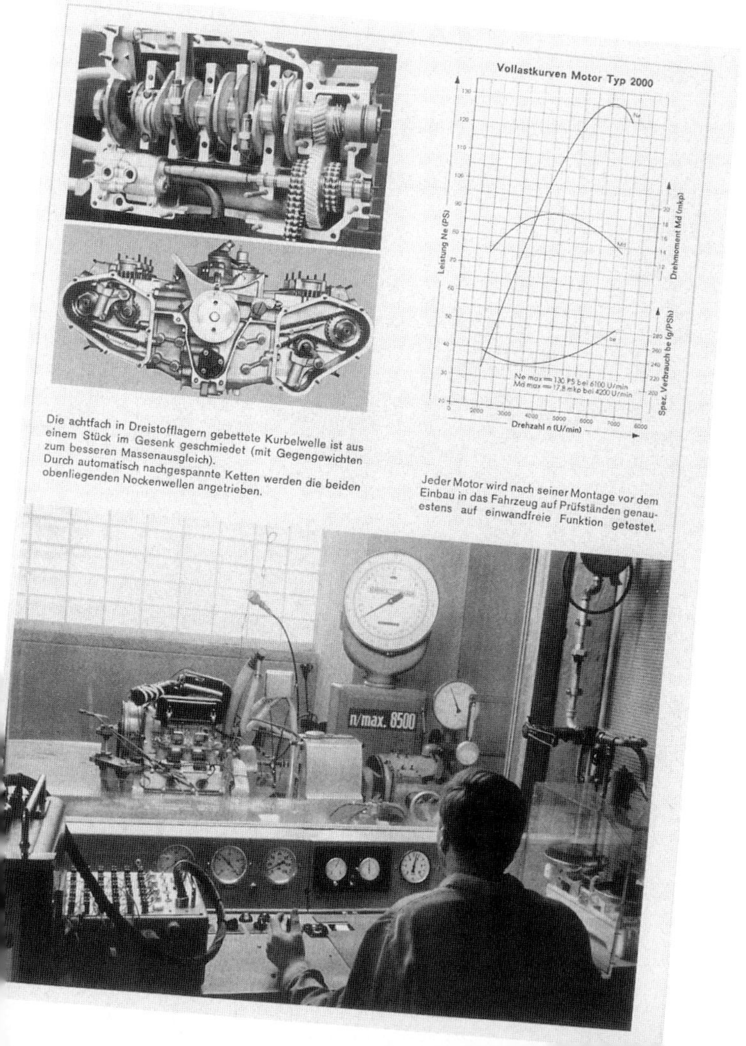

Die Zylinderköpfe

Die Zylinderköpfe des 911-Motors sind analog zu den Zylindern ebenfalls als Einzel-Zylinderköpfe ausgeführt. Die Zylinderköpfe einer Zylinderreihe werden als Vormontageeinheit mit dem Nockenwellengehäuse verschraubt und dann gemeinsam montiert.
Im Laufe der Entwicklung wurden viele Detailverbesserungen an den Zylinderköpfen durchgeführt. Insbesondere wurde die Gestaltung der Kühlrippen im Laufe des Entwicklungsprozesses immer weiter verfeinert.
Dazu wurden unter anderem maßstabsgerecht vergrößerte Plexiglas-Modelle angefertigt und im Wasserkanal durchströmt.
Wegen der hohen thermischen Belastung des Zylinderkopfes kommen nur hochwertige Aluminiumlegierungen zur Anwendung. Bei allen aufgeladenen Motoren wird die Legierung GK AlCu5Ni1,5CoSbZr (RR 350) verwendet. Die Saugmotor-Zylinderköpfe wurden in der Vergangenheit aus dem Werkstoff GK AlCu4Ni2Mg (Y-Legierung) gegossen. Primär aus gußtechnischen Gründen erfolgte zum Modelljahr 1994 die Umstellung auf die Legierung RR 350.
Als wichtigster Entwicklungsschritt am Zylinderkopf ist die Einführung von keramischen Portlinern in den Auslaßkanälen im Jahre 1988 zu nennen. Hierdurch konnte die thermische Belastung des Zylinderkopfes entscheidend reduziert und das Ansprechverhalten des Katalysators verbessert werden.

Vor dem Einbau wurde und wird jeder Porsche-Motor auf dem Prüfstand gemessen. Die Leistungsunterschiede lagen bei etwa zehn Prozent.

Sonderdruck aus MTZ Motortechnische Zeitschrift, Jahrgang 26, Heft 1, Januar 1965, Seite 13–17
Franckh'sche Verlagshandlung Stuttgart

Der neue Porsche-Motor Typ 911

Dipl.-Ing. Egon Forstner, Stuttgart-Zuffenhausen

Zeitgeist: Das Fachblatt MTZ veröffentlichte schon in den sechziger Jahren Sonderdrucke über wichtige Neuerscheinungen. Die Texte stammten meist von Werksingenieuren.

Dipl.-Ing. Egon Forstner, Stuttgart-Zuffenhausen

Der neue Porsche-Motor Typ 911

Porsche hat auf der Internationalen Automobilausstellung 1963 in Frankfurt einen neuen schnellen Reisewagen — den Typ 911 — gezeigt. Die Serie lief im September 1964 an und den Interessenten für besonders leistungsfähige Wagen steht damit neben dem bekannten Typ 356 C ein noch schnelleres Porsche-Fahrzeug, das mit dem hier beschriebenen Motor ausgestattet ist, zur Verfügung.*)

Der Motor ist im Heck angeordnet, wie beim jetzigen Serienwagen und den verschiedenen sportlichen und rennsportlichen Fahrzeugen, die von Porsche in den letzten Jahren gebaut und eingesetzt worden sind. Der Motor, ein Sechszylinder in Boxerausführung mit 2 l Hubvolumen ist wieder luftgekühlt. Hohe Leistung und ausgeglichene Laufruhe kennzeichnen die neue Konstruktion. Gegenüber dem Serienmotor des 356 C ist das Hubvolumen um 25 % und die Leistung um 40 % gesteigert. Das gewählte Konzept läßt aber noch viel Raum für wesentliche Entwicklungsschritte zu höheren Leistungen. Es ist das Ziel weiterer Entwicklungsarbeiten, den neuen Motor in forcierter Ausführung auch für den Rennsport reif zu machen und so die Serie und den Sport zum wechselseitigen Nutzen eng zu verknüpfen.

Das Bild 1 zeigt die Leistungslinien des neuen Motors Typ 911. Zum Vergleich sind vier weitere Porschemotoren des laufenden Serienprogramms eingetragen. Die Typen 1600 C und 1600 SC sind zwei Ausführungen der Stoßstangenmaschine mit unterschiedlichen Leistungen. Der Typ 587/3 ist vom Vier-Nockenwellen-Rennmotor abgeleitet, der vom Spyder, vom Carrera, dem Formel II- und dem Formel I-Wagen her bekannt ist.

Aus der Zahlentafel können die Hauptdaten der oben genannten Motoren und — um einen Überblick zu geben — auch die Daten der zugehörigen Fahrzeuge und ihre wichtigsten Fahrleistungswerte abgelesen werden. Der Gran-Turismo GTS 904 wird seit Frühjahr 1964 im internationalen Sport eingesetzt.

Im Bild 2 ist der neue Sechszylinder-Motor mit angebautem Schalt- und Ausgleichgetriebe gezeigt. Hinzuweisen ist auf das axiale Kühlgebläse, die drei Vergaser pro Motorseite (hier nicht in der endgültigen Ausführung), das großvolumige Ansaugluftfilter, den Vorauspufftopf und den hinten liegenden Abgasschalldämpfer. Die Auspuffrohre unter dem Motor sind ummantelt und dienen als Wärmeaustauscher für die motorabhängige Wagenheizung. Die Heizluft wird durch die beiden Schlauchleitungen vom Gebläse zu den Wärmeaustauschern rechts und links geführt.

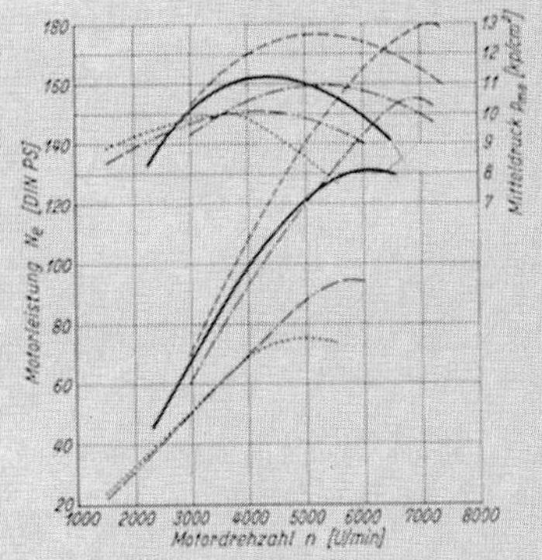

Bild 1. Leistungskennlinien des Typ 911 und anderer Porsche-Motoren aus dem Serienprogramm
— — — 587/3 mit Sportabgasanlage, — · — 587/3 mit Normalabgasanlage
. . . . 1600 SC, — · · — 1600 C

Bild 2. Motor 911 mit angebautem Schalt- und Ausgleichgetriebe. Triebwerk, Kühlanlage, Heizung und Abgasanlage sind eine geschlossene unabhängige Montageeinheit.

*) Über den zugehörigen Wagen (früher 901 genannt) siehe: H. Tomala u. E. Forstner, Zwei neue Porsche-Wagen Typ 901 und GTS 904; ATZ 66 (1964) H. 5, S. 133/139 und H. 6, S. 169/175

Zahlentafel. Motor-, Fahrzeug- und Fahrleistungsdaten

Motor	Zylinder Zahl Z	Steuerung NW — Nockenwelle	Bohrung Hub mm	Hubraum V_H cm³	Verdichtung ε —	Motorleistung N_e DIN PS	Fahrzeug Typ und Verwendung	Luftwiderstandsfläche F m²	Luftwiderstandsbeiwert c_w	Leergewicht nach DIN kg	Leistungsgewicht mit Fahrer (75 kp) kg/PS	Höchstgeschw. v_{max} km/h	Zeit für den stehenden km sec
911	6	1 NW pro Seite	66/80	1991	9,0	131	911 Reisewagen	1,66	0,36	1080	8,8	210	29,9
1600 C	4	Stoß-stange	74/82,5	1582	8,5	75	356 C Reisewagen	1,61	0,398	935	13,5	175	34,4
1600 SC	4	Stoß-stange	74/82,5	1582	9,3	95	356 C Reisewagen	1,61	0,398	935	10,6	185	32,6
587/3 Serien-abgas-A.	4	2 NW pro Seite	74/92	1966	9,8	155	904 GTS Gran Tourismo Sport	1,32	0,33	740	5,3	250	25,7
587/3 Sport-abgas-A.	4	2 NW pro Seite	74/92	1966	9,8	180	904 GTS Gran Tourismo Sport	1,32	0,33		4,5	265	24,6

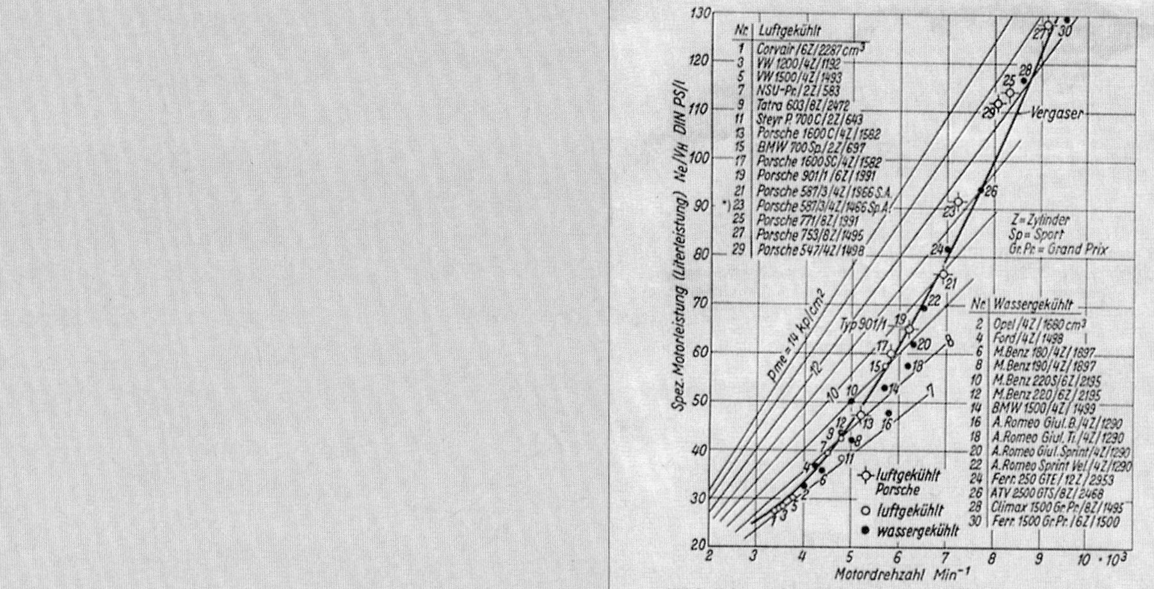

Bild 3. Hubraumleistung luft- und wassergekühlter Viertakt-Vergaser-Ottomotoren. Typ 901/1 heißt jetzt Typ 911

*) Berichtigung: Diese Zeile muß lauten: Nr. 23 Porsche 587/3/4Z/1966 Sp. A.

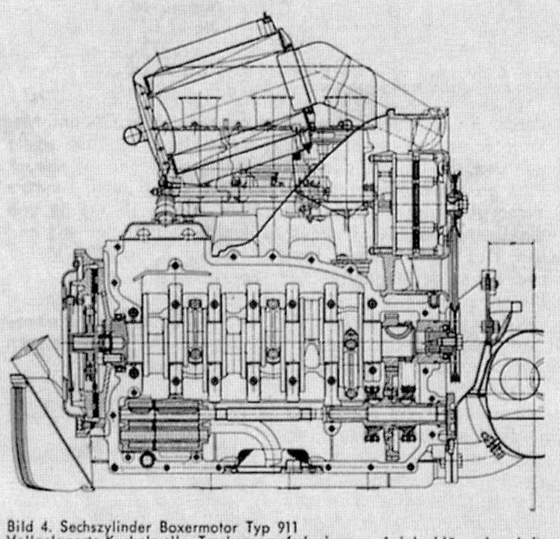

Bild 4. Sechszylinder Boxermotor Typ 911
Vollgelagerte Kurbelwelle, Trockensumpfschmierung, Axialgebläse ohne Leitrad, Wechselstromlichtmaschine, Trockenluftfilter, obenliegende Nockenwelle

Bohrung	80 mm
Hub	66 mm
Zylinderzahl	6
Hubraum	1991 cm³
Verdichtung	9
DIN-Leistung	131 PS
bei Drehzahl	6100 U/min
max. Drehmoment	17,8 kpm
bei Drehzahl	4300 U/min
spezif. DIN-Leistung	65 PS/l
Oktanzahlbedarf	96 ROZ

Luftgekühlter Boxermotor, Zündfolge 1-6-2-4-3-5

8fach gelagerte Kurbelwelle

Ventile in V-Form hängend, Kipphebel mit obenliegender Nockenwelle durch Kette angetrieben.

Trockensumpfschmierung mit Saug- und Druckpumpe, Ölfilter mit Papierpatrone

Ölkühler am Motor.

Solex-Vergaser

Micronic-Luftfilter

12-Volt-Lichtmaschine 490 Watt.

Luft- und wassergekühlte Motoren sind nach Jahrzehnten der Entwicklung in der Leistung völlig gleichwertig, wie im Bild 3 zu sehen ist. Hier sind die Literleistungen verschiedener Viertakt-Ottomotoren über der Drehzahl aufgezeichnet. Es sind wenige Punkte eingetragen, um die Übersichtlichkeit zu wahren. Ein Vergleich der ganzen Vielzahl aufgeführter Personenwagen-Motoren zeigt noch deutlicher, daß die Leistungen der luftgekühlten Motoren an der oberen Grenze des Feldes liegen. Der jetzige Standort des Typ 911/1 läßt erkennen, beim Vergleich mit den anderen Porsche-Konstruktionen, daß mit zunehmender Drehzahl die Leistung noch sehr wesentlich gesteigert werden kann.

Die eingezeichnete mittlere Kurve folgt einer starken Progression mit steigender Drehzahl, die besonders deutlich durch die Mitteldrucklinien hervorgehoben wird. Dieser Effekt kann zum geringen Teil auf die höhere Verdichtung forcierter Motoren, die im Diagramm weiter rechts liegen, zurückgeführt werden. Einen wesentlich stärkeren Einfluß haben zweifellos verbesserte Gaswechselvorgänge, die bei den hohen Drehzahlen besonders gute Zylinderfüllungen ergeben. Voraussetzung dafür sind allerdings widerstandsarme, sorgfältig ausgebildete und abgestimmte Ansaug- und Auspuffsysteme. Wichtig ist auch, daß die mechanischen Verluste im Triebwerk, wie Kolben-, Lagerreibung und Ölpantscharbeit klein gehalten werden.

Der Motorlängsschnitt nach Bild 4 zeigt bemerkenswerte Details. Die Kurbelwelle ist vollgelagert. Zwei Ölpumpen sorgen für den Schmierkreislauf. Die eine saugt das Öl aus dem Trockensumpf ab, die andere fördert aus dem vom Motor getrennten Behälter zu den Lagerstellen. Es ist ein Axialgebläserad verwendet, das auf der Welle der Wechselstrom-Lichtmaschine sitzt und durch einen Keilriemen angetrieben wird. Die sechs Vergaser sind an ein Trockenluftfilter mit Papierpatrone angeschlossen. Rechts unten im Kurbelgehäuse sind zwei Kettenräder zu erkennen, die je eine Nockenwelle pro Motorseite antreiben. Die verwirklichten konstruktiven Lösungen und der nur 333 cm³ große Zylinderhubraum sind Grundlagen für spätere wesentliche Drehzahl- und Leistungssteigerungen.

Kurbelwelle

Die Vollagerung der Kurbelwelle ist bei Boxermotoren dieser Größe ungewöhnlich, gibt aber Sicherheit gegen zu hohe Biegebeanspruchung selbst bei extremen Drehzahlen. Im Laufe der Zeit sind die Triebwerksbelastungen ganz allgemein stark gewachsen. Mit der Verdichtung zum Beispiel wurden die Zünddrücke wesentlich höher, wie Bild 5 erkennen läßt. Verstärkt wird ihre Wirkung durch die Tendenz zu großen Bohrungen und kleinen Hüben, wobei die größeren Bohrungen zusätzlich größere Lagerabstände und Biegelängen zur Folge haben. Mit der Drehzahl sind in ähnlicher Weise auch die Massenkräfte größer geworden. Die Vollagerung — im Dieselmotor allgemein verwendet — war ein Mittel dem zu begegnen. Gleichzeitig ist übrigens auch auf dem Werkstoffsektor und besonders durch entsprechende Wärmebehandlung wie z. B. das Tenifer-Verfahren viel erreicht worden**).

**) Über das Tenifer-Verfahren siehe: B. Finnern, Verschleiß- und Dauerfestigkeitserhöhung badnitrierter Teile von Verbrennungskraftmaschinen; MTZ 25 (1964) H. 6 S. 245/247

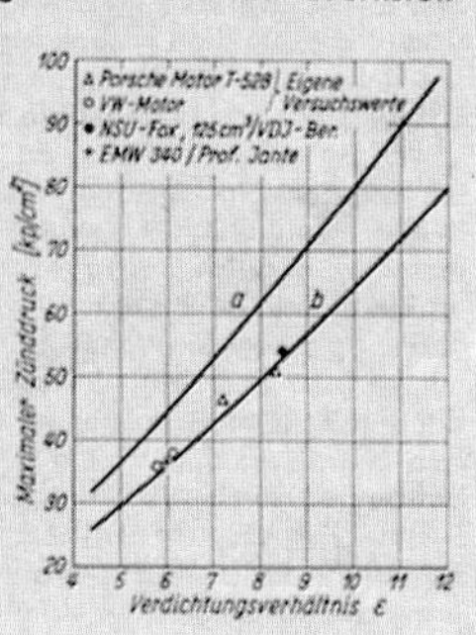

Bild 5. Maximaler Zünddruck, abhängig vom Verdichtungsverhältnis. Eigene Meßwerte und Schrifttumangaben
a: Theoretisch, vollständige Gleichraumverbrennung
b: Praktisch, gemischte Verbrennung, $\eta_L = 0,95$

Ein Blick zurück in der Geschichte des Motorenbaues läßt die Veränderung der Triebwerksbelastungen erkennen. Vor 20 Jahren hatten Achtzylinder V-Motoren mit 2 bis 4 l Hubraum dreifach gelagerte Kurbelwellen, während heute fünf Hauptlager die Regel sind. Vierzylinder Boxermotoren mit 1 bis 2 l und sogar Vierzylinder-Reihenmotoren bis ungefähr 1 l Hubraum hatten zweifach gelagerte Kurbelwellen. Heute nimmt die Vollagerung von Vierzylinder-Reihenmotoren, selbst kleiner Ausführung, laufend zu. Nachstehend sind einige aufgezählt:

Mazda P 360/P 600	358 cm³/856 cm³
Renault R 8	956 cm³
NSU Prinz 1000	996 cm³
Simca	944, 1090, 1290, 1475 cm³
Glas	1000, 1200, 1300, 1500 cm³
Alfa Romeo	1290, 1570 cm³
Peugeot	1468, 1618, 1816 cm³
BMW	1500, 1800 cm³
Ford New Classic	1500 cm³
Fiat	1568 cm³
Volvo	1800 cm³
Rover	2000 cm³
Warszawa	2120 cm³
Wolga	2445 cm³
General Motors Chevy II	2500 cm³
Pontiac-Tempest	3200 cm³

Ölkreislauf

Wie der Lagerung, ist auch der Schmierölversorgung hochdrehender Motoren besonderes Augenmerk zu widmen. Wichtige Punkte sind dabei:

1. Entschäumen des Öles
2. Kurbelgehäuseentlüftung
3. Verhindern von Ölpantscharbeit
4. Ölfilterung
5. Ölkühlung
6. Temperaturregelung
7. Öleinspeisung für die Pleuellager in die rotierende Kurbelwelle
8. Öleinspeisung für die Steuerungsteile in die rotierenden Nockenwellen.

Die Punkte 1., 2. und 3. sind beim Motor 911 durch die Trockensumpfschmierung gelöst. Ein getrennt vom Motor angeordneter großvolumiger Behälter gibt dem Öl die Möglichkeit, abzusitzen und die Luft abzuscheiden. Die Ölpumpe saugt vom tiefsten Punkt des Behälters immer aus dem Vollen. Der Punkt 4. wird durch ein Hauptstrom-Ölfilter mit Papierpatrone erfüllt, dessen Wirksamkeit sich in allen Lager- und Gleitstellen durch saubere Glätte der Reibflächen — selbst nach langen Laufzeiten — zeigt.

Das Öl hochdrehender Motoren muß gekühlt werden. Beim Typ 911 ist ein Leichtmetallkühler im Gebläseluft-Nebenstrom angeordnet. Es werden rund 10 % der gesamten geförderten Luft für den Ölkühler abgezweigt. Ein thermostatischer Öltemperaturregler gibt bei 80 °C den Weg durch den Kühler frei. Das Öl erreicht auf diese Weise möglichst schnell die für die Leistung beste Temperatur.

Bild 6 zeigt das Motorölkreislaufschema, aus dem die Anordnung der genannten Teile wie Ölkühler usw. zu erkennen ist. Es ist auch zu sehen, daß die Schmierung der Nockenwellenlager, Nocken und Kipphebel durch die hohlgebohrte Welle erfolgt. Das Öl wird an der Wellenstirnfläche über eine Gleitringdichtung zugeführt. Die Kurbelwellenhauptlager erhalten das Öl einzeln von einem Sammelkanal aus. Die Pleuellager werden durch die Kurbelwelle geschmiert, wobei nur an den Endlagern I und VIII eingespeist wird. Ein Zick-Zack gebohrter Kanal in der Kurbelwelle verbindet die beiden Einspeisestellen. Vom Kanal führen je zwei Schmierbohrungen zu den Pleuellagern.

Die Ölversorgung hochdrehender Motoren ist wesentlich beeinflußt durch die Spaltverluste an den Lagerstellen, die so groß werden können, daß an exponierten Stellen kein Förderdruck übrig bleibt. Besonders mit steigender Öl- und Motorentemperatur macht sich das bemerkbar. Die Lagerspiele wachsen, das Öl wird dünnflüssig und der Pumpenförderdruck fällt ab. Beim Motor 911 ist dem begegnet durch zentrale Versorgung der Nockenwellen über je eine Dichtstelle und die Einspeisung des Pleuellageröles über Hauptlager I und VIII. Das Führungslager I mit beidseitigem Bund ist länger und wegen des engen seitlichen Spieles wesentlich dichter als die anderen Hauptlager. Lager VIII ist besonders lang und im Durchmesser klein ausgeführt. Der Spalt ist bei gleicher Passungsgüte feiner. Die Undichtheitsverluste sind an diesen Versorgungsstellen gering.

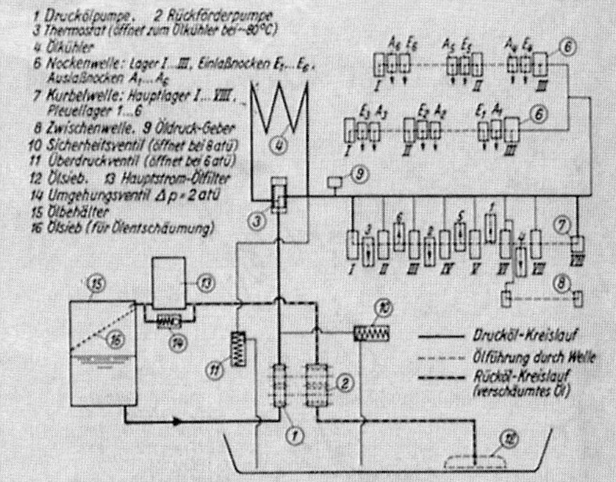

Bild 6. Schema des Motor-Ölkreislaufs Typ 911

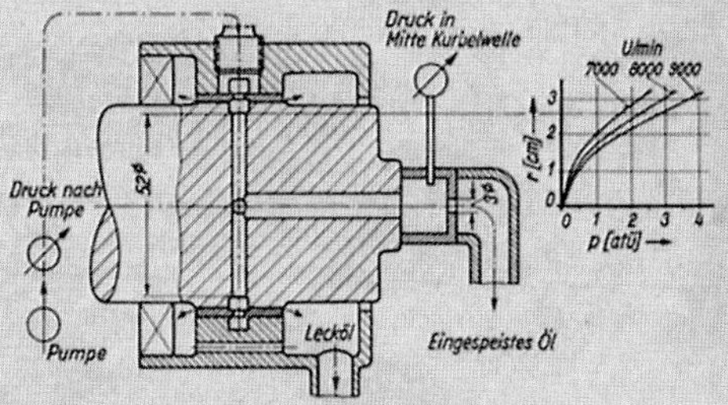

Bild 7. Öleinspeisung in die Kurbelwelle Typ 911. Versuchseinrichtung und gerechneter Fliehkraftgegendruck

Dem Einspeisedruck, der notwendig ist, um das Öl bis in die Wellenmitte zu fördern, steht der Fliehkraftdruck entgegen. Dieser wächst mit dem Quadrat der Drehzahl und mit dem Quadrat des Eintrittsdurchmessers. Bild 7 zeigt eine Versuchsanordnung, die den Hauptlagerabmessungen des Typ 911 entspricht. Der gerechnete Fliehkraftdruck ist für einige Drehzahlen über dem Zapfenradius dargestellt. Das Meßergebnis nach Bild 8 deckt sich mit der Rechnung. Durch den Spaltverlust im Lager sinkt der Druck von der Pumpe bis vor Lager merklich ab und durch die Fliehkraft wird ein Gegendruck aufgebaut, so daß in Wellenmitte

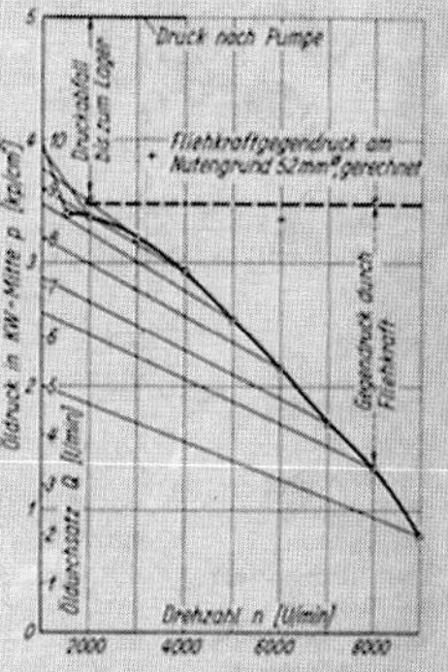

Bild 8. Gemessener Druckabfall beim Einspeisen in die rotierende Welle nach Bild 7

bei hohen Drehzahlen nur mehr ein kleiner Teil des aufgewendeten Pumpendruckes verbleibt. Bei halb so großem Einspeisedurchmesser sinkt der Fliehkraftgegendruck auf ein Viertel der dargestellten Werte. Konsequent wurde der Durchmesser des Endlagers (siehe Bild 4 rechts) sehr klein ausgeführt.

Gaswechsel

Der Motor 911 hat pro Seite eine obenliegende Nockenwelle, wie der Querschnitt in Bild 9 zeigt. Sie werden über ein Zwischenrad und je eine Kette von der Kurbelwelle angetrieben. Der Kettentrieb selbst ist im Bild 10 zu sehen. Ein Spannrad wird ölhydraulisch angedrückt, und drei Führungsschienen mit Gummibelag hindern die Kette am Schwingen. Die Ein- und Auslaßventile sind V-förmig zueinander gestellt. Sie werden über Kipphebel betätigt. Der Brennraum ist halbkugelig ausgebildet mit glatter und kleiner wärmeaufnehmender Fläche. Es ist eine Zündkerze pro Zylinder vorgesehen, doch kann für die hochforcierte Ausführung eine zweite gegenüberliegend angeordnet werden. Der Strömungsdurchgang vom Ein- zum Auslaß erfordert wenig Umlenkungen des Gasstromes. Am Einlaß ist ein großvolumiger Trockenluftfilter den Vergasern vorgeschaltet. Die Auspuffanlage besteht aus einem Sammelrohr je Seite, in das drei Auslaßkanäle einmünden und das die Gase in den Vortopf leiten (siehe Bild 2). Von dort führt ein Rohr zum hinten liegenden Abgasschalldämpfer.

Luftkühlung

Die V-Stellung der Ventile in der Strömungsrichtung der Kühlluft ist für luftgekühlte Motoren sehr günstig. Die freien Durchgänge zwischen den Rippen sind bei dieser Anordnung groß, ebenso die bespülten Rippenflächen. Beides wirkt auf geringen Kühlleistungsaufwand hin. Wichtig ist natürlich auch der Gebläsewirkungsgrad. In dieser Beziehung ist das Axialgebläse sehr vorteilhaft. Das Bild 11 zeigt für verschiedene Motoren die spezifische Kühlgebläseleistung und den spezifischen Kühlluftverbrauch. Früher waren 10...15 % der effektiven Motorleistung für das Gebläse aufzuwenden. Die letzten Porsche-Entwicklungen, der Acht-Zylinder-Rennmotor Typ 753 und der neue Typ 911, beide mit Axialgebläsen ohne Leiträder ausgerüstet, brauchen 4 bzw. 4,5 %. Für wassergekühlte Personenwagenmotoren werden 5...8 % Lüfterleistung genannt. Die beiden anderen eingetragenen

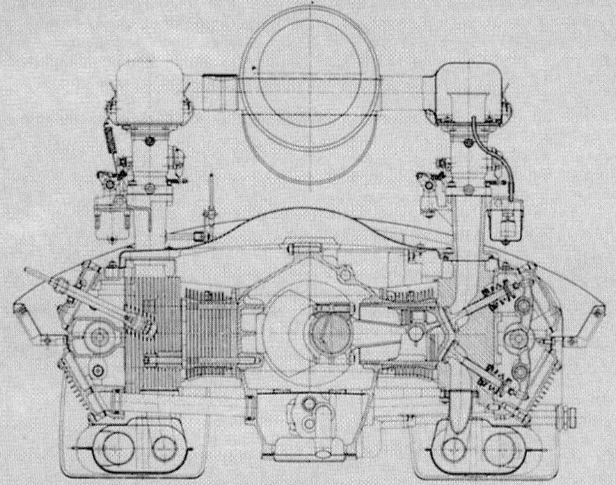

Bild 9. Motorquerschnitt 911. Obenliegende Nockenwelle, V-förmig angeordnete Ventile, Halbkugel-Brennraum

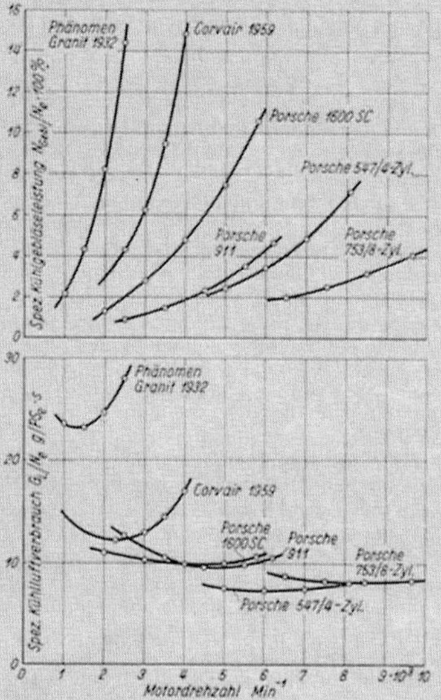

Bild 11. Spezifische Gebläseleistung und spezifischer Luftverbrauch luftgekühlter Motoren

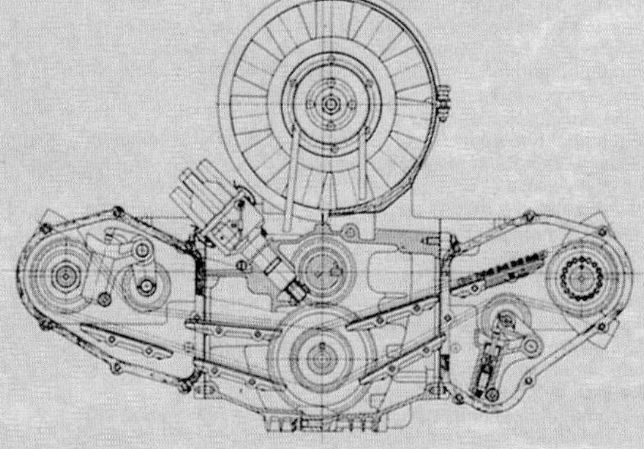

Bild 10. Antrieb der Nockenwelle durch Doppelkette, Spanner mit ölhydraulischer Nachstellung, Gleitschuhe für die Kette

Bild 12. Leitradloses Axialgebläse Typ 911. Rad ohne Überdeckung der Schaufeln

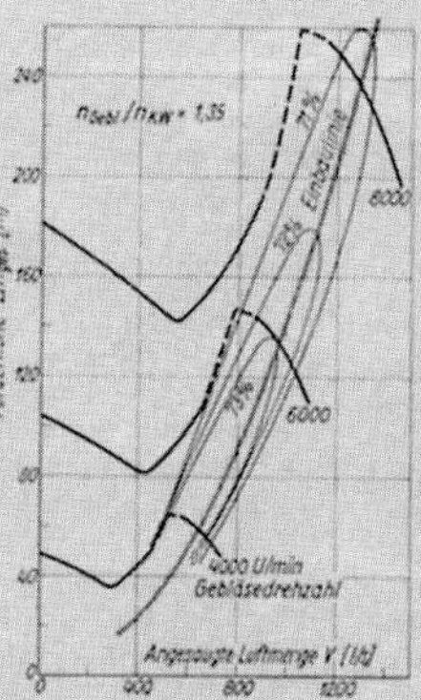

Bild 13. Kennfeld des Gebläses nach Bild 12 →

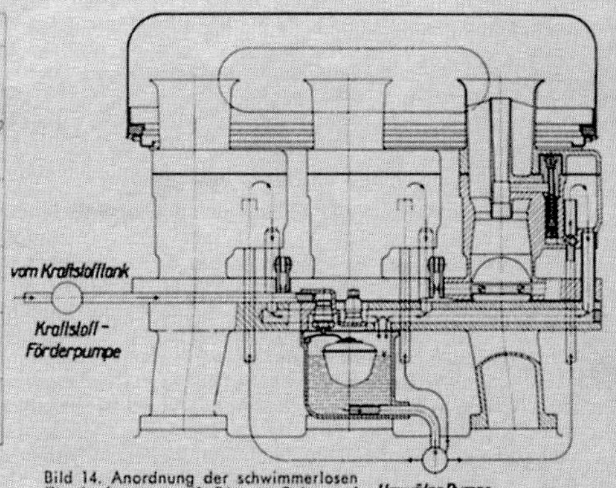

Bild 14. Anordnung der schwimmerlosen Überlaufvergaser 40 PJ von Solex auf der linken Motorseite Typ 911

Porschemotoren sind mit Radialgebläsen ausgestattet und vergleichbar ist der Motor 911 mit dem 1600 SC bzw. der T. 753/8-Zylinder mit dem T. 547/4-Zylinder. Der Fortschritt ist in beiden Fällen sehr deutlich.

Bild 12 zeigt das Kühlgebläse vom Typ 911. Das Rad ist ohne Schaufelüberdeckung gestaltet und frei ausformbar. Es kann in Spritzguß wirtschaftlich gefertigt werden. Das Gebläsegehäuse ist mit dem Nabenteil durch drei Stützen verbunden, die in der Drallrichtung der Luft stehen. Die leitradlose Ausführung ist im Geräusch günstiger, was den Ausschlag bei der Wahl gab, ist leichter und ist billiger zu fertigen. Die Wirkungsgrade liegen über 70%, und es sind Gesamtdruckziffern von 0,45 erreicht. Das Kennfeld des Gebläses ist im Bild 13 dargestellt. Die geförderte Luftmenge — der Einbauzustand ist angegeben — wird für die Kühlung der Zylinder und Köpfe, des Schmieröles und für die Wagenheizung verwendet. Zum letztgenannten Zweck werden knapp 10 % der Gebläseluft abgezweigt.

Vergaser

Zur Gemischaufbereitung dient beim Motor 911 je ein Vergaser pro Zylinder. Die Anordnung auf der linken Motorseite zeigt das Bild 14. Es ist ein schwimmerloser Überlauf-Vergaser, dessen Kraftstoffniveauhöhe durch ein Überlaufrohr, das dicht neben dem Düsenstock sitzt, konstant gehalten wird. Die Arbeitsweise ist aus dem Bild erkennbar. Eine Kraftstoffpumpe fördert vom Tank in den mit Schwimmer ausgerüsteten Entnahmebehälter. Von dort saugt die Umwälzpumpe den Kraftstoff ab und führt ihn den drei Vergasern in reichlicher Menge zu. Der Überschuß fließt durch das Überlaufrohr in den Entnahmebehälter zurück. Der Schwimmer muß den Zufluß nur begrenzen, nicht aber das Niveau im Vergaser regeln. Diese Vergaserausführung ist ganz unempfindlich gegen Schräglagen, Beschleunigungen, Bremsverzögerungen und gegen Kurvenfahrt selbst in den extremsten Fällen. Die Aufbereitungselemente pro Zylinder sind einfacher und leichter. Für drei Vergaser ist nur eine Schwimmerkammer vorhanden.

Der beschriebene Sechs-Zylinder-Motor Typ 911 dient als Triebwerk für einen komfortablen schnellen Reisewagen. Weitere Entwicklungsarbeiten werden den Motor in forcierter Version für den schnellen Motorsport geeignet machen. Porsche befaßt sich mit dem Sport ebenso ernsthaft wie mit der Serienproduktion, in der Erkenntnis, daß er ein echter Schrittmacher ist, der dem Fortschritt dient. Bauelemente und konstruktive Lösungen, die sich in harten Sportprüfungen bewährt haben, finden immer wieder Eingang in die Serie. Die Entwicklung der Motorleistung hat zu keiner Zeit geruht seit Erfindung des Verbrennungsmotors, und gerade auf diesem Gebiet hat der Sport die Entwicklung zum heutigen Stand sehr beschleunigt.

Seinen Einfluß auf die Entwicklung mag das Bild 15 unterstreichen. Hier sind die Literleistungen von Gebrauchs-, Sport- und Rennmotoren der letzten Jahre aufgezeichnet. Für die Rennmotoren gibt es eine derzeit gültige obere Grenze, die Gebrauchs- und Sportmotoren nehmen breitere Felder ein. Interessant sind die beiden Grand-Prix-Motoren von Porsche-Auto-Union aus der Vorkriegszeit. Es waren aufgeladene Maschinen, die zu ihrer Zeit im Grand-Prix-Sport mit an der obersten Spitze standen. Ihre Literleistungen sind heute von den Sportmotoren eingeholt. Die ganz extremen spezifischen Leistungen von damals sind in unserer Zeit zur Serie geworden.

Betrachtet man Bild 15 vom Stand des Gebrauchsmotors aus, der als Massenerzeugnis das meiste Gewicht hat, so wird klar, daß er ein breites Feld erprobter und gesunder Sportmotoren vor sich hat, in das er schrittweise hineinwachsen kann und dann bei gleichem Hubvolumen 50 % mehr leisten wird. Man kann einwenden, daß diese Motoren hochwertigere Werkstoffe und feinere Bearbeitung voraussetzen und kann wirtschaftliche Bedenken geltend machen. Dagegen ist aber zu sagen, daß der Ottomotor von seiner Anfangszeit bis heute immer wieder auch mit Hilfe verfeinerter Fertigungsmethoden und besserer Werkstoffe entscheidend weiterentwickelt worden ist und daß alle zukünftigen Schritte in dieser Richtung eine natürliche Fortsetzung des bisher beschrittenen Weges sind.

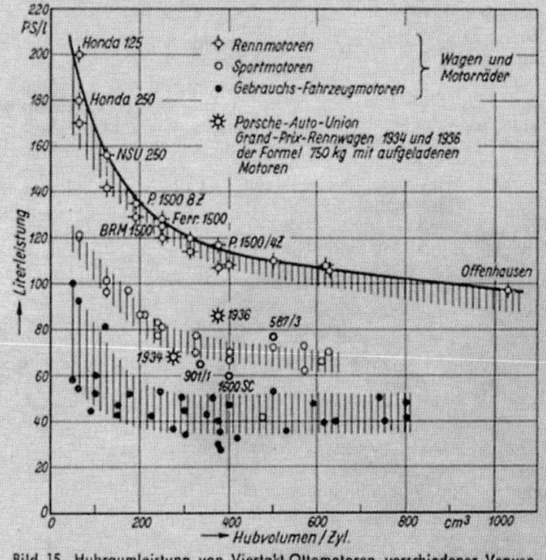

Bild 15. Hubraumleistung von Viertakt-Ottomotoren verschiedener Verwendung, abhängig vom Hubvolumen pro Zylinder.
Anmerkung: Der Punkt 901/1 heißt jetzt 911. Stand 1955—1963

Die ersten zehn Jahre

Über drei Jahrzehnte galt der luftgekühlte Sechszylinder-Boxermotor als das Maß der Dinge für ein gleichermaßen sportliches wie zuverlässiges Triebwerk. Im ersten Jahrzehnt (1964 -1973) dominierten Motoren mit hoher Literleistung. Einzelvergaser, beziehungsweise Einzelsaugrohre ermöglichten bei hoher Nenndrehzahl bis zu 82 PS pro Liter.

Die sogenannte Null-Serie zwischen November 1964 und Juli 1965 war mit Solex-Vergasern bestückt.

Anfang 1960 wurden unter der Typenbezeichnung 745 die ersten Sechszylinder-Boxermotoren entwickelt. Zunächst handelte es sich noch um Stoßstangen-Triebwerke, vierfach gelagert und mit zwei über Keilriemen angetriebenen Axialgebläsen ausgerüstet. Eine ähnliche Lösung war nur von der tschechischen Limousine Tatra bekannt. Ferry Porsche entschied dann aber nach ausgiebigen Probefahrten mit dem 911-Vorläufer T 7, in dem der Motorentyp 745 erstmals montiert war, keine Stoßstangenmotoren mehr zu bauen. Somit kam die nächste Entwicklungsstufe mit der Bezeichnung 821 der späteren Serienversion schon sehr nahe. Es handelte sich bereits um einen Sechszylinder mit zwei obenliegenden Nockenwellen. Der Hauptunterschied zur Serienversion lag nur noch in der Art der Schmierung. Der 821 hatte noch keinen Trockensumpf.

Zur Gemischaufbereitung wurden bereits beim 745 Fallstrom-Solex-Vergaser (Typ 40 PBIC) verwendet, die normalerweise in Lancia-Fahrzeugen Verwendung fanden. Für die Serie entwickelte Solex Vergaser mit der Bezeichnung 40 PI. Es handelt sich dabei um einen schwimmerlosen Überlaufvergaser, dessen Kraftstoffniveauhöhe durch ein Überlaufrohr konstant gehalten wird. Dazu fördert eine elektrische Pumpe den Kraftstoff vom Tank in den mit Schwimmer ausgerüsteten Entnahmebehälter. Von dort saugt die Umwälzpumpe den Kraftstoff ab und führt ihn den jeweils drei Vergasern pro Zylinderreihe zu. Der Überschuß fließt durch das Überlaufrohr in den Entnahmebehälter zurück. Somit muß der Schwimmer nur den Zufluß begrenzen, nicht aber das Niveau im Vergaser regeln.

Dieses Vergaserprinzip mit einer Schwimmerkammer für drei Vergaser stammt aus dem Motorsport und ist dem-

Die ersten Triebwerke mit 130 PS aus zwei Liter Hubraum sorgten bereits für beachtliche Fahrleistungen. Im Bild ein früher 911 von 1965.

entsprechend unempfindlich gegen extreme Kurvenfahrt oder starke Brems- und Beschleunigungsvorgänge. Es hatte aber den großen Nachteil, daß Benzin – sollte einmal eine Kraftstoffpumpe ausfallen – auf den Motor und somit auf die darunterliegenden Wärmetauscher lief. Die frühen 911 waren also besonders brandgefährdet. Die Solex-Lösung hatte den weiteren Nachteil, daß nur wenige Spezialisten die Vergaser-Batterie synchronisieren konnten. Das äußerte sich oftmals in sogenannten „Beschleunigungslöchern", Situationen, in denen das Fahrzeug nur mit Verzögerung Gas annimmt. Die frühen Elfer hatten diese „Aussetzer" meist bei etwa 3000/min. Trotzdem hielt Porsche im ersten Modelljahr an den Solex-Vergasern fest, da vertragliche Zusagen eingehalten werden mußten. Längst aber absolvierten die Techniker Versuche mit den als unkomplizierter geltenden Weber-Vergasern. Doch zurück zu den Motoren. Ende November 1996 lieferte Porsche die ersten Fahrzeuge an Kunden aus, mit dem intern Typ 901/01 bezeichneten Sechszylinder-Boxermotor und 1991 Kubikzentimeter Hubraum. Die charakteristische Luftkühlung erfolgte über ein Kühlgebläse, das auf der Antriebswelle des Generators montiert war. Dieses Gebläse kühlte nicht nur Zylinder und Zylinderköpfe, sondern auch das Motoröl.

Bei jeder Neukonstruktion müssen gewisse Reserven - zumindest für den Rennsport - eingeplant werden", schildert Hans Mezger die damalige Vorgabe.

Das Triebwerk wurde von Anfang an auf zukünftige Leistungssteigerungen und Drehmomenterhöhungen ausgelegt, was über Hubraumvergrößerungen am einfachsten zu bewerkstelligen war. Dafür sprach auch die zukunftsweisende Trockensumpf-Umlaufschmierung, die Pantsch-

Erste Verbesserungen im Laufverhalten brachten ab Modelljahr 1966 die Weber-Vergaser. Die Leistung blieb unverändert bei 130 PS (links). Der zusätzlich angebotene 911 S des Modelljahrs 1969 war der erste Porsche-Serienmotor mit Einspritzanlage. Der Zweiliter mobilisierte satte 170 PS.

verluste durch den Kurbeltrieb besonders bei hohen Drehzahlen ausschloß.
Das Prinzip der Trockensumpf-Schmierung wird im Automobilbereich ausschließlich bei den Porsche-Boxermotoren verwendet. Ausnahmen bilden lediglich reinrassige Rennwagen, Flugzeuge oder einige wenige Motorräder. Das System ist in hauptsächlich zwei Punkten der verbreiteten Naßsumpf-Schmierung deutlich überlegen: Erstens lassen sich fast beliebig große Ölmengen zur Schmierung heranziehen und zweitens ist auch bei extremen Quer- und Längsbeschleunigungen der Öltransport zu den Schmierstellen im Motor sichergestellt. Dieses verhindert Lagerschäden, die durch Ansaugen von Luft bei extremster Kurvenlage vorkommen können. Bei im Heck eingebauten Boxermotoren kommt der Umstand hinzu, daß kein Platz für eine großvolumige Ölwanne vorhanden ist. Für den Trockensumpf hingegen genügt eine flache Ölsammelschale unter dem Triebwerk. Aus ihr wird das Öl durch eine Pumpe in den separaten Öltank geführt. Von dort transportiert eine weitere Pumpe das Schmiermittel durch den Ölfilter und einen Kühler zu den Schmierstellen. Dadurch reduziert sich überdies die Einbuße an Motorleistung durch Eintauchen der Kurbelwelle in die gut gefüllte Ölwanne von Motoren mit herkömmlicher Druckumlauf-Schmierung und das bereits erwähnte Ölpantschen. Beim Porsche 911 befinden sich nämlich gerade einmal ein bis drei Liter Öl im Motor, von insgesamt 11,5 Litern Gesamtölmenge.
Von diesem technischen Ausflug zurück zum Elfer-Motor. Die obenliegenden Nockenwellen erlaubten von Anfang an hohe Drehzahlen, die für die nachfolgenden Rennderivate unerläßlich waren. Das Serien-Triebwerk mobilisierte zunächst 130 PS (96 kW) bei 6100/min. Bereits der erste Sportmotor, der 1965 in einem Fahrzeug für die Rallye Monte Carlo eingesetzt wurde, verfügte über mehr als 160 PS. Die technischen Einzelheiten wurden bereits in Kapitel „Weitblick bewiesen" beschrieben. Deshalb nur noch einmal die Highlights: Bohrung 80 Millimeter, Hub 66 Millimeter, Verdichtung 9,0 : 1, Kurbelgehäuse aus Leichtmetall-Druckguß, Leichtmetallkolben, Zylinder aus Grauguß, achtfach gelagerte Kurbelwelle, eine Nocken-

welle auf jeder Zylinderseite und Nockenwellenantrieb durch zwei Steuerketten.

Im **Modelljahr 1966** blieb das Triebwerk grundsätzlich unverändert. Lediglich die Solex-Vergaser wichen Weber-Vergasern vom Typ 40 IDA 3L und 3C1, die wesentlich leichter einstellbar waren. Ab Modelljahr 1967 setzte Porsche den Vergaser 40 IDS für die sportliche Variante 911 S ein. Damit kam der Sportwagenhersteller dem größten Kundenwunsch nach, nämlich einen leistungsstärkeren 911 anzubieten. Die 30 PS Zuwachs erreichten die Techniker mit gleichem Hubraum über sogenannte Biral-Zylinder (Alu-Zylinder mit Grauguß-Lauffläche), weichnitrierte und geschmiedete Stahlpleuel, geschmiedete Leichtmetallkolben, eine geänderte Nockenwelle, vergrößerte Ventile (Einlaß 42 Millimeter, Auslaß 38 Millimeter) mit jeweils zwei Federn und eine enorm hohe Verdichtung von 9,8 : 1. Aus heutiger Sicht war diese Verdichtungserhöhung besonders aufgrund des damals qualitativ schlechteren Kraftstoffs bemerkenswert. Das S-Triebwerk erreichte seine 160 PS (118 kW) bei 6600/min. Die Höchstdrehzahl betrug 7200/min. Damit leistete der 911 S stolze 80 PS pro Liter. Besonders auffällig bei diesem intern 901/02 bezeichneten Motor war die Zylinderbauart. Auf die noch immer als Graugußbüchse ausgeführte Lauffläche wurde der Kühlrippenmantel aus Leichtmetall aufgeschrumpft. Damit konnte die Wärme besser abgeleitet werden. Dieses Zweiliter-Triebwerk blieb auch im folgenden Modelljahr unverändert.

„Die 130 PS erreichte der 911 spielend. Für den ‚T' kamen wir anfangs nicht von der Leistung runter", erinnert sich Hans Mezger.

Neu im Modellprogramm war der Basis-911 „T". Dieser Sechszylinder verfügte über eine auf 110 PS (81 kW) reduzierte Leistung, die schon bei 5800 U/min. erreicht wurde. Die Verdichtung reduzierten die Techniker auf 8,6 : 1. Mit diesem Modell sollte vor allem auch der weibliche Käuferkreis angesprochen werden. Bereits in den fünfziger

PORSCHE

KALIFORNIENTEST NR. 1 DATUM 11.5.1966
FAHRZEUG TYP 911/39 NR.303328
MOTOR TYP 901/35 NR.903465
VERGASER 40 IDA 3C SERIENEINSTELLUNG

VERSUCHSVORHABEN SERIENZUSTAND 901/05
ZUENDUNG 2.V.O.T

7-STUFEN ZYKLUS		WARMLAUF ZYKLUS MESSWERTE 1.	2.	3.	4.	DURCH-SCHNT.	ANTEIL PPM V.0/0	ZYKLUS M.WARMEM MOTOR MESSWERTE 6.	7.	DURCH-SCHNT.	ANTEIL PPM V.0/0
TEMP.C		60.	0.	0.	0.			0.	85.		
	CH	3100.	550.	630.	670.	1237.	46.	690.	900.	795.	28.
1.	CO	6.00	5.55	6.35	6.75	6.16	.23	7.95	7.65	7.80	.28
	CO2	9.45	11.35	10.80	10.55	10.53		9.75	9.70	9.72	
	CH	1780.	724.	700.	720.	981.	213.	1212.	796.	1004.	212.
2.	CO	5.96	5.40	6.07	6.31	5.93	1.29	6.43	7.19	6.81	1.44
	CO2	10.37	11.33	11.06	10.67	10.85		10.48	10.49	10.48	
	CH	500.	330.	360.	370.	390.	39.	1650.	650.	1150.	123.
3.	CO	5.05	4.95	5.75	5.95	5.42	.55	3.20	6.35	4.77	.51
	CO2	12.60	12.15	11.45	11.80	12.00		12.80	10.70	11.75	
	CH	3340.	3380.	2840.	4070.	3407.	218.	4880.	3450.	4165.	256.
4.	CO	3.85	4.85	4.45	5.26	4.60	.29	5.07	4.87	4.97	.30
	CO2	8.49	7.33	8.68	6.93	7.85		7.33	7.89	7.61	
	CH	510.	650.	520.	750.	607.	26.	700.	950.	825.	38.
5.	CO	6.05	2.55	3.15	5.35	4.27	.18	4.55	3.45	4.00	.18
	CO2	13.45	13.15	12.55	13.00	13.03		11.85	12.20	12.02	
	CH	422.	470.	434.	560.	471.	198.	530.	580.	555.	232.
6.	CO	2.70	2.99	3.54	3.53	3.19	1.34	4.43	3.81	4.12	1.72
	CO2	13.37	13.37	12.73	12.51	12.99		12.11	12.29	12.20	
	CH	4420.	4945.	4900.	5020.	4821.	146.	4560.	5505.	5032.	151.
7.	CO	4.64	4.26	4.56	4.22	4.42	.13	4.90	3.97	4.43	.13
	CO2	7.45	6.98	6.79	6.67	6.97		7.38	6.52	6.95	
SUMCH							890.				1043.
SUMCO							4.03				4.58
GESAMTERGEBNIS											
	CH						990.				
	CO						4.39				

Porsche war von Anfang an umweltbewußt. Der erste Abgastest stammt von 1966. Der Sportwagenhersteller erhielt als erstes Unternehmen in Europa die Genehmigung von der amerikanischen EPA, offiziell Schadstoffe zu messen.

Die Einspritzanlage, noch Sechsstempelpumpe genannt, hielt bereits Ende der sechziger Jahre Einzug. Das Schema zeigt: Die Kraftstofförderpumpe (1), den Tank (2), den Kraftstoffilter (3), das Magnetventil für die Kaltstarteinrichtung (4), ein Einspritzventil (5), eine Einspritzleitung (6) und die Einspritzpumpe (7).

Jahren bot Porsche ein ähnlich positioniertes Modell vom Typ 356, genannt „die Dame", an. Porsche war beim 911-Einstiegsmodell auch bemüht, das Image dieser Einstiegsversion zu steigern. Fortan verwendeten die Zuffenhausener die Bezeichnung 911 T auch für ihre Wettbewerbs-Fahrzeuge.

Porsche setzte ab **Modelljahr 1968** (A-Serie) erstmals abgasentgiftete Motoren ein; für die USA unter der Typen-Bezeichnung 901/14 für Fahrzeuge mit Schaltgetriebe und 901/17 für die Sportomatic-Fahrzeuge. Bei einem Exportanteil von über 50 Prozent waren diese Maßnahmen unumgänglich. Somit wurde der Sportwagenhersteller quasi zwangsweise zu einem Pionier in Sachen Abgasentgiftung. Bereits 1966 führte Porsche den ersten Abgastest durch, um kalifornische Emissionsvorschriften zu erfüllen. In Deutschland hingegen wurde noch über Grenzwerte von 4,5 Prozent CO im Leerlaufbetrieb debattiert. Porsche-Motoren für die USA zeichnete damals schon aus, daß sie trotz solcher Maßnahmen keinerlei Leistungseinbußen hinnehmen mußten. Die Abgasentgiftung der Fahrzeuge, die noch mit Vergasern bestückt waren, wurde durch Abgasrückführung und Thermo-Reaktoren erzielt.

Ab **Modelljahr 1969** (B-Serie) setzte Porsche bei den Modellen 911 E (E steht für Einspritzung) und 911 S erstmals Einspritzanlagen ein. Dabei handelte es sich um eine mechanische Bosch-Benzineinspritzung, die auch gerne als Sechsstempelpumpe bezeichnet wurde. Dieser Begriff leitete sich aus dem Prinzip der Pumpenanordnung in Doppelreihen ab. Porsche hatte dieses System bereits einige Jahre zuvor erfolgreich bei Rennmotoren eingesetzt. So ausgestattet befeuerte den 911 S ein Zweiliter-Triebwerk mit 170 PS (125 kW) bei 6800/min. Das Top-Modell erhielt zusätzlich zum Motorölkühler einen im Gebläsestrom positionierten Ölkühler, der im rechten vorderen Kotflügel untergebracht war. Der „E" leistete 140 PS (103 kW). Die Auslaßventile aller künftigen Sechszylin-

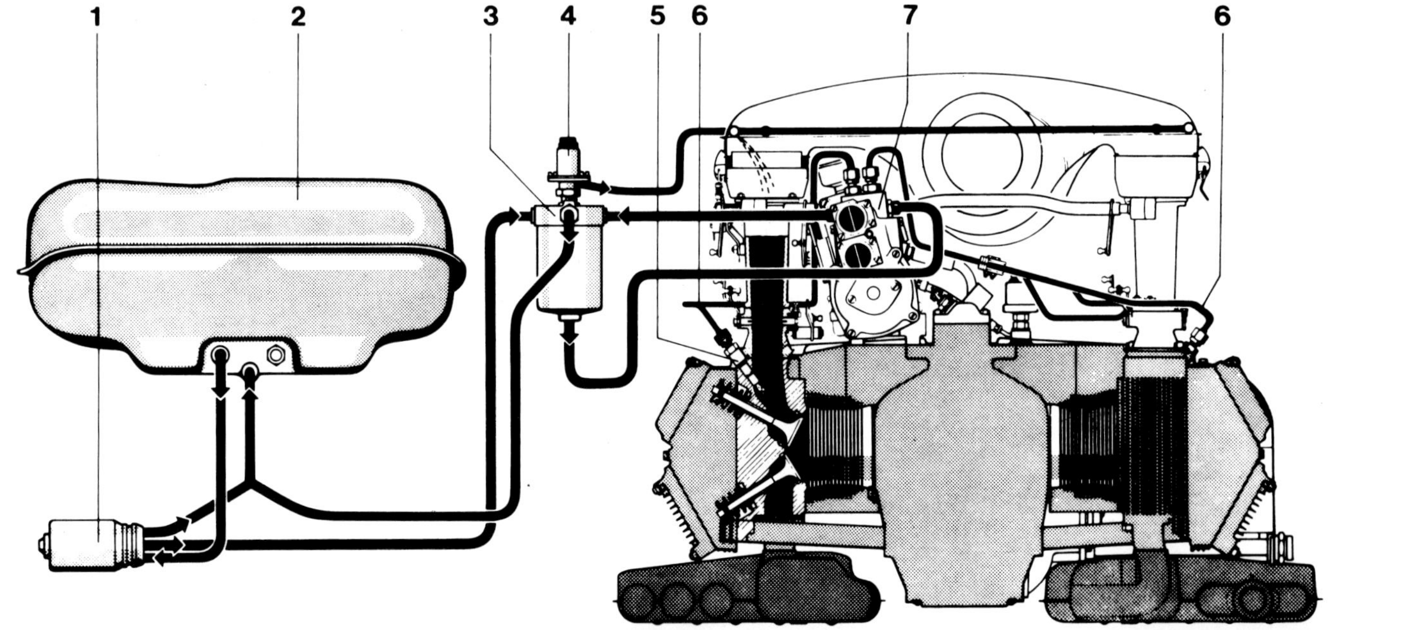

dermotoren waren natriumgefüllt und besaßen gepanzerte Sitzflächen. Dieser enorme Aufwand wurde normalerweise nur für Rennmotoren betrieben, um die Wärme des Ventiltellers an den Ventilschaft und über die Ventilführung an den Zylinderkopf weiterzuleiten. Dadurch wurden die 911-Triebwerke vollgasfest.
Die Einspritzmotoren mit Bosch-Doppelreihen-Einspritzpumpe dienten Porsche nicht nur als Basis für zukünftig mögliche Leistungssteigerung. Vielmehr konnte mit dieser Maßnahme das Abgasverhalten der Motoren weiter optimiert werden. Die Zeit der Vergaser war bei den Zuffenhausener nahezu vorüber. Lediglich das Touring-Modell 911 T verfügte weiterhin über zwei Weber-Dreifach-Fallstromvergaser 40 IDT3 C.
Mit dem **Modelljahr 1970** (C-Serie) erfolgte die erste Hubraumerhöhung von 2,0 auf 2,2 Liter Hubraum. Präzise wird durch die Vergrößerung der Zylinderbohrungen auf 84 Millimetern ein Hubraum von 2195 Kubikzentimetern erreicht. Das Kurbelgehäuse der neuen Motorengeneration bestand aus Magnesium-Druckguß, die Kurbelwellen aus geschmiedetem Stahl. Diese wurden für das stärker beanspruchte 911-S-Triebwerk anschließend teniferbehandelt. Darüber hinaus verfügte die auf 180 PS (132 kW) erstarkte S-Version über geschmiedete Leichtmetall-Kolben und Biral-Zylinder. Die Zylinderköpfe der 2,2-Liter-Versionen hatten größere Ventile: Einlaß 46 Millimeter, Auslaß 40 Millimeter.
Die neuen Motoren waren aber nicht nur stärker – 911 T, 125 PS (92 kW); 911 E 155 PS (114 kW) und 911 S 180 PS (132 kW), sondern blieben durch gezielte Leichtbau-Maßnahmen wie einem Magnesium-Kurbelgehäuse im Gewicht unverändert – und das trotz der Hubraumvergrößerung. Die E- und S-Motoren brachten 182 Kilogramm auf die Waage. Das DIN-Leergewicht der kompletten Fahrzeuge konnte sogar von 1080 Kilogramm beim 911 E im Modelljahr 1969 auf 1020 Kilogramm gesenkt werden. Leichtbau war bei Porsche ohnehin ein Steckenpferd des neuen Entwicklungschefs Ferdinand Piëch.
Das Einstiegsmodell 911 T verfügte weiterhin über Fallstromvergaser, jetzt aber teilweise von Zenith. Neu in allen

Ab Modelljahr 1973 werden die ersten Motoren mit der modernen K-Jetronic ausgeliefert. Die Abgaswerte verbesserten sich drastisch (oben). Der 2,2 Liter von 1970 (unten) verfügte noch über die Sechsstempelpumpe.

Das Triebwerk des 911 Carrera RS 2.7 von 1973 setzte in puncto Agilität neue Maßstäbe. 210 PS standen zur Verfügung.

Modellen war die kontaktgesteuerte Batterie-Hochleistungs-Kondensatorzündung „BHKZ".

Das **Modelljahr 1971** (D-Serie) brachte an den Triebwerken keine mechanischen Änderungen. Bedingt aber durch schärfere Abgasgesetze auf verschiedenen Exportmärkten wurden die mechanischen Einspritzanlagen entsprechend überarbeitet. Druckfühler, Zündverteiler, Drosselklappenstutzen und Zündsteuergerät wurden angepaßt. Die Krafstoffpumpe wanderte zwischen Querrohr und Hinterachslenker.

Mit dem **Modelljahr 1972** (E-Serie) erfolgte die zweite Hubraumerhöhung auf insgesamt 2,4 Liter. Dieser Schritt erlaubte es auch, die Nicht-USA-Motoren auf Normalbenzin auszulegen und trotzdem die Leistung zu steigern. Das wurde notwendig, da hochoktaniger Kraftstoff mit entsprechenden Anteilen an Bleitetraäthyl auf einigen Exportmärkten nicht mehr erhältlich war.

Den Hubraum von 2341 Kubikzentimetern erreichten die Techniker durch eine geänderte Kurbelwelle mit 70,4 Millimetern Hub. Die Verdichtung wurde so gewählt, daß Normalbenzin (ROZ 91) verwendet werden konnte. Dennoch stieg die Leistung des 911 T auf 130 PS (96 kW), des 911 E auf 165 PS (121 kW) und des 911 S auf 190 PS (140 kW). Für die tägliche Fahrpraxis ein deutlicher Gewinn war vor allem die Drehmomentsteigerung. So verfügte die Top-Version „S" über 216 Nm bei 5200/min. Die 911-Triebwerke zeichneten sich insgesamt dadurch aus, daß sie bereits aus niedrigen Drehzahlen heraus ruckfrei beschleunigten.

Im **Modelljahr 1973** (F-Serie) überraschte Porsche die Fangemeinde mit einem Modell, das bereits mit seinem Namen an Motorsport und Höchstleistung erinnerte. Der 911 SC (offizielle Typenbezeichnung für den 911 Carrera RS) mit einem gewaltigen 2,7-Liter-Motor wurde vorgestellt. Dieser Sportwagen wurde zur Legende. Er zeichnete sich durch drei wesentliche Merkmale aus. Erstens sein niedriges DIN-Leergewicht von 1075 Kilogramm in der Touring-Version und gerade einmal 900 Kilogramm in der Leichtbau-Rennversion. Zweitens durch seine aerodynamisch wertvollen Front- und Heckspoiler (liebevoll „Entenbürzel" genannt) für einen optimierten Abriß der Luftströmung und drittens durch sein unvergleichliches Triebwerk. Mit einem Hubraum von 2687 Kubikzentimetern und Kolben mit 90 Millimetern Durchmesser leistete der RS 210 PS (154 kW) bei 6300/min. Erstmals wurden Zylinderköpfe vollständig aus Leichtmetall und mit einer Nikasil-Lauffläche eingesetzt. Mit dieser Beschichtung glich Porsche die schlechteren Gleiteigenschaften der Leichtmetallzylinder aus. Diese Kombination aus optimalen Gleiteigenschaften und bester Wärmeabfuhr durch die Leichtmetallzylinderwände zu den Kühlrippen machte das RS-Triebwerk zu etwas Besonderen.

Die Benzinversorgung übernahm eine von Bosch entwickelte K-Jetronic, ein kontinuierlich einspritzendes System, das erstmals mit einer sogenannten Stauscheibe den Ansaug-Luftstrom mißt und dementsprechend Kraftstoff den Einspritzventilen zuteilt.

Der 911 Carrera RS zählt heute, inzwischen 25 Jahre alt, bei Puristen noch als *der* 911. Tatsächlich besaß er das letzte Kraftwerk, das ohne später erforderliche Maßnahmen in bezug auf Kraftstoffverbrauch und drastisch verschärfte Abgasvorschriften gebaut werden konnte. Noch dazu verfügte er über das „schmalere" Blechkleid, was ihn zur Ikone aller Elfer-Fans machte.

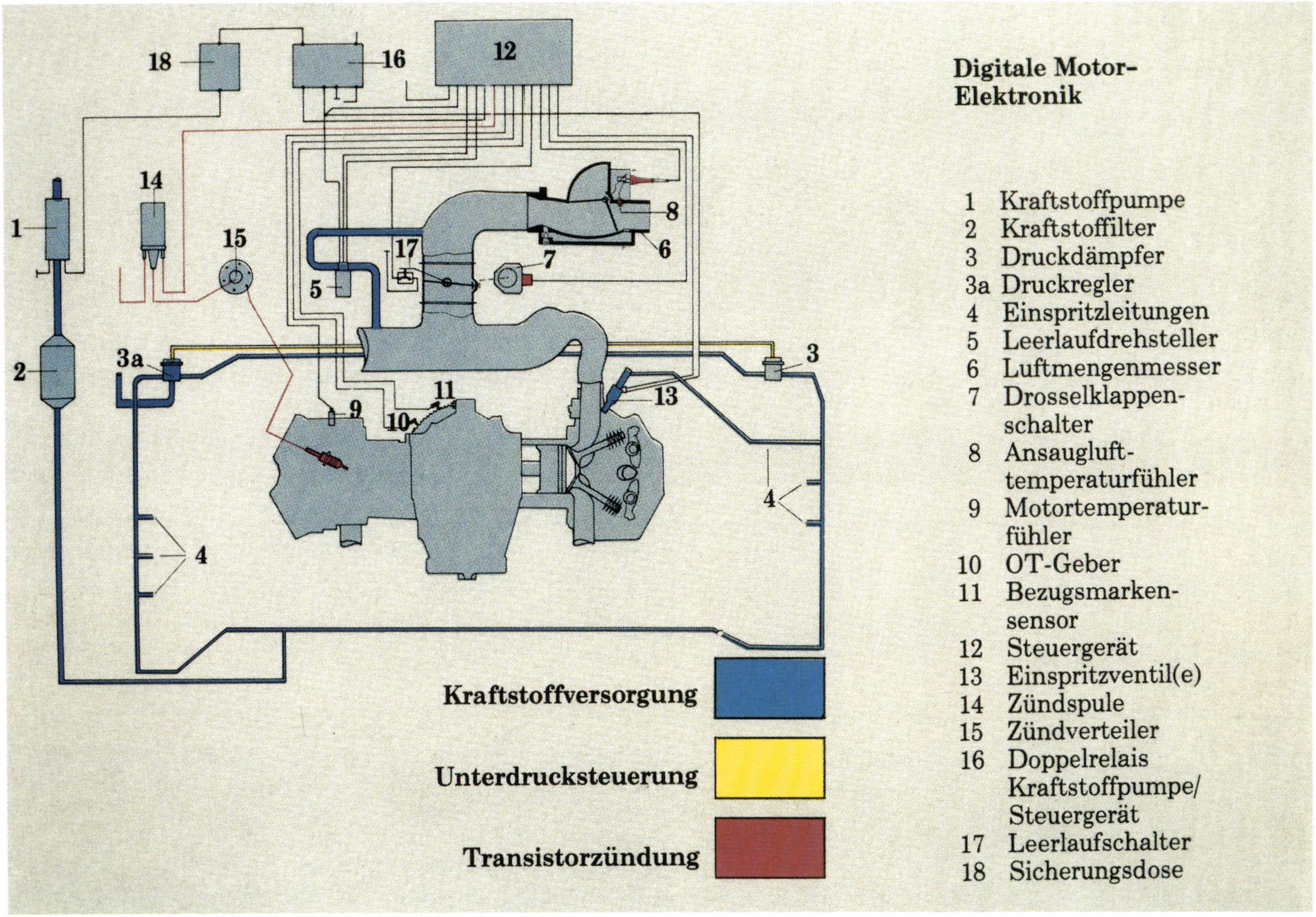

Durch die Elektronik konnten Start-, Leerlauf- und Abgasverhalten optimiert werden.

Der 911 Carrera RS 2.7 setzte Maßstäbe

Supersportler

Der 911 Carrera RS 2.7 wurde schnell zur Legende. Sein Geheimnis liegt in der Gesamtharmonie. Es stimmt alles: seine schmale Karosserie, sein straffes Fahrwerk, seine Exklusivität durch die geringe Stückzahl und vor allem sein bärenstarker Motor.

Mehr Sportwagen braucht kein Mensch, sagen Porsche-Puristen noch heute. Und spätestens, wenn man das Gaspedal eines 911 Carrera RS niedertritt, weiß man, was diese Porscheaner meinen. Die 210 Pferdestärken beschleunigen die 1075 Kilogramm der Touring-Version mit einer Vehemenz, für die bei heutigen, wesentlich schwereren Fahrzeugen deutlich mehr Kraft eingesetzt werden muß. Hinzu kommt grundsätzlich, daß Fragen nach bleifreiem Kraftstoff oder Lärmvorschriften Anfang der siebziger Jahre noch von untergeordneter Bedeutung waren. So untermalt der RS seine Kraftentfaltung mit einem charakteristischen Ton, der nicht nur die Herzen von Puristen erfreut. Die Technik ist faszinierend, wenn auch nicht sensationell. Das 2,7-Liter-Triebwerk ist, so scheint es in der Re-

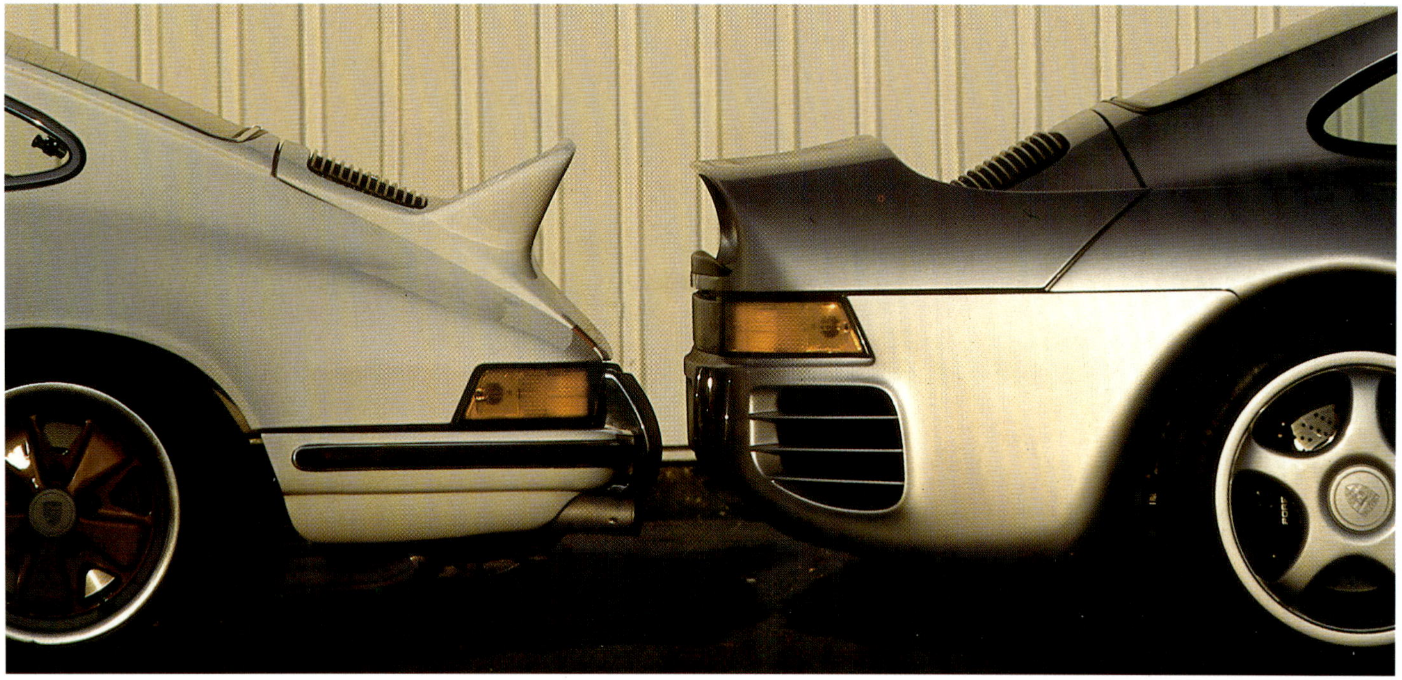

Das Highlight der ersten zehn Jahre markierte der 911 Carrera RS 2.7 mit dem markanten Entenbürzel (links). Erst der 959 setzte in den achtziger Jahren wieder so deutliche Maßstäbe, allerdings bereits mit Turbotechnik.

Männerspielzeug: „auto motor und sport"-Testfahrer Michael „Mike" Mehlin zeigte, was mit einem Carrera 3.0 möglich ist.

Eine Frage der Generation: Zwischen Carrera RS und 959 liegen 13 Jahre. Mike Mehlin vergleicht einen RS von 1973 mit der letzten luftgekühlten Version von 1996.

trospektive, die konsequente Weiterentwicklung des 2,4-Liter-Motors, aus 190 PS werden satte 210. So einfach war diese Hubraumerweiterung für die Ingenieure aber nicht. Schließlich gingen die Techniker noch davon aus, daß mit dem 2,4-Liter-Volumen die Hubraumgrenze erreicht sei. So konnten die bis dahin verwendeten Biral-Zylinder (eine Graugußbüchse mit umgossenen Aluminium-Kühlrippen) wegen der zweischichtigen, relativ starken Zylinderwand von 84 Millimeter (2,4 S) bis höchstens 87,5 Millimeter aufgebohrt werden. Vorgesehen aber waren 90 Millimeter. So griff Porsche auf Erfahrungswerte zurück, die man 1971 mit dem Zwölfzylinder-Boxer des Rennwagens 917 gesammelt hatte. Dort waren Aluminiumzylinder mit einer Laufschicht aus Nickel-Siliziumkarbid (kurz: Nikasilschicht) zum Einsatz gekommen. Diese Materialwahl hat mehrere Vorteile. Erstens ist die notwendige Schicht nur wenige Hundertstel Millimeter stark, so daß die Zylinder auf das gewünschte Maß aufgebohrt werden konnten. Zweitens zeichnet sie sich durch bessere Gleiteigenschaften im Vergleich zu den Biral-Zylindern aus, was zu einem leichten Leistungsplus führt. Drittens verbessert sich – wie bereits erwähnt – die Wärmeabfuhr durch die Leichtmetallzylinderwand zu den Kühlrippen deutlich. Das führte dazu, daß die Anzahl der Kühlrippen von 15 auf elf reduziert werden konnte. Die Zylinderfußbohrung im Kurbelgehäuse mußte von 92 auf 97 Millimeter vergrößert werden.

Darüber hinaus kamen abgeänderte Kolben zum Einsatz, sogenannte Kastenkolben. Sie zeichnen sich beim RS durch einen flacheren Kolbenboden (Kugelradius 159,4 statt 128,2 Millimeter) aus. Bei gleicher Ventiltaschenlage entstand durch den größeren Durchmesser eine Ringfläche als Übergang zwischen Kolbenbodenwölbung und Schaft. Trotz Hubraumerhöhung und Leistungszuwachs legten die Ingenieure den RS-Motor auf hohe Alltagstauglichkeit aus. So entsprach das Carrera-Triebwerk in Verdichtung (8,5 : 1), Steuerzeiten und Ventildurchmessern dem Boxer des 2,4 S. Wie dieser war auch der Carrera für Normalbenzin ausgelegt. Die 20 PS Mehrleistung resultierten also rein aus der Hubraumerhöhung, kamen dem Fahrbetrieb aber deutlich zugute. So ergaben 14,8 Prozent mehr Hubraum eine Leistungssteigerung von 10,5 Prozent und einen satten Drehmomentgewinn von 18,6 Prozent.

Kräftemessen auf der Nürburgring-Nordschleife: Der Hubraum stieg von 2,7 auf 3,6 und schließlich auf 3,8 Liter; die Leistung der stärksten Version (auf dem Foto im Vordergrund) beträgt 300 PS.

Die zweite Dekade

Das nächste Jahrzehnte (1974 – 1983) wurden durch die weltweiten Öl- und Wirtschaftskrisen beeinflußt. Zudem nahmen die Umweltschutzbestimmungen für Kraftfahrzeugmotoren drastisch zu.
Beispielsweise wurde der Bleigehalt der verfügbaren Kraftstoffe von 0,5 g/Liter auf weniger als 0,15 g/Liter gesenkt. Um die Umweltanforderungen erfüllen zu können und um den Kraftstoffverbrauch zu reduzieren, hielt die K-Jetronic endgültig ihren Einzug. Es handelt sich dabei bereits um Einspritzsysteme der zweiten Generation. Grundsätzlich liegt der Vorteil einer Einspritzanlage in der genaueren Bemessung der Kraftstoffmengen unter Berücksichtigung sich ständig ändernder Bedingungen. Aber gerade in der Präzision der Bemessung unterscheiden sich ältere und neuere Systeme. Anfangs war die Regelung der Einspritzpumpen durch sogenannte „Raumnocken" noch relativ grob. Erst die elektronischen Bauteile und die Steuerungscomputer führten zu der gewünschten Genauigkeit. Da damals nicht alle Motoren mit Einspritzanlagen ausgerüstet waren, lag an dem deutlich höheren Preis gegenüber der Vergasertechnik.
Zurück zur K-Jetronic. Diese Einspritzanlage wurde von Bosch in enger Zusammenarbeit mit Porsche entwickelt und für die 911-Triebwerke erstmals ab 1974 eingesetzt. Durch die moderne Technik und eine Hubraumerhöhung aller Motoren auf 2687 Kubikzentimeter konnte die Leistung sämtlicher 911-Modelle entsprechend angehoben werden. Somit leistete der 911 in der Basisversion 150 PS (110 kW) und als 911 S mit zusätzlicher Öl-Kühlschlange im vorderern rechten Radlauf 175 PS (129 kW). Der 911 Carrera RS mobilisierte weiterhin 210 PS (154 kW) mit seiner mechanischen Doppelreihen-Einspritzpumpe, wie schon das Jahr

Ein 911 S-Triebwerk von 1974 mit 2,7 Liter Hubraum (links). An der rechts abgebildeten Kurbelwelle des Motors sind bereits die Pleuel befestigt.

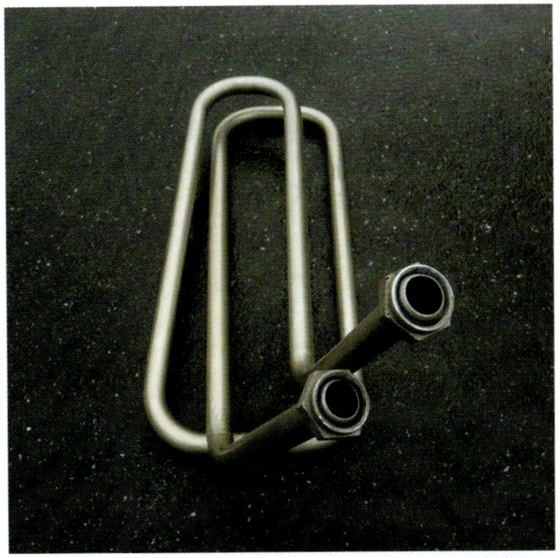

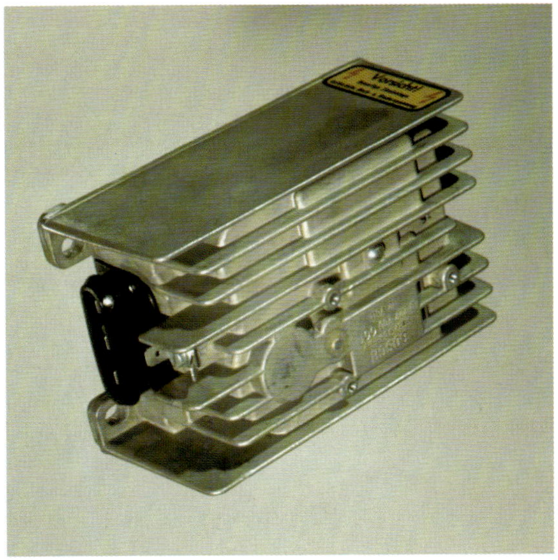

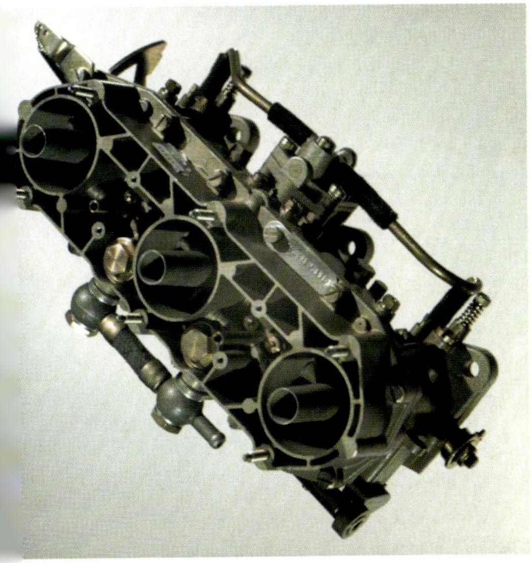

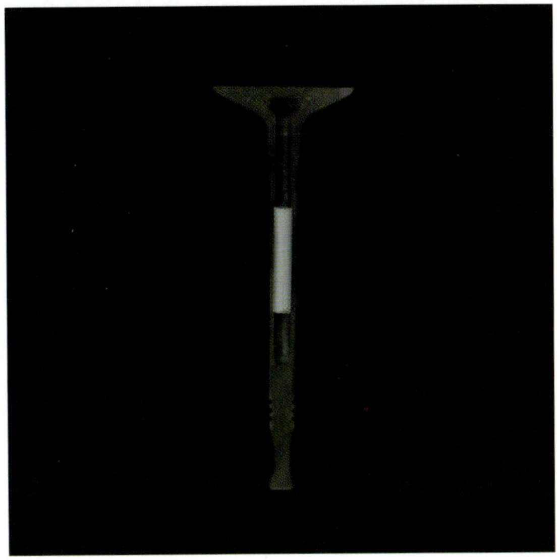

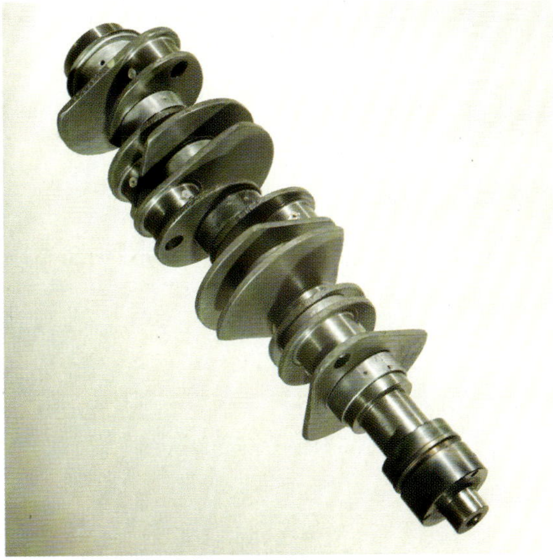

Komponenten eines 2,7-Liter-Motors: Zylinderkopf (oben links), Öl-Schlange (oben Mitte) und HKZ-Steuergerät (oben rechts); Vergaser-Batterie von 1973 (unten links), natriumgefülltes Auslaßventil (unten Mitte) und Kurbelwelle (unten rechts).

zuvor. Allerdings trug der Spitzensportler bereits das neue Kleid mit den sogenannten „Faltenbalg"-Stoßstangen. Für Wettbewerbsfahrer lieferte Porsche 111 Einheiten eines Gruppe -3-Homologationsmodells mit drei Litern Hubraum. Dieser 230 PS (169 kW) starke RS beschleunigte nochmals 0,5 Sekunden schneller von 0 auf 100 Kilometer pro Stunde, nämlich in 5,8 Sekunden. auto motor und sport ermittelte eine Höchstgeschwindigkeit von „lediglich" 238,4 km/h, was auf seine wesentlich verbreiterte Karosserie zurückzuführen war. Der Serien-RS erreichte 240 km/h. Porsche erreichte die Hubraumerweiterung der Serienmodelle durch Vergrößerung der Zylinderbohrung auf 90 Millimeter. Zudem erhielten künftig alle Motoren beschichtete Leichtmetall-Zylinder. Mit der Auslegung aller Triebwerke auf Normalkraftstoff (ROZ 91) bewiesen die Zuffenhausener, daß auch Sportwagen umweltfreundlich sein können.

Das 2,7-Liter-Carrera-Triebwerk war 1974 noch in der neuen Karosserie erhältlich. Der Schriftzug war Zubehör.

Im **Modelljahr 1975** (H-Serie) überraschte der schwäbische Sportwagenhersteller die Weltöffentlichkeit mit einer kleinen Revolution. Porsche präsentierte mit dem 911 Turbo den ersten serienmäßigen Sportwagen der Welt mit Abgas-Turbolader. Dieses exklusive Coupé schöpfte 260 PS (191 kW) aus drei Litern Hubraum und erreichte eine Höchstgeschwindigkeit von 250 Kilometern pro Stunde. Einzelheiten darüber werden im gesonderten Turbo-Kapitel dargestellt.
Die Saugmotor-Fahrzeuge erfuhren keine mechanischen Änderungen, jedoch wurden die Heizungs-Wärmetauscher optimiert. Ab **Modelljahr 1976** (J-Serie) gibt es nur noch zwei Modelle mit Saugmotoren, den 911 und den 911 Carrera. Die Vorstellung des neuen Einsteiger-Porsche 924 mit 125 PS (92 kW) führte zu dieser Programmstraffung des Programms der Sechszylinder-Baureihe. Der 911 mit 2,7 Litern Hubraum blieb nahezu unverändert. Durch die Erhöhung der Verdichtung von 8,0 : 1 auf 8,5 : 1 konnte die Leistung aber auf 165 PS (121 kW) bei 5800/min gesteigert werden. Der 911 Carrera erhielt ein Dreiliter-Triebwerk (2994 cm^3) und vergrößerte Ventile.
Natürlich war auch der Carrera in dieser Ausführung mit der moderneren K-Jetronic ausgestattet. Seine Kraftstoffpumpe wurde nach vorne in den Bereich Tank/Lenkung versetzt. Beide Saugmotoren erhielten ein Kühlgebläserad mit nur fünf Luftschaufeln. Die Gebläseübersetzung wurde so geändert, daß der Drehstromgenerator und das Gebläserad schneller rotieren. Der Grund lag in der Erkenntnis, daß der Strombedarf bei Fahrzeugen, die nur im niedertourigen Stadtbetrieb eingesetzt werden, oft höher lag, als der Generator bereitstellen konnte.
Das **Modelljahr 1977** (K-Serie) brachte lediglich für die USA-Fahrzeuge einige umweltbedingte Verbesserungen. Diese Motoren wurden mit einer Abgas-Nachverbrennung durch Sauerstoffzufuhr (hinter den Auslaßventilen), mit Abgasrückführung ins Ansaugsystem, genannt EGR, und dem Einsatz von Thermoreaktoren im Abgasstrom ausgestattet. Damit konnte Porsche den verschärften Gesetzen zur Luftreinhaltung in den USA und Kanada gerecht werden. Für Japan war zusätzlich noch eine optisch anzeigende Abgastemperatur-Überwachung vorgesehen, die bei Überschreiten normaler Abgastemperaturen

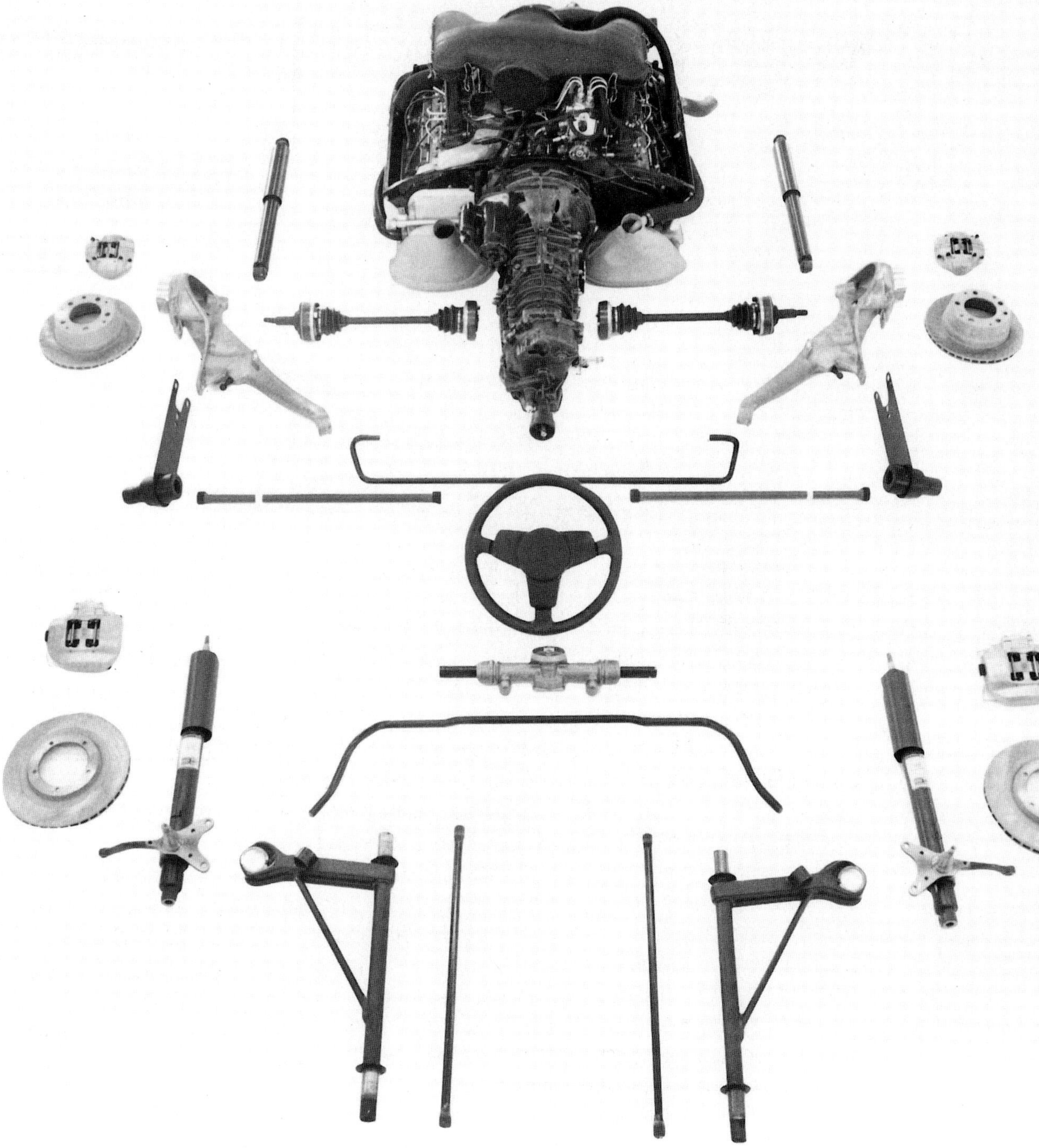

Die kompakte Motor-Getriebeeinheit konnte schnell demontiert werden, es stammt aus einem Carrera von 1974; ebenso wie das abgebildete Fahrwerk.

Der 911 (im Bild ein S 2.7 Targa) ist eine Legende, der Turbo (Foto eines 3.0, Modelljahr 1976) eine andere.

Nächste Seite:
Zuverlässig und sparsam:
3,0 SC-Motor, Modelljahr 1979 mit 180 PS (oben).
Technisch ausgereift:
231 PS starkes 3,2-Liter-Carrera-Triebwerk, Modelljahr 1983 (unten).

den Fahrer vor Überhitzung des Abgassystems warnt. Weiterhin sorgte eine neue Kraftstoffpumpen-Generation vom Typ Bosch EKP IV für höhere Förderleistung. Diese Pumpen zeichneten sich zudem durch ihre Laufruhe aus. Bei den abgasentgifteten Motoren mit Thermoreaktoren erfolgt die Begrenzung der Höchstdrehzahl nicht mehr über eine Zündunterbrechnung, sondern durch Abschalten der Kraftstoffpumpen. Zündaussetzer bei gleichzeitiger Fortführung der Kraftstoffzufuhr würden zu einer weiteren Verbrennung des Benzins im Abgassystem führen, was eine Überhitzung und damit Zerstörung der Thermoreaktoren zur Folge hätte.

Die Gesamtpalette von Porsche wuchs durch die Modelle 924 und inzwischen auch 928 mit dem bärenstarken Achtzylinder-Triebwerk stark an. Somit wurde in den Führungsetagen beschlossen, nur noch einen 911 mit Saugmotor anzubieten, den 911 SC. Das „S" dieses Kürzels wurde vom bis dato „Super" ausgestatteten 911 S, das „C" vom leistungsstarken Carrera übernommen. In Wahrheit aber war nicht nur die Modellvielfalt – inzwischen hatte der Sportwagenhersteller immerhin Vier-, Sechs- und Achtzylinder-Triebwerke im Programm – der Grund hierfür. Vielmehr war es der nur zögerlich ausgesprochene Beschluß des Vorstandes, den 911 letztendlich aus dem Programm zu nehmen und durch den moderneren 928 zu ersetzen. Vor allem deshalb erfuhr der verbliebene 911 SC keine wesentlichen Änderungen und mobilisierte 180 PS (132 kW) bei 5500/min. Seine Höchstgeschwindigkeit betrug 225 km/h, den Spurt von Null auf 100 km/h absolvierte er in sieben Sekunden.

Hans Mezger: „Man hatte dem 911 keine allzu lange Lebensdauer mehr eingeräumt."

Im **Modelljahr 1979** (M-Serie) wurde der 911 SC sogar völlig unverändert gebaut. Im Folgejahr 1980 (A-Programm) wurden wieder einige Details des Dreiliter-Triebwerks modifiziert. So erhielten die Ventildeckel unten Versteifungsrippen, die Deckeldichtungen wurden optimiert und ein neuer Bugölkühler montiert. Das Triebwerk für Deutschland leistete fortan 188 PS (138 kW), die Motoren für den Export blieben leistungsseitig unverändert, erfuhren aber abgasreduzierende Maßnahmen. Die Motoren 930/07 (für USA und Kanada) und 930/08 (für Japan) erhielten erstmals eine Lambda-Sonde. Dabei handelt es sich um Meßfühler für die Abgaszusammensetzung. Der eine Teil der Sonde befindet sich im Abgasstrom, der andere steht mit der Außenluft in Verbindung. Die Oberfläche des Keramikkörpers besteht aus einer dünnen und gasdurchlässigen Platinschicht. Ab rund 300 Grad Celsius Temperatur wird das Keramikmaterial der Sonde für Sauerstoffionen leitend. Ist der Sauerstoffanteil aber auf der inneren und äußeren Seite der Sonde verschieden groß, entsteht eine unterschiedlich hohe elektrische Spannung. Wird diese erkannt, kann die Gemischzusammensetzung (stöchiometrisches Gemisch) über ein Steuergerät reguliert werden. Diese Anpassung erfolgt

über Taktimpulse an ein Kraftstoffventil, das in Verbindung mit dem Kraftstoff-Mengenteiler entweder die augenblickliche Einspritzmenge verringert (Gemisch wird magerer) oder anreichert (Gemisch wird fetter). Dieser Maßnahmenkatalog ist für die bestmögliche Abgasnachbehandlung im Katalysator unabdingbar, da die ständige Bemühung der Lambda-Regelung, die Gemischzusammensetzung möglichst nahe an Lambda 1 (Verhältnis von 14,8 Teilen Luft zu einem Teil Kraftstoff) zu halten, den optimalen Wirkungsgrad des Katalysators sichert und für einen möglichst günstigen Verbrauch sorgt.
Um die Signale der Bosch-Lambda-Sonde zur optimierten Abgasentgiftung zu nutzen, sind nochmals zusammengefaßt folgende Bauteile der Gemischaufbereitung erforderlich: Taktventil am Mengenteiler, Drosselklappenschalter, Temperaturfühler am Motorgehäuse und Steuergerät.
Im **Modelljahr 1981** (D-Programm) erstarkte der 911 SC – die Fans atmeten auf – mit 204 PS (150 kW) deutlich. Durch Verdichtungserhöhung, geänderte Steuerzeiten und die Auslegung der Maschinen auf Superkraftstoff mit ROZ 98 können die neuen Triebwerke, zumindest in Ländern ohne unverbleite Kraftstoffe, wie Deutschland, wieder durch entsprechende Fahrleistungen überzeugen. Trotzdem erreichten die Ingenieure aber „nur" noch eine spezifische Leistung von 68 PS (50 kW) pro Liter bei den Dreiliter-Triebwerken. Mit der Verdichtungserhöhung und der Änderung der Zündzeitpunkte kann der spezifische Kraftstoffverbrauch dafür weiter optimiert werden: bei konstant 90 km/h 8,0 Liter, bei konstant 120 km/h 9,7 Liter und im Stadtzyklus 13,4 Liter.
Die Motoren für die USA, Kanada und Japan erhalten neue Typenbezeichnungen (930/16 und 930/17), bleiben aber in Leistung und Aufbau unverändert.
Während das **Modelljahr 1982** (C-Programm) keinerlei Änderungen brachte, machten ab dem **Modelljahr 1983** (D-Programm) neue gesetzliche Vorschriften verbesserte Abgasschalldämpfer notwendig. Hauptsächlich in der Schweiz wurde die Typisierung immer schwieriger.

Das dritte Jahrzehnt

Im dritten Motoren-Zeitabschnitt (1984 bis 1993) änderten sich die Anforderungen an die Boxer-Triebwerke nochmals drastisch. Zur Kaufentscheidung für ein Automobil und für einen Porsche im speziellen trugen neben mehr Leistung auch immer stärker die Umweltverträglichkeit des Produkts und die Höhe des Kraftstoffverbrauchs bei.
Ab **Modelljahr 1984** (E-Programm) erfüllte Porsche die „neuen" Forderungen durch überarbeitete Motoren, die aus 3,2 Litern Hubraum 231 PS (170 kW) schöpften. Diese Triebwerke zeichneten sich durch das hohe Verdichtungsverhältnis von 10,3 : 1 das elektronische Motormanagement, das die digitale Motor-Elektronik (DME) und eine Zündung mit elektronisch gespeichertem Kennfeld gemeinsam über einen Mikrocomputer steuert.
Die Entwicklungsarbeiten, die zur Erzielung der gewünschten Leistungserhöhung führten, beschränkten sich im wesentlichen auf vier Punkte. Erstens die Hubraumvergrößerung auf 3164 Kubikzentimeter, zweitens die Ermittlung des leistungsoptimalen Verdichtungsverhältnisses, drittens das Resonanzansaugsystem und viertens das Abgassystem mit geringem Gegendruck.
Das Porsche-Resonsanzansaugsystem weist je einen Resonanzbehälter pro Zylinderreihe auf. Die Behälter sind durch ein Resonanzrohr miteinander verbunden, in das die Ansaugluft rechtwinklig einströmt. Der Ort der Eintrittsöffnung liegt außermittig, so daß die Resonanzbehälter-Volumina unterschiedlich groß ausgeführt sein müssen. Das Ziel dieser Resonanzanlage, eine möglichst hohe Zylinderfüllung zu gewährleisten, erreichten die Techniker in so überzeugender Weise, daß der Europa-Motor zu dem Serien-Saugmotor mit der höchsten verwirklichten spezifischen Leistung wurde.
Der Motor im Detail: Das Kurbelgehäuse, die sechs einzelnen Zylinder, Zylinderköpfe und die beiden Nockenwellengehäuse bestanden aus Aluminium. Die achtfach gelagerte Kurbelwelle verfügt über zwölf Gegengewichte. Die vierfach gelagerten Nockenwellen wurden über Doppelketten

angetrieben. Kettenspanner, die an den Ölkreislauf des Motors angeschlossen waren, sorgten für Spannung und Dämpfung der Ketten. Mit diesem Schritt eliminierte das Werk eine gefürchtete Elfer-Kinderkrankheit, gebrochene Kettenspanner, was oftmals durch die daraus resultierenden drastischen Steuerzeitenänderungen zu kapitalen Motorschäden führte. Die beiden Varianten der Motoren für Europa und USA unterschieden sich allein durch die Kolben, die zur Erzielung unterschiedlicher Verdichungsverhältnisse andere Bodenformen aufwiesen. Die Kurbelwelle des neuen Carrera-Triebwerks mit 74,4 Millimeter Hub war nahezu baugleich mit der des Turbo-Motors.

Bei der Digitalen Motor-Elektronik handelte es sich um eine intermittierend einspritzende, elektronisch gesteuerte Kraftstoffeinspritzung, die für die Exportmärkte USA, Kanada und Japan über Schubabschaltung und eine Lambdaregelung verfügte, die dem Steuergerät zusätzliche Informationen lieferte. Dabei waren alle Lambda-Sonden elektrisch beheizt, um den Wirkungsgrad des Abgasreinigungssystems zu optimieren. Die Einspritzung basierte auf dem bekannten System „Bosch L-Jetronic". Sie zeichnete sich unter anderem dadurch aus, daß sie Schiebebetrieb erkennt und bei diesem Betriebszustand die Benzinzufuhr vollkommen unterbricht.

Für den Motorsport (Gruppe B) baute Porsche eine Kleinserie von 20 ganz speziellen Exemplaren. Es handelte sich dabei um den sogenannten 911 SC RS mit einem Dreiliter-Triebwerk, das über 255 PS (188 kW) bei 7000/min verfügte. Für Rennen und Rallyes stand eine 280 PS (206 kW) starke Variante zur Verfügung. Diese Mehrleistung erzielten die Techniker durch den Einsatz von 935-Zylinderköpfen und schärferen Nockenwellen. Massive Leichtbaumaßnahmen (vordere Kotflügel, Fronthaube und Türen aus Aluminium; Stoßstangen und Spoiler aus Kunststoff; Dünnglas-Scheiben) führten zu lediglich 960 Kilogramm Kampfgewicht und verhalfen dem 911 SC RS zu enormen Fahrleistungen.

Ab **Modelljahr 1985** (F-Programm) bot Porsche erstmals in Deutschland Katalysatoren und Lambda-Sonden an. Es handelte sich dabei um sogenannte geregelte Dreiwege-Katalysatoren. Die Bezeichnung „Dreiwege" resultiert aus den drei Schadstoffgruppen, deren Ausstoß hier reduziert wird. Bei optimalen Abgasreinigungs-Anlagen lassen sich die Schadstoffe Kohlenmonoxid (CO), Kohlenwasserstoff (HC) sowie Stickoxide (NO_X) bis über 90 Prozent abbauen. Das geschieht durch chemische Reaktionen, die die drei genannten Schadstoffgruppen in ungiftiges Kohlendioxid (CO^2) sowie in Wasser/Wasserdampf (H^2O) umwandeln. Die Lambdaregelung hingegen sorgt bereits im Vorfeld dafür, daß im Triebwerk eine möglichst saubere Verbrennung erfolgt.

Bei den ersten Katalysatoren führte der Staudruck im Abgassystem noch zu reduzierter Leistung. Bei Porsche werden aufgrund der größeren nutzbaren Querschnitte ausschließlich Metall-Katalysatoren eingesetzt. Diese sind auch in der Lebensdauer überlegen. Zudem gibt es bei ihnen die zerstörende Ablösung des Promotor-Materials (washcoat) durch Überhitzung nicht. Ein weiterer Feind des Katalysators, verbleiter Kraftstoff, würde natürlich auch die Metall-Ausführung beschädigen. Der Bleigehalt

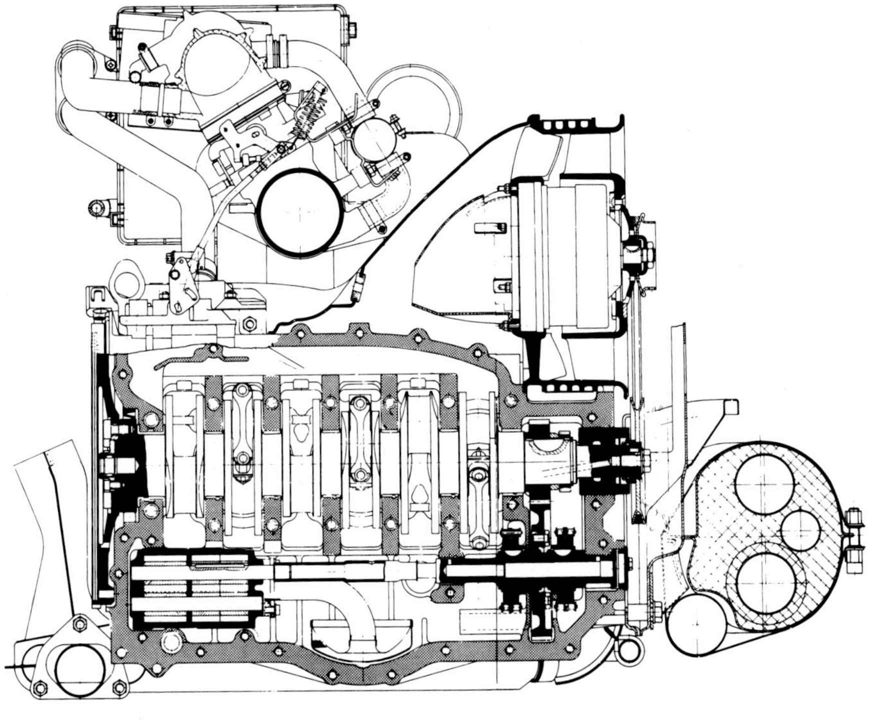

Technik transparent gemacht: Carrera-Aggregat mit 3164 cm³ und 231 PS.

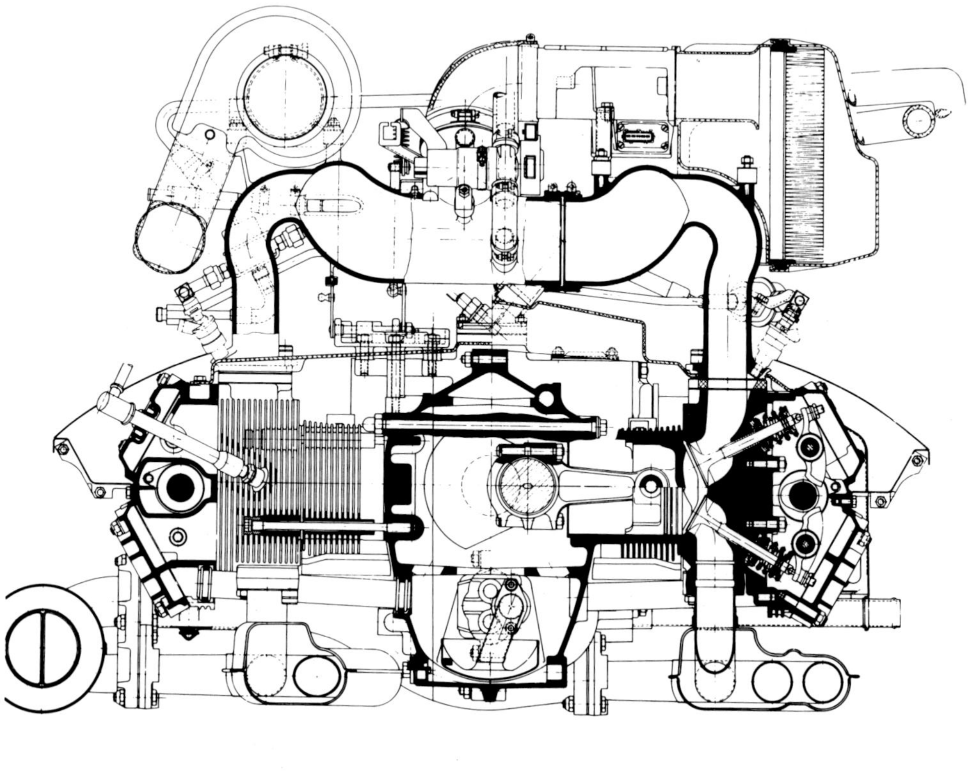

Porsche 911 Carrera, ab Modelljahr 1984 mit verstärktem Kurbelgehäuse und hydraulischen Kettenspannern.

würde die Edelmetalloberfläche bedecken, so daß eine chemische Reaktion nicht mehr stattfinden könnte. Somit war Grundvoraussetzung für die Einführung der Katalysatoren in Deutschland, die Republik flächendeckend mit unverbleitem Kraftstoff zu versorgen. Porsche, obwohl reiner Sportwagenhersteller, schlüpfte in die Pionierrolle und bot als erster Automobilhersteller Fahrzeuge mit geregeltem Katalysator auf dem EG-Markt an.

Das Motorenprogramm umfaßte 1985 also wahlweise die schon ab 1984 gebauten Triebwerke M 930/20 und 930/21 sowie die Kat-Motoren für Deutschland (als Mehrausstattung M 298), Österreich, Australien und die Schweiz. Bedingt durch den in der Oktanzahl auf ROZ 95 reduzierten, unverbleiten Kraftstoff hatte der schadstoffarme Motor eine auf 9,5 : 1 reduzierte Verdichtung und somit auch „nur" 207 PS (152 kW). Um die Klopffestigkeit zu erhöhen, war es zuvor teilweise üblich, dem Kraftstoff stark bleihaltige Additive beizufügen.

Alle Sechszylinder-Motoren verfügten ab diesem Modelljahr zusätzlich über einen Lamellenölkühler, der im rechten vorderen Kotflügel vor dem Rad montiert war. Der Lufteintritt zur Kühlung erfolgte über eine Öffnung unter dem vorderen Stoßfänger.

Im **Modelljahr 1986** (G-Programm) erfuhren die 911-Triebwerke keine Änderungen. Die Einführung des unverbleiten Kraftstoffs weltweit und innerhalb der EG ging rasch weiter. Trotzdem mußte noch im **Modelljahr 1987** (H-Programm) auf die einzelnen Länder-Spezifikationen eingegangen werden. Somit gab es allein vom 911-Carrera-Triebwerk vier Versionen. Eine Ausführung, genannt 930/20, ohne Katalysator für Deutschland und den „Rest der Welt" mit 231 PS (170 kW); die 217 PS (160 kW) starke Version 930/25 mit Kat für Deutschland, die USA, Österreich, die Schweiz und Japan; in Australien kam ein 207 PS (152 kW) starkes Triebwerk unter ebenfalls der Bezeichnung 930/25 zum Einsatz und in Schweden der Motor 930/26 mit 231 PS (170 kW) ohne Katalysator. Dementsprechend viele DME-Steuergeräte lagerten in den Regalen des Werks in Stuttgart-Zuffenhausen auf Vorrat. Für Sportfahrer bot Porsche den 911 Carrera in der sogenannten „Clubsport"-Version (Sportpaket-Nummer 637) an. Die Drehzahlgrenze wurde auf 6840/min erhöht.

Das **Modelljahr 1988** (J-Programm) brachte ebenfalls keine nennenswerten Änderungen. Für das **Modelljahr 1989** (K-Programm) hingegen präsentierte Porsche ein 3,6-Liter-Doppelzündungs-Triebwerk, das sich durch folgende Merkmale auszeichnete: Verdichtungsverhältnis 11,3 :1, Zweistufen-Resonanz-Ansauganlage, Dreiwege-Katalysator mit Metallträgern serienmäßig, „lernfähiges" Motormanagement und zahlreiche geräuschreduzierende Maßnahmen wie etwa eine Motorkapselung. Der 3,6-Liter leistete mit Katalysator 250 PS (184 kW).

Der anfangs nur im „Carrera 4" erhältliche Motor glänzte durch modernste Abgasentgiftungs-Technologie und bot damit die Grundvoraussetzungen zur Erfüllung der gültigen US-Standards und der neuen EG-Richtlinien (88/76 EWG). Dazu mußte die Schalldämpferanlage auf das 1,4fache Volumen vergrößert werden. Hauptbestandteil der Abgasanlage war der Metallkatalysator. Durch sein günstiges Erwärmungsverhalten und die geringe Alterung seiner Edel-

Kurz vor dem Generationswechsel: Die 3,2-Liter-Carrera der letzten Jahre mit Katalysator sind heute gesucht.

metallbeschichtung trug er zur Verbesserung der Abgasemissionen ebenso bei wie zur höheren Leistung durch einen geringeren Abgasgegendruck. Die Leistungssteigerung wurde durch Hubraumvergrößerung, verbesserten Ladungswechsel und Doppelzündung erreicht.
Der Carrera-4-Motor verkörperte eine der umfangreichsten Weiterentwicklungen der bereits seit über 25 Jahren in Produktion befindlichen 911-Motoren.
Das zweigeteilte Kurbelgehäuse aus Alu-Druckguß erhielt einen größeren Einpaßdurchmesser für die Einzelzylinder und um zwei Millimeter radial nach außen versetzte Zylinderkopf-Zuganker. Die Kurbelwelle wurde dank modernster Rechen- und Prüfmethoden um 2,2 Kilogramm auf 13,7 Kilogramm erleichtert, ohne daß Steifigkeit und Massenausgleich gelitten hätte. Die höhere Anregung aus den Gas- und Massenkräften erfordert einen Drehschwingungsdämpfer, dessen Sekundärseite zum Antrieb des Klimakompressors ausgebildet war. Die Zylinder, deren kleinste Wandstärke 4,5 Millimeter betrug, haben eine zum Brennraum hin konisch kleiner werdende Bohrung. Damit wurde während der überwiegenden Betriebszeit aufgrund der Temparaturverteilung eine nahezu zylindrische Büchse erreicht. Diese Auslegung ermöglichte im kalten Zustand ein Kolbenlaufspiel von weniger als 0,03 Millimeter. Um die Kühlung zu verbessern, wurde die Zylinderkopfoberfläche um 16 Prozent vergrößert und der Auslaßkanal mit einem Keramik-Portliner ausgekleidet.
Zur Geräuschsenkung wurden die zwei Doppelketten zum Antrieb der Nockenwellen durch Kunststoff-Spann- und -gleitschienen geführt. Zwei Kettenspanner, die am Ölkreislauf angeschlossen waren, sorgten nach wie vor für ständig gleichmäßige Kettenspannung sowie für Dämpfung und Entkoppelung der Schwingungssysteme Kurbel- und Nockenwelle. Magnesium-Kettengehäuse und -deckel trugen ebenfalls zur Geräuschminimierung bei.
Die Abgasanlage bestand aus den linken und rechten Abgaskrümmern, die über ein Zwischenrohr auf der linken Motorseite zusammengeführt wurden, dem Abgaskatalysator mit Metallträgern sowie dem Mittel- und Hauptschalldämpfer. Diese arbeiteten sowohl nach dem Absorptions- als auch nach dem Reflexions-Prinzip und hatten ein Gesamtvolumen von 31 dm³. Im Gegensatz zu den üblichen Keramikträgern wurden beim Carrera-4-Triebwerk erstmals Metallträger im Hauptkatalysator eingesetzt. Da bei Metallträgern keine zusätzliche Verpackung erforderlich war, ergab sich im Vergleich zum Keramikkatalysator bei gleichem Außendurchmesser ein um 15 Prozent größerer Abgas-Strömungsquerschnitt und damit ein wesentlich kleinerer Abgasgegendruck. Im Bereich der Träger war und ist der Katalysator zusätzlich von einem Doppelmantel umgeben. Diese Bauart führte zu reduzierter Thermoschockbelastung, die durch Spritzwasser hervorgerufen werden kann, zur Reduzierung der Oberflächentemperatur und zur Wärmerückhaltung bei kurzfristigem Abstellen des Motors.
In Verbindung mit einer neuen, äußerst temperaturbeständigen Beschichtung, einer beheizten Lambda-Sonde und der adaptiven Lambdaregelung wurden trotz des relativ

Spoiler, Modelljahr 1989: Bei den Sauger-Motoren keine Notwendigkeit.

kleinen Katalysator-Volumens die strengsten Abgasnormen erfüllt.
Die Vorteile der zentralen Zündkerzenanordnung bei Vierventilmotoren wurden beim Carrera-4-Triebwerk durch Doppelzündung erreicht. Daraus resultierten kürzere Brennwege und ein höheres Verdichtungsverhältnis, das die Nennleistung um vier Prozent steigerte und den Verbrauch um drei Prozent reduzierte. Zusätzlich wurden durch die Doppelzündung die NO_x-Rohemissionen um rund 23 Prozent erhöht, während die HC-Emissionen aufgrund der optimierten Verbrennung um rund zehn Prozent reduziert werden konnten. Zudem wurde es möglich, die Leerlaufqualität zu stabilisieren, obwohl der Hubraum nochmals erhöht wurde und größere Ventilüberschneidungen auftraten.
Die Doppelzündung hatte eine gemeinsame Steuerung und Klopfregelung in der Motronic. Das sogenannte „Klopfen" trat bei hohen Drehzahlen auf und war deshalb nicht hörbar. Verantwortlich dafür war seinerzeit meistens schlechte Kraftstoffqualität, die dazu führen konnte, daß die Verbrennung mit zu hoher Geschwindigkeit erfolgte. Die dadurch auftretenden hohen Temperaturen konnten zu Schäden im Motor führen. Dadurch war nicht ausgeschlossen, daß Kolbenböden Löcher bekamen oder Ventilteller verbrannten. Deshalb wurden früher zur „Vorsicht" thermische Reserven eingeräumt, indem kein zu hohes Verdichtungsverhältnis festgelegt wurde. Eine hohe Verdichtung aber führte zu höherer Leistungsausbeute, geringerem Kraftstoffverbrauch sowie höherem Drehmoment. Mit Einführung der Klopfregelung konnte dieser Widerspruch aus Vorsicht und Erkenntnis endgültig ausgeräumt werden.
Bei Motoren mit zwei Zylinderbänken wie einem Boxermotor benötigt man zwei Klopfsensoren. Erkennt einer dieser Sensoren eine klopfende Verbrennung, veranlaßt er sofort die Elektronik, für den betroffenen Zylinder beim nächsten Arbeitstakt die Zündung um einige Grad zurückzustellen. Dieser Vorgang wiederholt sich solange, bis kein Klopfen mehr auftritt. Erst dann regelt die Zündanlage auf Normalbetrieb zurück. Die hohe Präzision dieses Systems erlaubt es im Notfall, auch einmal Kraftstoff niederer Qualität zu verwenden. Das nämlich würde lediglich zu reduzierter Leistung führen.
Für das **Modelljahr 1990** (L-Programm) gab es keine nennenswerten Änderungen am Motor vom Typ M64/01. Auf dem bundesdeutschen Markt werden nur noch Fahrzeuge mit Dreiwege-Katalysator und Lambdaregelung angeboten. Das wurde dadurch möglich, weil Deutschland endlich flächendeckend mit dem Kraftstoff „Eurosuper bleifrei" versorgt war, und auch die anderen europäischen Länder zogen langsam nach.
Ab **Modelljahr 1991** (M-Programm) kamen für die Motoren M64/01 der Carrera-Typen neue Kolben zum Einsatz. Ebenfalls wurde die Zylinderkopfdichtung überarbeitet. Die Bemühungen der Zuffenhausener, Porsche-Fahrzeuge wartungsfreundlicher zu gestalten, wurden weiter fortgeführt. Die Kerzenwechselintervalle konnten auf 40 000 Kilometer verdoppelt werden – ebenfalls ein Resultat der Verwendung unverbleiten Kraftstoffs. Er führt zu

Dynamiker: Der Carrera 3.2 (links) ist zweifellos ein Klassiker. Der Motor des Leichtbau-Carrera 4 (unten) stellt bereits die nächste Entwicklungsstufe mit Doppelzündung und 3,6 Liter Hubraum dar.

wesentlich reduzierten Ablagerungen im Brennraum und verursacht einen geringeren Abbrand der freigegebenen Zündkerzen.

Auch im **Modelljahr 1992** (N-Programm) dienten kleinere Modifikationen an den Carrera-Triebwerken zu Qualitätsverbesserungen. Erstmals konnte beim ersten Wartungsdienst, der zwischen 3000 und 4000 Kilometern absolviert werden mußte, der Motoröl- und Filterwechsel entfallen. Darüber hinaus mußte auch das Ventilspiel nicht mehr geprüft werden. Die Folge ist zum einen ein preiswerterer Kundendienst, aber natürlich auch ein Beitrag zur Umweltentlastung, da weder Altöl anfällt noch Filterpatronen entsorgt werden müssen.

Neu im Modellprogramm ist der 911 Carrera RS mit dem leistungsgesteigerten Motor vom Typ M64/03. Die Steigerung der Agilität und das Leistungsplus von zehn PS erreichten die Techniker durch eine Auswahlpaarung von Kolben und Zylindern, die Montage eines leichteren Schwungrads und den gemeinsamen Antrieb von Generator und Gebläse durch nur einen Keilriemen. Gemäß der Porsche-Philosophie war der 911 Carrera RS ebenfalls mit Lambdasonde und Dreiwege-Katalysator ausgestattet. Für die Homologation in der Gruppe N/GT waren 1000 Exem-

Shell TMO

plare notwendig, letztendlich aber erhöhte Porsche die Stückzahl auf 2164 Einheiten (ohne RS Amerika). Davon waren 2051 Stück Straßen- oder Sportversionen. Bei den restlichen 113 Einheiten handelte es sich um Rennwagen. Etwa zeitgleich entstand in der Kundensport-Abteilung im Forschungs- und Entwicklungszentrum in Weissach eine Leichtbau-Version des Carrera 4 ohne Katalysator, rein für die Rennstrecke. Die heckgetriebene Cup-Version für die Saison 1992 wurde 112 mal gebaut und leistete 275 PS. Für 1993 hatte Porsche für die Renneinsätze mit seriennahen Fahrzeugen ein besonders attraktives Modellprogramm entwickelt. So entstand für den ADAC GT-Cup der Carrera RSR 3.8. Diese besonders reizvolle Evolutionsform des Carrera 911(964) mobilisierte stolze 325 PS bei 6000/min und verfügte über 360 Nm Drehmoment bei 5500/min Die Serienfahrzeuge hingegen blieben technisch unverändert. Lediglich das werksseitig verwendete Motorenöl wechselte. Ab 1993 setzte der Sportwagenhersteller den vollsynthetischen Schmierstoff Shell TMO Synthetik der Viskosität SAE 5 W-40 ein.

Der Metallträger-Katalysator der Carrera-2- und -4-Modelle gilt als besonders robust.

Die letzten Jahre

Im **Modelljahr 1994** (R-Programm) erfuhr der 911 die grundlegendste Änderung seiner „luftgekühlten" Geschichte. Der Motor basierte auf dem 1989 vorgestellten 3,6-Liter-Triebwerk mit Doppelzündung. Die Überarbeitung war gekennzeichnet durch Leistungssteigerung, Gewichtserleichterung, Reduzierung der Wartung und Herstellkostensenkung.
Nachdem das Viertürer-Projekt 989 nun endgültig gestoppt war, überlegte die Geschäftsführung, den dafür entwickelten wassergekühlten Achtzylinder-Heckmotor in den neuen Carrera einzubauen. Man kam aber bereits Mitte 1989 wieder davon ab und besann sich auf die traditionellen sechs Zylinder. Der konstruktive Aufwand für das Achtzylinder-Triebwerk wäre zu groß gewesen und hätte die Kosten explodieren lassen. Auch die Vorstellung eines 285 PS starken Motors mit Zylinderkopfkühlung wurde aufgrund zu hoher Kosten gestoppt. Somit betrug die tatsächliche Leistungssteigerung des neuen Motors mit der Bezeichnung M64/05 (M64/06 für Tiptronic) 22 PS. Der aufwendigste Eingriff in die Motorentechnik war ein neues Auspuffsystem, da zur Erfüllung der strengen Geräuschgesetze – ab 1995 sanken die Grenzwerte nochmals von 77 dB (A) auf 75 dB (A) – mehr Volumen des Abgasschalldämpfers notwendig wurde; schließlich ist die Abgasmündung nach wie vor die dominierende Lärmquelle eines Motors. Trotzdem war es möglich, die Anlage so auszulegen, daß eine bereits entwickelte Doppelquerlenker-Hinterachse mit ihrem ausladenden vorderen Querträger mit überschaubaren Modifikationen untergebracht werden konnte. Das erreichten die Ingenieure dadurch, daß die Abgase zwar zunächst mittig in einen Katalysator geleitet,

Vorherige Seite:
Das 3,6-Liter-Triebwerk war im Prinzip die letzte Stufe luftgekühlter Aggregate. Das Abgassystem war stets eine Wissenschaft für sich.

Im Hinblick auf die für Sportwagen besonders wichtigen Faktoren Gesamtgewicht und Gewichtsverteilung kam der Auswahl der Werkstoffe besondere Bedeutung zu. Gemäß dieser Grundvoraussetzung weist der Motor im bis dahin neuesten 911 Carrera einen besonders hohen Anteil von Aluminium, Magnesium und Kunststoff auf. Das Triebwerk hat gegenüber dem Vorgängermotor einen leichteren Kurbeltrieb ohne Schwingungstilger, einen hydraulischen Ventilspielausgleich, ein Motormanagement mit Luftmassenmessung mittels Heißfilmsensor und die bereits beschriebene Zwei-Rohr-Abgasanlage.
Im Kurbeltrieb sollten die bewegten Massen deutlich reduziert werden. Deshalb legten die Techniker die Kurbelwelle

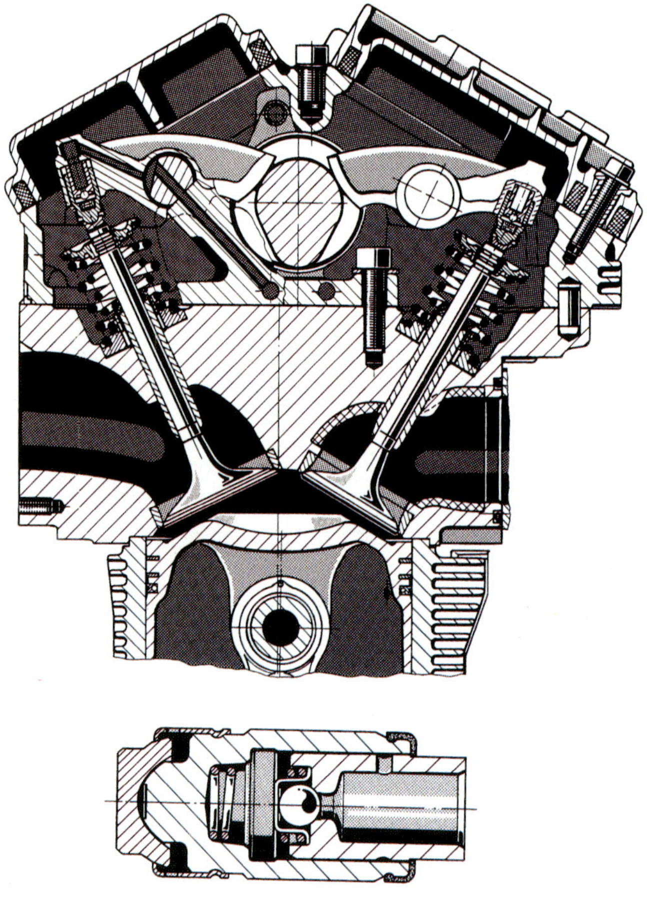

Porsche reduzierte stets den Wartungsaufwand der Motoren. Oben ein Carrera-Sechszylinder, Modelljahr 1994, rechts unten die Schemazeichnung des Ventilspielausgleichs.

dann aber in zwei Rohre weitergeführt werden. Dieser Doppelauspuff brachte nicht nur technische Vorteile, sondern wurde auch von der Styling-Abteilung freudig aufgenommen. Weitere Teilschallquellen wurden optimiert: Modifikationen erfolgten beim Ansaugsystem durch geänderte Luftfilteranlagen und beim kompletten Motor durch verbesserte Kapselung. Dadurch wurde der 993 so geräuscharm, daß die Akustik-Ingenieure mit dem Klangbild des Motors „spielen" konnten. „Ein Sportwagen muß nicht laut sein, er muß schön klingen", erläutert Projektleiter Friedrich Bezner seine Meinung zum Klangbild des 993. „Laute Autos nerven bei längeren Strecken", fügt er hinzu.
Insgesamt waren im Lastenheft für das neue Triebwerk folgende Entwicklungsziele definiert: Leistungssteigerung um zehn Prozent, Verbesserung der Wartungsfreundlichkeit, höhere spezifische Leistung, gutes Drehmoment im unteren Drehzahlbereich und hohe Alltagstauglichkeit.

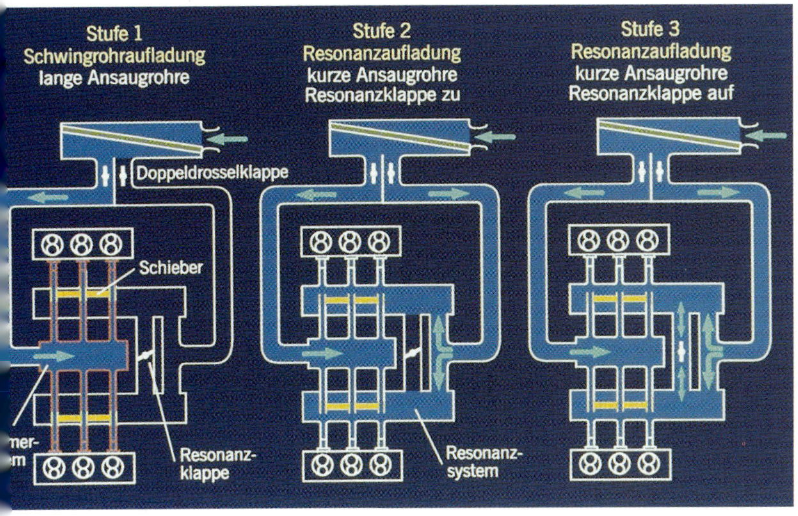

Die Resonanzaufladung (schematisiert links oben) war die letzte Neuerung der luftgekühlten Motoren. Sie verbesserte hauptsächlich das Drehmoment.

biege- und torsionssteifer aus, so daß auf den Schwingungstilger verzichtet werden konnte. Dazu wurden die Wangendicken von 7,9 Millimeter auf 9,4 Millimeter erhöht, gleichzeitig die Wangenform modifiziert. Entscheidend war auch die Reduzierung der axialen Massenträgheitsmomente der Riemenscheibe, die mit drei Ebenen für Gebläse-, Generator- und Klimakompressorantrieb ausgestattet war.

Pleuel und Pleuellager wurden um drei Millimeter in der Breite reduziert. Das ergab neue Möglichkeiten bei der Kolbengestaltung. So konnte der Augenabstand im Kolben verkleinert, der Kolbenbolzen verkürzt und der Bereich zwischen Kolbenauge und Kolbenhemd optimiert werden. Das Gesamtgewicht eines Kolbens konnte durch diese Maßnahmen um 55 auf 602 Gramm reduziert werden das Gewicht eines Pleuels um insgesamt 112 Gramm. Der Ölverbrauch des neuen Motors konnte dadurch gesenkt werden, daß der Kolben einen zwei Millimeter hohen Ölabstreifring bekam. Summa summarum geriet der Kurbeltrieb um 800 Gramm leichter als der des Vorgängers. Aber auch die Wartungsfreundlichkeit konnte optimiert werden. Das Wechselintervall für die beiden Ölfilter verdoppelte sich von 20 000 Kilometer auf 40 000 Kilometer und markiert auch in puncto Umwelt einen Spitzenplatz im internationalen Vergleich. Das Motoröl muß nur noch alle 20 000 Kilometer gewechselt werden. Während der Kurbeltrieb, wie beschrieben, tiefgreifend überarbeitet wurde, konnte das vertikal geteilte Kurbelgehäuse aus Aluminium nahezu unverändert übernommen werden. Zum Zylinderkopf: Die Umstellung auf einen hydrauli-

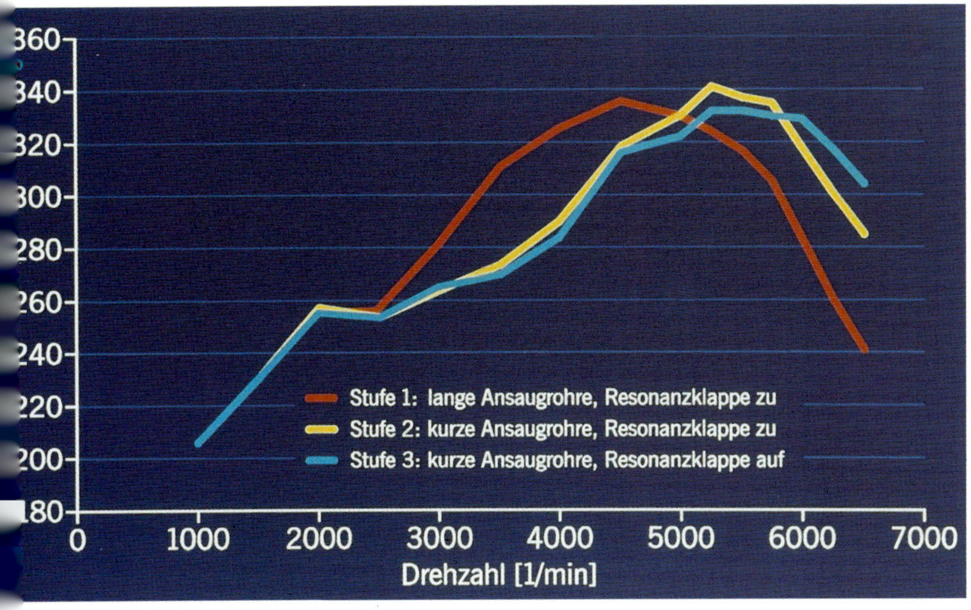

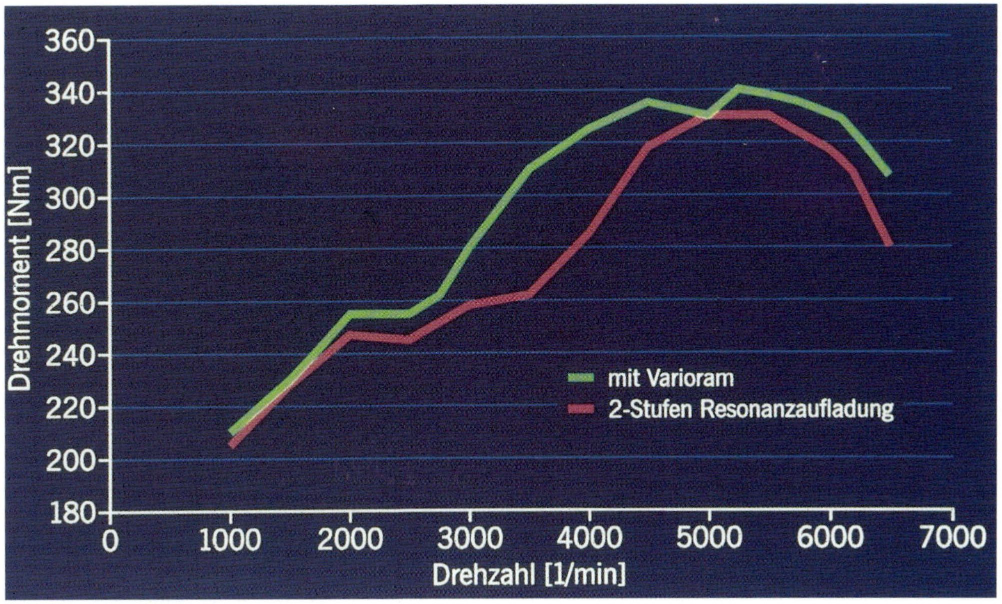

Letzte Entwicklungsstufe: Zeichnung eines Motors von 1996 mit Resonanzaufladung.

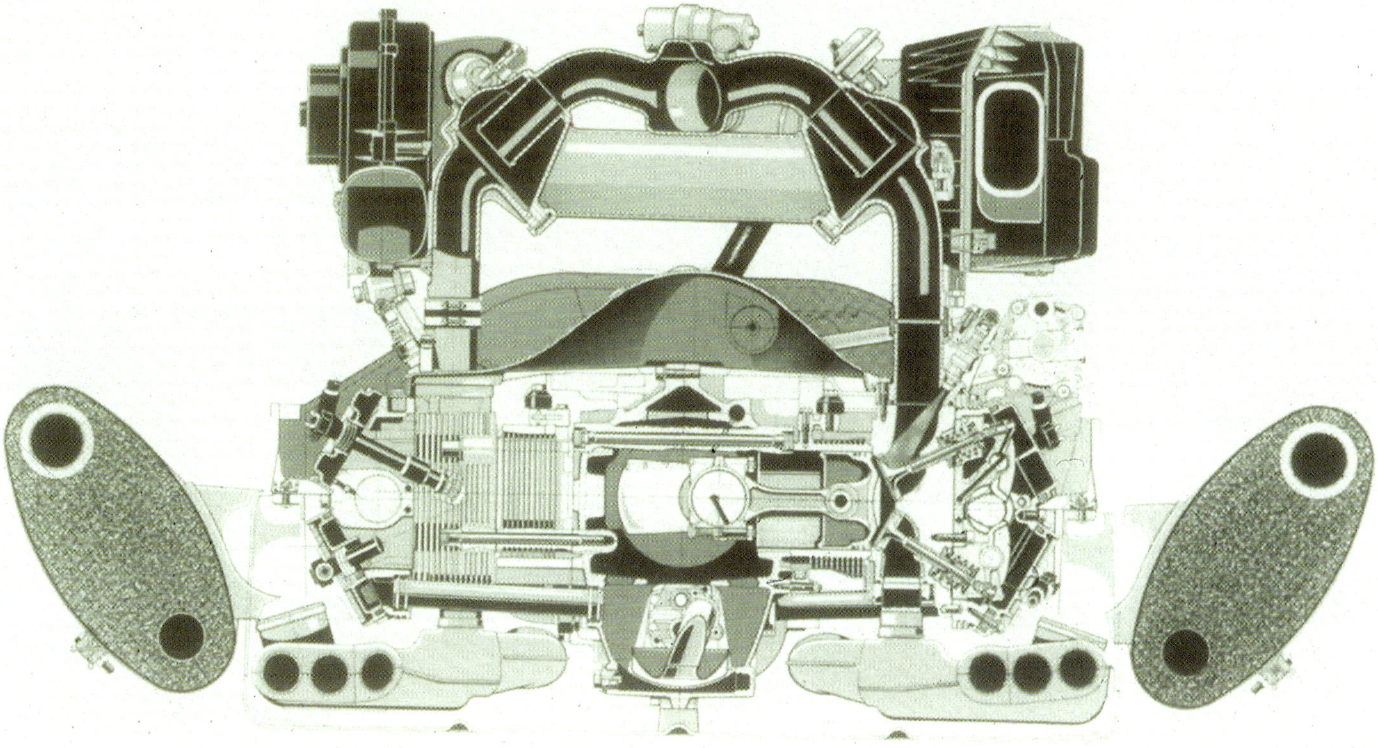

schen Ventilspielausgleich (HVA) führte neben der erreichten Wartungsfreiheit zu einer Absenkung der Rohemissionen während der Warmlaufphase. Dieses Novum hatte eine grundlegende Umkonstruktion des vorhandenen Nockenwellengehäuses und der darin integrierten Bauteile notwendig gemacht. Dabei sollte das Ventilsteuerungskonzept (per Kipphebel betätigte Ventile) beibehalten und an die Bedürfnisse des HVA angepaßt werden. Als logische Konsequenz war das Hydraulikelement im Kipphebel zu integrieren. Im Hinblick auf das daraus resultierende Mehrgewicht und der unabdingbar erforderlichen höheren Steifigkeit des Ventiltriebes mußten zunächst einmal die bewegten Massen reduziert werden. Folglich verkleinerten die Ingenieure die Ventile in Schaftdurchmesser von neun auf acht Millimeter. Das Gewicht des Ventilfedertellers konnte bei gleicher Steifigkeit sogar um 36 Prozent verringert werden. Die Kipphebel wurden ebenfalls neu gestaltet und im sogenannten „Croning"-Verfahren aus Schalenhartguß gefertigt. Auch sie wurden gewichtsoptimiert. Die Verbesserungen des Ventiltriebs, bei dem es zu hochdynamischen Schwingungsvorgängen kommt, konnten anhand eines Simulationsmodells gezielt überprüft werden.

Der Zylinderkopf verfügt über einen halbkegelförmigen Brennraum, der sich durch geringe Ein- und Ausströmverluste sowie ein geringes Oberflächen-Volumen-Verhältnis auszeichnet. Um die Wärmeübertragung der Abgase im Zylinderkopf zu minimieren, wurde der Auslaßkanal durch

einen keramischen Portliner isoliert. Durch die Doppelzündung verkürzt sich der maximale Flammweg um 17 Prozent. Die Verbrennung erfolgt in kürzester Zeit mit schnellerem Druckanstieg.
Das Motorsteuergerät (jetzt Version M 2.10.1) wurde weiter verbessert. Es steuert folgende Motorfunktionen: sequentielle Multi-Point-Einspritzung, Doppelzündung, Warmlauf- und Beschleunigungsanreicherung, Startsteuerung, adaptive Lambdaregelung, Schubabschaltung, zylinderselektive, adaptive Klopfregelung, Antiruckelfunktion, Drehmomentabsenkung beim Schaltvorgang (Tiptronic), Leerlaufdrehzahlregelung mit automatischer Leerlaufluftanpassung, Aktivkohlebehälterspülung, Resonanzklappensteuerung, Plausibilitätstest und automatische Bildung von Ersatzwerten sowie Diagnose mit Systemtester.
Anstelle der Klappen-Luftmengenmessung erfolgte eine Luftmassenmessung mit einem Heißfilmsensor. Die durch Kraftstoffverdunstung im Tank entstehenden Kohlenwasserstoffe werden bei Porsche bereits seit 1984 nicht über die Tankentlüftung ins Freie geleitet, sondern in einem Aktivkohlebehälter gesammelt. Zur Rückführung dieser Kohlenwasserstoffe in den Verbrennungsprozeß wird der Aktivkohlefilter mit der Ansaugluft gespült.
Mit dem **Modelljahr 1995** (S-Programm) wurde das Programm um die Sportvariante RS ergänzt. Die 28 PS Mehrleistung gegenüber dem Carrera erreichten die Techniker einerseits durch mechanische Eingriffe und andererseits mittels besserer Füllung der Zylinder durch eine sogenannte „Varioram"-Ansauganlage. Dabei handelt es sich um variable Saugrohrlängen, die eine Resonanzaufladung ermöglichen. Die einzelnen Saugrohre bestanden jeweils aus zwei Teilen. Ein Teil war fest mit dem Zylinderkopf verbunden, der andere Teil konnte durch Verschieben die Saugrohrlänge nahezu verdoppeln. Im unteren und mittleren Drehzahlbereich wurde mit langen Saugrohren gefahren, bei Drehzahlen über 5160/min wurde die Saugrohrlänge dann halbiert.
Mit zur Leistungssteigerung führten eine geänderte Digitale Motor Elektronik 2.10.1, um den geänderten Zündwinkel und die angepaßte Einspritzmenge zu regeln, Zylinderköpfe mit vergrößerten Kanälen (Einlaßventil 51,5 Millimeter und Auslaßventil 49 Millimeter), grafalbeschichtete Kolben, ein Keilriemen für Gebläse und Generator und geänderter Nockenwellen-Hub. Der 911 Carrera RS wurde als Basisversion (M002) und als Clubsport-version angeboten. Die Motorleistung betrug 300 PS (221 kW) aus 3746 Kubikzentimetern Hubraum.
An allen Carrera-Modellen wurden die Kolben geändert und erleichtet. Ansonsten blieben die Fahrzeuge nahezu unverändert.
Ab **Modelljahr 1996** bekamen auch die Nicht-RS-Modelle das Varioram-Ansaugsystem. Das modifizierte Triebwerk basierte auf dem im Modelljahr 1994 eingeführten Motor. Der Neue 3,6-Liter mit 285 PS (210 kW) bei 6100/min. verfügte über ein Drehmoment von 340 Nm bei 5250/min und glänzte nochmals mit einem spezifisch verbesserten Kraftstoffverbrauch.

Der Serienmotor brachte 285 PS aus exakt 3,6 Litern Hubraum.

Mit dem variablen Ansaugsystem namens „Varioram" haben die Porsche-Ingenieure die Leistungs- und Drehmomentwerte des Sechszylinder-Boxermotors erneut gesteigert. Bei gleichem Hubraum von 3,6 Litern steigt das Drehmoment vor allem im wichtigen mittleren Drehzahlbereich zwischen 2500 und 4500 Touren um 15 Prozent oder durchschnittlich 40 Newtonmeter.
Schon seit dem Modelljahr 1990 verfügt die Ansauganlage des 911-Motors über eine zentrale Resonanzklappe, die das Volumen im System bei niedriger Drehzahl in zwei Hälften teilt und durch das Öffnen bei hohen Touren (ab 5800/min) verdoppelt. Zu dieser die Füllung verbessernden Einrichtung kommt nun eine Variationsmöglichkeit der Saugrohrlänge. Eine verschiebbare Hülse auf jedem der sechs Ansaugrohre sorgt bei Drehzahlen bis 5100/min für eine geschlossene Verbindung und die größere Rohrlänge. Bei höherer Tourenzahl nach oben geschoben, geben die sechs Hülsen jeweils einen Luftspalt frei; sie verkürzen so die wirksame Länge der Rohre und verändern das Schwingungsverhalten der angesaugten Luft.

Ansaug- und Abgassystem (im Bild) machten zuletzt zwei Drittel des Motorvolumens aus. Der Rest war schiere Mechanik.

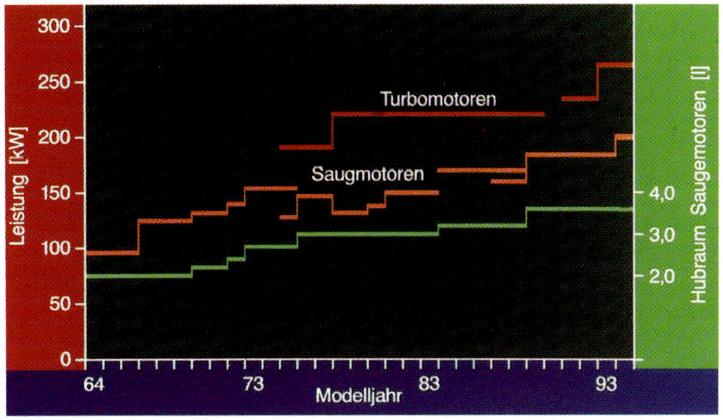

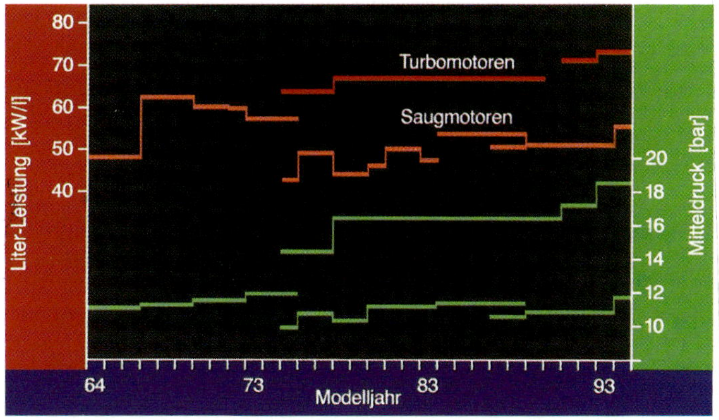

Konzeptvergleich: Die Entwicklung von Leistung und Hubraum (ganz links) sowie der Literleistung und des Mitteldrucks (links); Die Entwicklung der Sauganlagen wird unten links dargestellt.

Eine überarbeitete Nockenwelle (um vier Grad breitere Auslaßnocken) und eine Optimierung der Zündung tragen zudem zu günstigeren Verbrauchswerten im Teillastbereich bei.
Zur Verbesserung des Ladungswechsels (Übergang Ansaug- und Abgastrakt) wurden die Einlaßventile von bisher 49 auf 50 Millimeter und die Auslaßventile von 42,5 auf 43,5 Millimeter vergrößert.
Mit der aufwendigen Varioram-Sauganlage ist es Porsche gelungen, in den verschiedenen Drehzahlbereichen die Zylinderfüllung zu optimieren und damit über das ganze Drehzahlband hinweg ein hohes Drehmoment bereitzustellen. Diese Optimierung äußert sich für den Fahrer in agilerem Ansprechen nach dem Tritt aufs Gaspedal und in einer insgesamt noch besseren Elastizität.
Die Systemschaltung Varioram basiert auf dem vom 911

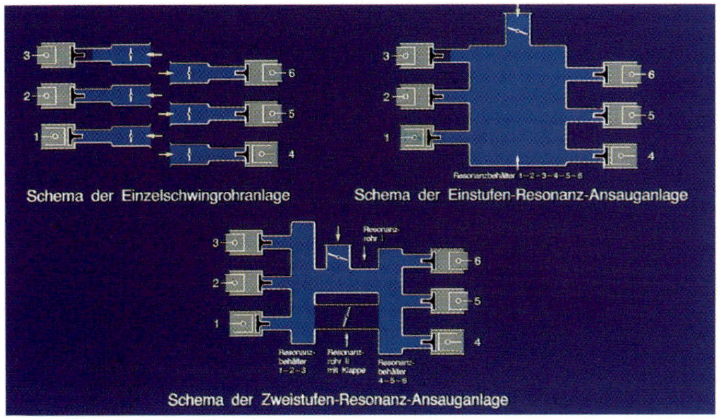

Carrera (993) bereits bekannten „zweistufigen Resonanzrohrsystem", das die Füllung der Zylinder deutlich verbessert.
Zu diesem Resonanzrohrsystem kommen nun mit der Varioram-Sauganlage die variable Länge der Saugrohre und das geänderte Saugverteilervolumen hinzu. Die Anlage wirkt unterhalb 5000/min als „Einkammer-Schwingrohrsystem" und bei Drehzahlen darüber als zweistufiges Resonanz-System. Für jede Zylinderreihe, die durch zwei Resonanzrohre verbunden sind, werden separate Ansaugkammern eingesetzt. Diese Kopplung erhöht die Zylinderfüllung insgesamt, da das Triebwerk pro Zylinderseite abwechselnd ansaugt. Bei hohen Drehzahlen (ab 5800/min) wird durch zuschalten des zweiten Resonanzrohres der Resonanzrohr-Querschnitt im System vergrößert.
Die zwei ineinander integrierten Systeme lassen sich durch eine spezielle Schiebetechnik umschalten. Dazu besteht jedes der sechs Saugrohre aus drei Teilen, einem oberen und unteren Saugrohr sowie einem darin verlaufenden Schiebestück. Das kurze untere Saugrohr ist fest mit dem Zylinderkopf verschraubt und mündet direkt in die erst bei Drehzahlen oberhalb 5000/min aktiven Saugkammern. Diese Saugkammern werden bei darunter liegenden Drehzahlen überbrückt, indem die verschiebbaren Hülsen durch einen Hub von 33 Millimeter für doppelt so lange Saugrohre sorgen. Die jeweils drei Saugrohre pro Zylinderseite sind zu einer Schalteinheit zusammengefaßt.

Entwicklung der gesetzlich vorgeschriebenen Geräusch-Grenzwerte. Im Vergleich dazu die des 911.

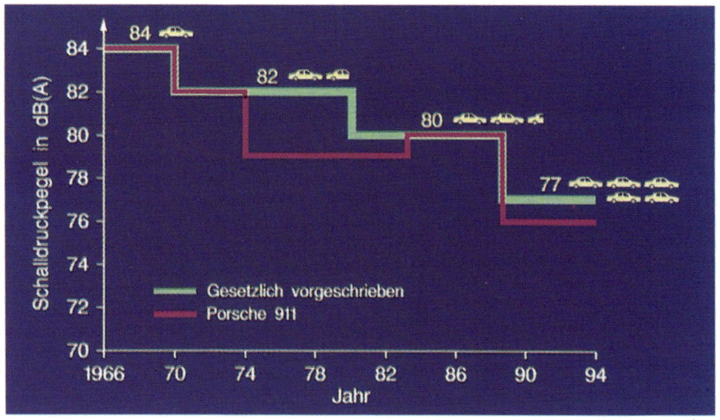

Auch bei der Entwicklung der letzten luftgekühlten Version des Sechszylinder-Boxermotors war es ein Ziel von hoher Priorität, den typischen „Sound" des Porsche 911 zu erhalten. Vor allem die speziell für diesen Zweck geschaffene Akustik-Gruppe im Porsche Forschungs- und Entwicklungszentrum in Weissach leistete hier wichtige Analyse- und Koordinierungsarbeiten. Die Ingenieure und Wissenschaftler konnten sich hierbei auf innovative Meßverfahren und Berechnungssysteme stützen, die teilweise von Porsche selbst entwickelt worden sind.

Kraftfahrzeuge werden in ihrem Außengeräusch immer leiser. Auch der neue Porsche 911 folgt diesem Trend und präsentiert sich im Vergleich zu seinem Vorgänger mit einem deutlich reduzierten Innen- und Außengeräusch. Er erfüllt damit bereits heute zukünftige gesetzliche Schallemissions-Grenzwerte. Die wichtigsten Maßnahmen zur Geräuschreduzierung beim 911 Carrera sind:

- die Verminderung der mechanischen Motorengeräusche durch leichtere Pleuel und Kolben (grafalbeschichtet), hydraulischer Ventilspielausgleich, eine steifere Kurbelwelle und als Sekundärmaßnahme die Optimierung der Unterbodenverkleidung;
- ein aufwendig gestalteter Ansauggeräuschdämpfer, der als Reflexions-System ausgeführt ist und der selbst Ansaugschnorchel und Luftfilter in die schallreduzierende Konstruktion einbezieht;
- die neue Abgasanlage mit Mischkammer, zwei Metallträger-Katalysator-Monolithen sowie zwei Endschalldämpfer mit je einem Endrohr.

Das **Modelljahr 1997** (V-Programm) wurde zum letzten Jahr mit rein luftgekühlten Elfern. Änderungen erfuhren die Triebwerke keine mehr. Alles konzentrierte sich auf die inzwischen angekündigte neue Modellgeneration. Der Boxster war inzwischen lieferbar und zeigte, wohin die Zukunft führt.

Die Wartungsintervalle und der Wartungsaufwand der 911-Triebwerke im Wandel der Zeit.

bis 3.000 km	MRLV	MUZRV	MRV	
bei 5.000 km	UZR			
bei 10.000 km	MFKCUZRLV	M		
bei 20.000 km	MFKCUZRLV	MFKUZRLV	MFZRLV	MFR
bei 30.000 km	MFKCUZRLV	M		
bei 40.000 km	MFKCUZRLV	MFKUZRLV	MFKZRLV	MFKR
Service / Positionen	MJ 64 – MJ 72 6 / 43	MJ 73 – MJ 82 5 / 23	MJ 83 – MJ 93 3 / 16	MJ 94 2 / 7

M Motoröl u. Motorölfilter wechseln
F Luftfilter wechseln
K Zündkerzen wechseln
C Kompression messen
U Unterbrecherkontakte prüfen
Z Zündung prüfen und einstellen
R Riemen prüfen und einstellen
L Leerlauf prüfen und einstellen
V Ventilspiel prüfen und einstellen

Ökologie

Umweltschutz und Porsche gehören zusammen wie Turbo und Leistung. Seit über 30 Jahren ist der Sportwagenhersteller bemüht, durch fortschrittliche Technik hier einen Beitrag zu leisten.

Die Vergaser-Optimierung war Mitte der sechziger Jahre die effektivste Möglichkeit, die Schadstoffe zu reduzieren. Nur wenige Spezialisten konnten Motoren per Ansauggeräusch einstellen.

Die Entwicklung der Abgasgrenzwerte in Kalifornien.

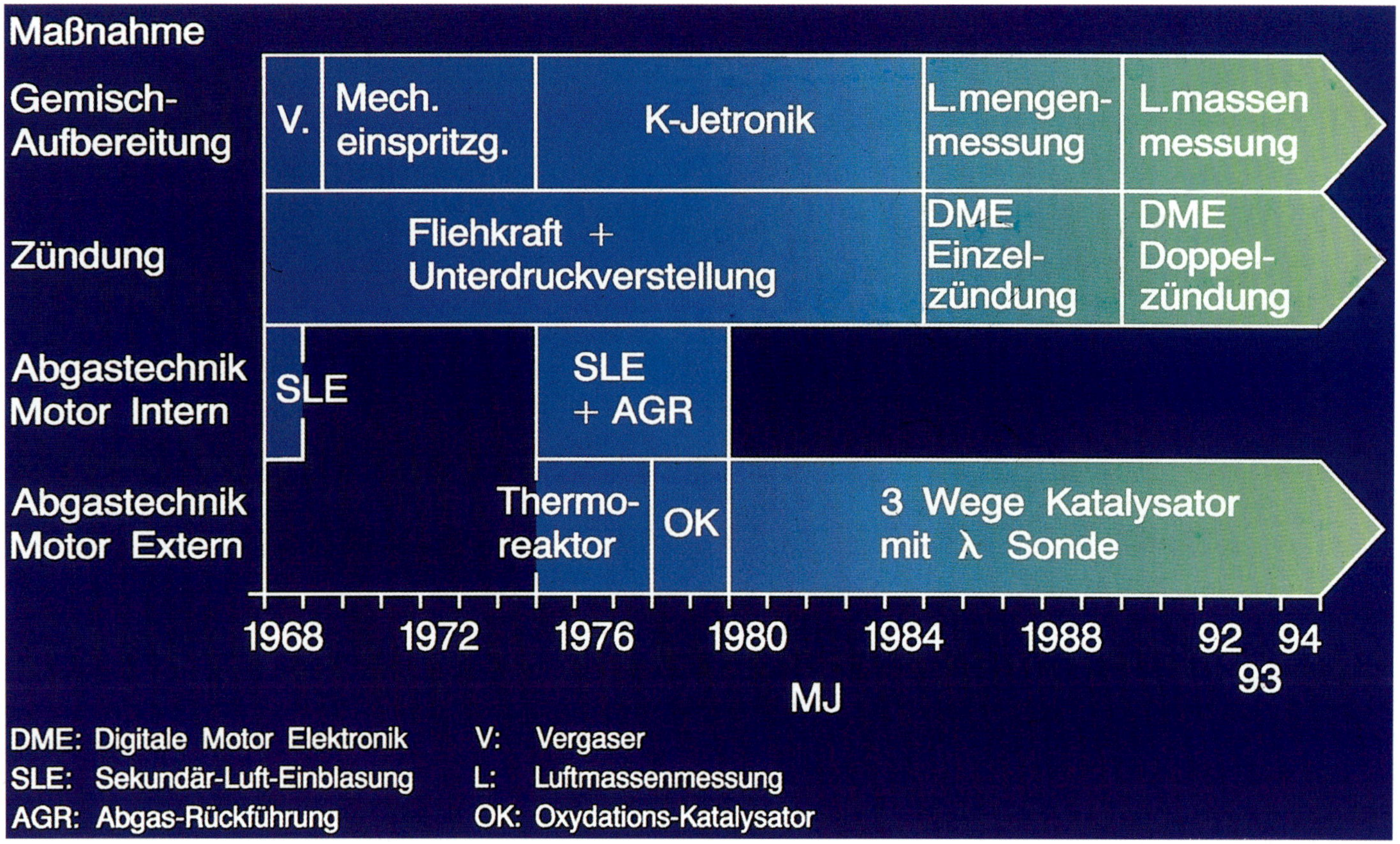

Verminderung des Wartungsaufwandes

Am Beispiel der nun 30jährigen Geschichte des 911-Motors kann eindrucksvoll verdeutlicht werden, welche großen Fortschritte bei der Verminderung des Wartungsaufwandes für den Motor erreicht wurden. Während zu Beginn der Entwicklungshistorie des Elfer-Aggregats noch viele Wartungsarbeiten in kurzen Intervallen notwendig waren, gelang es durch Entwicklungen auf den Gebieten Motormanagement, Schmierölqualität, Zündkerzen-Lebensdauer und Keilriemen-Lebensdauer, den Wartungsaufwand im Laufe der technischen Evolution erheblich zu vermindern. Ein weiterer wesentlicher Schritt zur Verringerung des Service-Aufwandes ist die Einführung des hydraulischen Ventilspielausgleichs.

Die Anzahl der Wartungen im Zeitraum zwischen Fahrzeugauslieferung und 40 000 gefahrener Kilometer konnten von ursprünglich sechs auf zwei reduziert werden. Im gleichen Zeitraum verringerte sich die Anzahl der Servicepositionen von 43 auf sieben. Mit einem Ölwechselintervall von 20 000 km, das bereits im Modelljahr 1983 eingeführt wurde, nimmt der 911-Motor auch heute noch eine Sonderstellung bei Pkw-Motoren ein. Die einzelnen Maßnahmen sind nochmals sehr ausführlich im Kapitel „Die luftgekühlten Sechszylinder-Boxer-Saugmotoren im Wandel der Zeit" beschrieben.

Leistung, Kraftstoffverbrauch, Abgas- und Geräuschemissionen

Hauptmerkmale eines Sportwagens sind Dynamik und Fahrleistungen, beide werden durch die Motorleistung geprägt. Auch wenn sich die äußeren Bedingungen vielseitig verändert haben, die 911-Kunden hatten immer be-

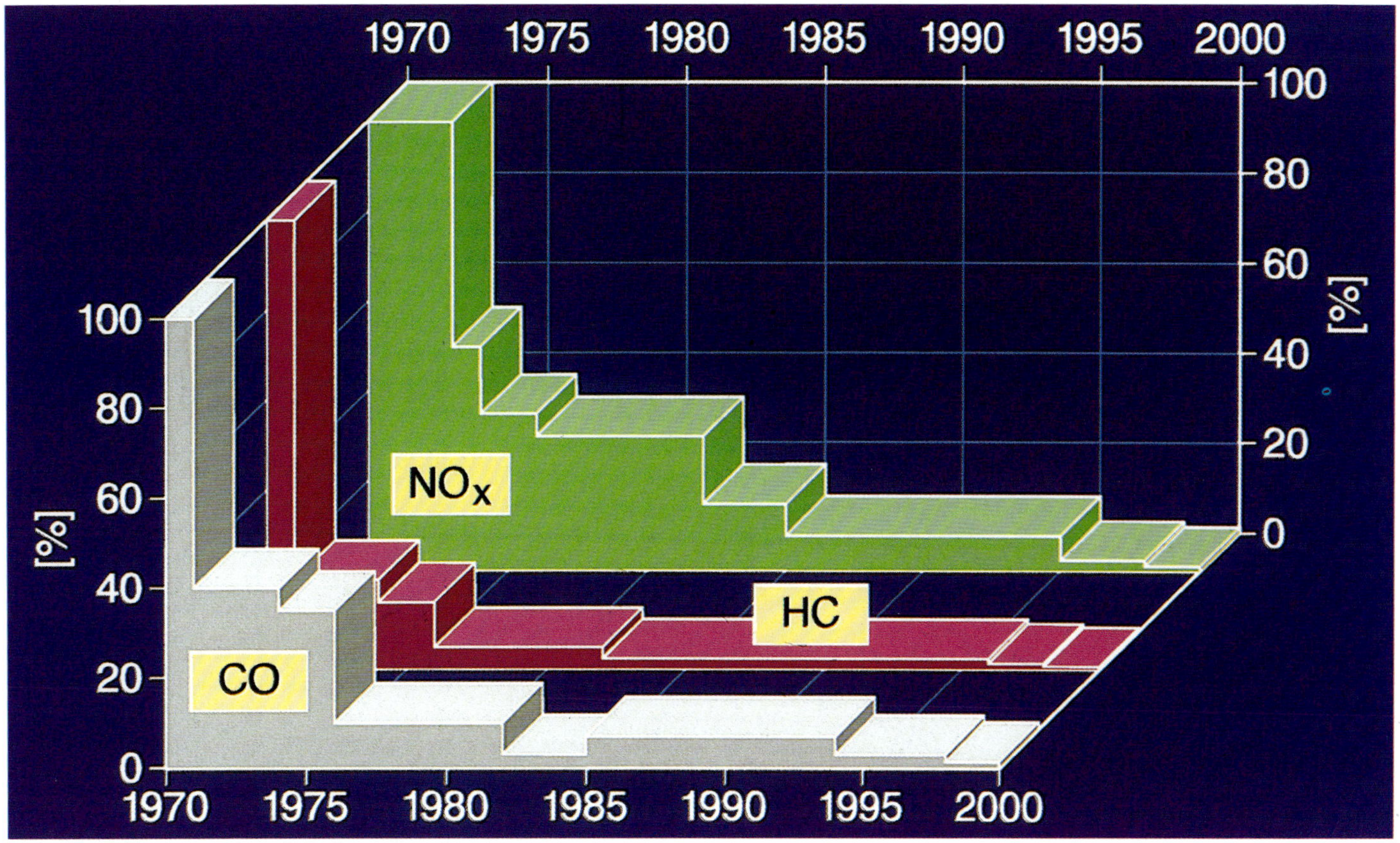

Abgastechnologie zwischen 1968 und 1994 zur Erfüllung der strengen kalifornischen Vorschriften.

sonders hohe Leistungserwartungen. In kontinuierlicher Arbeit wurden Leistungsfähigkeit, Umweltfreundlichkeit, Komfort, Zuverlässigkeit als gemeinsame Entwicklungsziele gesehen und über nun 30 Jahre stetig verbessert. Bei der retrospektiven Betrachtung der Entwicklung von Leistung, Kraftstoffverbrauch und Emissionen fällt auf, daß sich die Weiterentwicklung des 911-Motors in Dekaden mit unterschiedlichen Schwerpunkten einteilen läßt. Nachfolgend werden die Maßnahmen zur Schadstoffreduzierung der letzten 30 Jahre nochmals im Überblick ausgeführt.

30 Jahre Schadstoffreduzierung bei Porsche

1966 Erster Abgasprüfstand in Europa zur Durchführung kalifornischer Abgastests; 11. Mai 1966 erster offizieller Abgastest

1968 Sekundärlufteinblasung Porsche 912

1973 erster Motor mit mechanischer „Multipoint"-Einspritzung („K-Jetronic"); Thermoreaktor für Abgasnachbehandlung (US-Fahrzeuge)

1976 Porsche 924 mit Sekundärlufteinblasung, Abgasrückführung, Oxidationskatalysator, Aktivkohlebehälter

1978 Serieneinsatz: Tankentlüftungsstutzen für Gasbetankung (Fahrzeuge für Kalifornien)

1979 Vollelektronische, luftmengenmessende Kraftstoffeinspritzung („L-Jetronic"); Dreiwege-Katalysator, Lambda-Sonden (US-Markt); Sekundärlufteinblasung Porsche 928, Porsche 911

1980 Vollelektronische Zündung Porsche 924 Turbo

1981 Vollelektronische Gemischbildung und Zündung („Motronic") Porsche 944; beheizte Lambda-Sonde – weltweit erstmalig

1983 Erste Erprobung Katalysator im Renneinsatz; 24-Stunden-Rennen, Nelson-Ledges, Ohio, USA

1984 Alle Porsche-Fahrzeuge serienmäßig mit Aktivkohlebehälter, Keramik-Portliner im Zylinderkopf 944 Turbo; Bypass-Metallträgerkatalysator 944 Turbo

1985 Porsche-Modelle werden weltweit mit Dreiwege-Katalysator angeboten. Bei neuen Motoren Leistung mit und ohne Katalysator gleich; Betrieb mit unverbleitem Kraftstoff ohne Einschränkung möglich

1987 Porsche 944 Turbo Cup mit keramischem Katalysator

1988 Sequentielle Einspritzung Porsche Carrera 4. Metallträgerkatalysator Carrera 4. Selbstüberwachung elektronischer Bauelemente (Werkstattdiagnose); Porsche 944 Turbo Cup mit Metallträgerkatalysator

1990 Haupt- und Bypassmetallträgerkatalysator für Porsche 911 Turbo; On-Board-Diagnose I; Carrera Cup mit Metallträgerkatalysator

1991 Porsche 968 mit variabler Ventilsteuerung (Vario-Cam); Metallträgerkatalysator Porsche 968; Betrieb mit bleifreien Kraftstoffen Oktanzahl 95 und 98 möglich (Porsche 968, Porsche 928 GTS)

1993 Sekundärlufteinblasung Porsche 911 USA; Katalysator für 100 000 Meilen (160 000 Kilometer)

1995 Zwei-Lambda-Sonden-Regelung (Stereo Lambda-Regelung); bedarfsgerechte Aktivkohlebehälterspülung; On-Board-Diagnose II weltweit für Porsche 911 Turbo

30 Jahre Abgasprüfung bei Porsche

Am 11. Mai 1966 wurde bei Porsche der erste Abgasprüfstand eingeweiht. Dieser war gleichzeitig der erste in Europa, den die kalifornischen Behörden für Abgastests nach ihren Regeln akzeptierten. Einige Automobilhersteller, die ihre Produkte in die USA exportieren, ließen die Emissionen ihrer Fahrzeuge seither bei Porsche messen. Im Herbst 1982 eröffnete Porsche in Weissach das Meßzentrum für Umweltschutz (MZU), wo Rollenprüfstände rechnergesteuert Fahrwiderstände simulieren können. Letzter Höhepunkt der Porsche-Abgasforschung ist das gemeinsam mit BMW, Mercedes-Benz, Volkswagen und Audi geführte Abgaszentrum der deutschen Automobilindustrie (ADA), das sich in Weissach befindet und im Januar 1997 seinen Betrieb aufnahm.

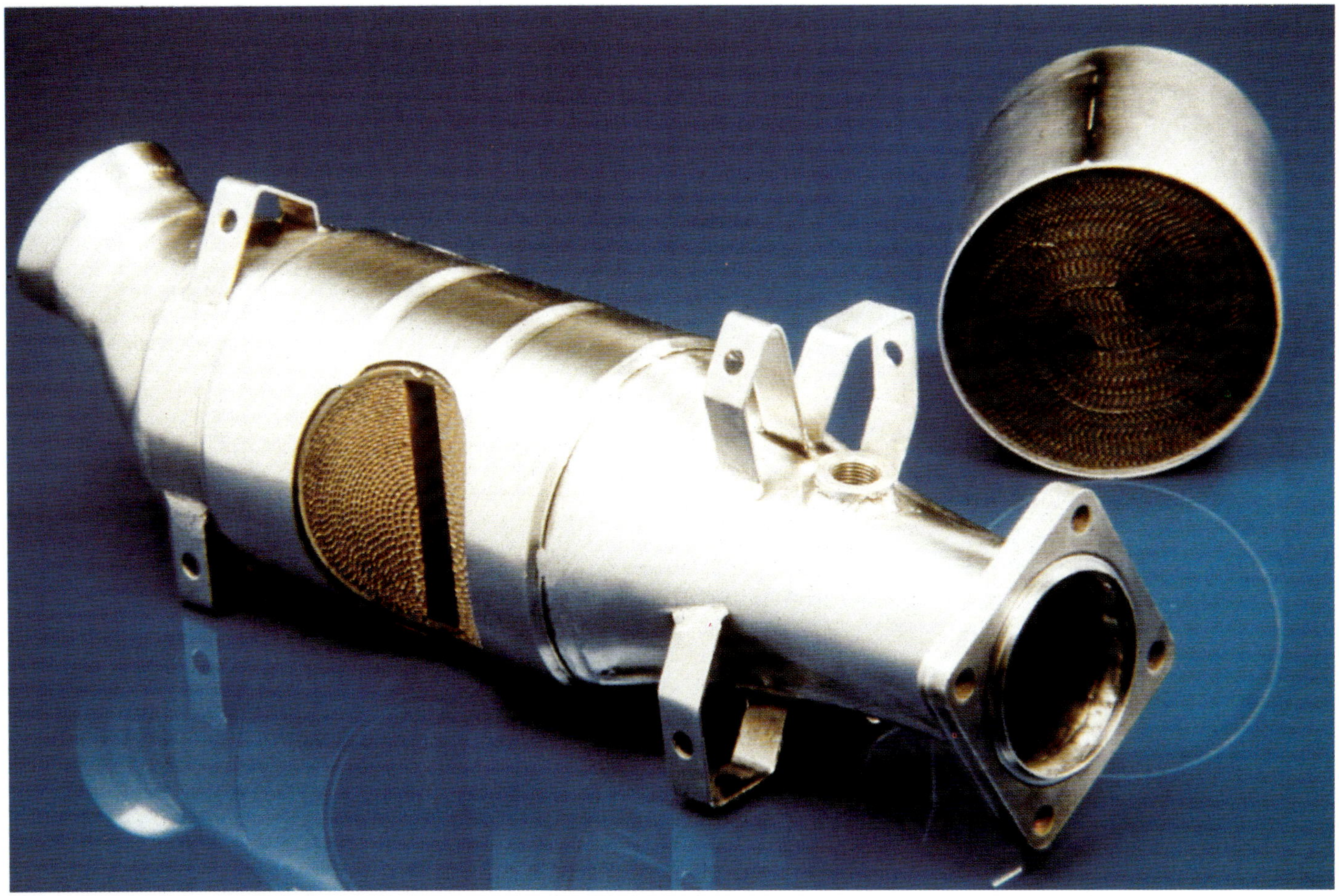

Kraftwerk

Bei seiner Markteinführung im März 1975 begeisterte der Turbo durch seine schiere Kraft. Der Fahrer hatte beim Beschleunigen das Gefühl, in den Sitz gepreßt zu werden. Bis zu seiner aktuellen Version mit zwei Turboladern mutierte das Flaggschiff des 911-Programms zum Vorreiter in Sachen Umweltschutz.

Schon Anfang des 19. Jahrhunderts waren die Motorkonstrukteure bemüht, durch verbesserte Zylinderfüllung die Motorleistung zu erhöhen. So kam der Schweizer Ingenieur Alfred Büchi auf die Idee, den ungenutzten Druck der Abgase per Turbolader zur Leistungssteigerung des Motors zu nutzen. Das Prinzip selbst ist sehr einfach, jedoch sind zum Alltagsgebrauch eine Reihe von ausgeklügelten Regeleinrichtungen nötig. Im Turbolader bewegt der Abgasstrom ein Schaufelrad, das über eine starre Verbindungswelle mit einem zweiten Schaufelrad, dem sogenannten „Verdichterrad" verbunden ist. Die zur Verbrennung notwendige Luft wird von diesem Verdichter angesaugt und unter leichtem Überdruck in den Motor transportiert.

„Der Mangel an Ladeluft war nie das Problem", erläutert Paul Hensler, langjähriger Leiter des Porsche-Motorenversuchs, die Anfänge der Turbotechnik. „Vielmehr erschien es noch Ende der sechziger Jahre als ein unlösbares Problem, die geförderte Luftmenge den Bedingungen des

Das 260 PS starke Triebwerk des Turbo 3.0 (rechts) basiert auf dem Sondermodell 911 Carrera RS 3.0. Zur Optimierung der Haltbarkeit besteht das Kurbelgehäuse aus einer Leichtmetall-Silizium-Legierung.

Ab Modelljahr 1978 erhält der Turbo 3,3 Liter Hubraum und einen Ladeluftkühler (ganz rechts), der aus Platzgründen fortan den großen Turbo-Flügel notwendig machte.

Fahrens anzupassen", unterstreicht der Ingenieur. Das spielte auf der Rennpiste nur eine untergeordnete Rolle, besonders bei der amerikanischen CanAm-Rennserie, bei der die aufgeladenen Porsche-Rennwagen 917 mit bis zu 1200 PS starken Zwölfzylinder-Triebwerken größtenteils unter Vollast gefahren werden konnten.

Im Straßenbetrieb aber zählen andere Kriterien. Hierfür fehlte eine Vorrichtung, mit der die abgegebene Leistung beeinflußt werden konnte. Diese Aufgabe konnte auch der Schweizer Motorenspezialist Michael May nicht lösen. Er bestückte Ende der sechziger Jahre einen Ford Capri-V6-Motor mit einem kleinen Turbolader, der schon bei relativ geringen Drehzahlen nutzbare Ladeluft lieferte. „Ich bekam von Versuchschef Ferdinand Piëch den Auftrag, mit meinem Kollegen Julius Weber zur Stuttgarter Schwabengarage zu fahren, um den May-Turbo Probe zu fahren", erinnert sich der damalige Versuchsingenieur Heinz Dorsch. „Das war noch nicht die Lösung", fügt der Turbo-Spezialist hinzu.

Paul Hensler: „Der Mangel an Ladeluft war nie das Problem".

Auch BMW spielte in der Entwicklungsgeschichte der Aufladung eine entscheidende Rolle. So konnten die Bayern 1969 die Tourenwagen-Europameisterschaft mit Turbo-Motoren gewinnen. Auf der IAA in Frankfurt debütierte dann 1973 die Sportlimousine 2002 turbo, die aufgrund mangelnder Standfestigkeit der Motoren und zu geringer Nachfrage durch die Ölkrise bereits kurz darauf wieder von der Bildfläche verschwand.

„Trotzdem waren wir durch die Erfolge im Motorsport – Porsche gewann inzwischen aus dem Stand die amerikanische CanAm-Meisterschaft – hoch motiviert, die Turbo-Technik salonfähig zu machen", meint Paul Hensler. Also besuchten die Porsche-Ingenieure alle damals bekannten Turbo-Pioniere wie Garrett in Amerika, Bosch in Stuttgart und Eberspächer in Esslingen. Eine Zusammenarbeit kam dann aber letztendlich im Jahr 1971 mit der weniger bekannten Firma Kühnle, Kopp & Kausch – kurz KKK – im Pfälzer Frankenthal zustande.

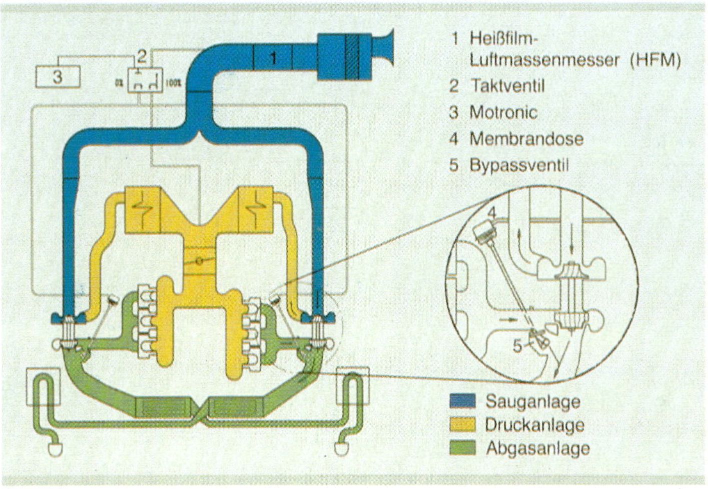

Das Schema macht deutlich: Ist zuviel Ladedruck vorhanden, werden die Abgase über eine Nebenleitung, das sogenannte „Bypass", geleitet.

Hauptziel der Kooperation war es, die vorher angesprochene Regelung zu ermöglichen. Denn bei aufgeladenen Motoren ist das Ansprechen des Motors vom Ladedruck abhängig. Also muß beim Gasgeben schnell Ladedruck verfügbar sein und beim Gaswegnehmen schnell verringert werden. Demnach darf nicht immer – wie es damals Stand der Technik war – der volle Ladedruck vorhanden sein, sondern er muß abgelassen werden können. Die Porsche-Motoren-Versuchsingenieure sahen die Lösung in einer abgasseitigen Regelung. War also zuviel Ladedruck vorhanden, wurden die Auspuffgase nicht mehr durch die Turbine, sondern über eine „Bypass" genannte Nebenleitung geleitet. War wieder mehr Leistung gewünscht, wurde der Bypass geschlossen. „Diese recht einfach klingende Lösung war damals absolut neu", erinnert sich Heinz Dorsch. „Doch die Turbotechnik war mit Problemen behaftet", fügt er hinzu. So bereitete die Ölversorgung des Turboladers Schwierigkeiten: Da durch die beim Boxermotor konstruktiv notwendige tiefe Anordnung der Lader kein Gefälle vorhanden war, konnte das Schmieröl nicht von selbst ohne Druck in den Ölkreislauf zurücklaufen. Hätte man das Öl aber in den

Michael „Mike" Mehlin koordinierte in den letzten Jahren für „auto motor und sport" rund 10 000 Testwagen. Hier lehrt er einem 911 Turbo von 1976 das Fliegen.

Vier Generationen im Vergleich: Der Ur-Turbo begnügte sich mit 260 PS, die aktuelle Version mit zwei Turboladern (auch Abbildung ganz rechts) besticht durch 408 PS.

Nächste Seite:
Die Ur-Version von 1976 (rechts) hatte noch keinen Ladeluftkühler unter dem Flügel. Der Biturbo von 1996 steckt voller High-Tech.

S-PR 1975

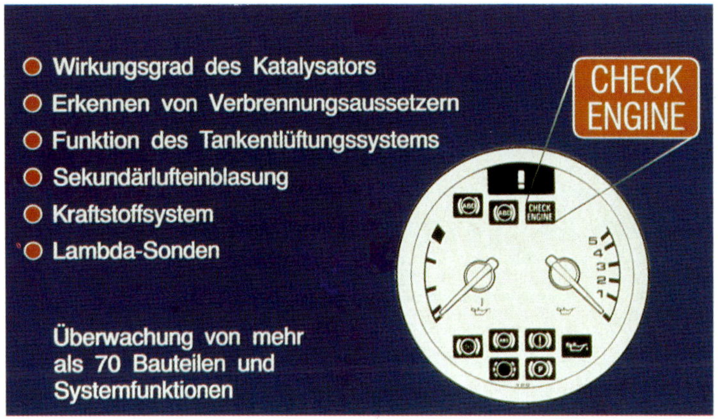

Das abgebildete Schema zeigt die Überwachung des Emissionsverhaltens im Fahrbetrieb mittels der „On-Board-Diagnose" der zweiten Generation. Porsche führte diese Technik mit dem 911 Turbo auf Basis des 993 als erster Automobilhersteller serienmäßig weltweit ein.

Ladergehäusen gelassen, wäre es in die Turbinen eingedrungen und hätte somit beim Fahren blauen Rauch verursacht, da es mitverbrannt wäre. Abhilfe schaffte eine zusätzliche Rückförderpumpe vom Ladergehäuse des Turboladers direkt zurück in den Öltank.

„Dann machten uns anfangs die Temperaturen zu schaffen", erwähnt Dorsch. Da beim Einsetzen der Turbine bis zu 900 Grad auftraten (bei Dieselmotoren waren es 600 Grad) und damit sowohl das Turbinenrad als auch das Turbinengehäuse diesem heißen Abgasstrom ausgesetzt waren, mußten ganz neue Materialien und Schweißtechniken eingesetzt werden, die diese Temperaturen verkraften konnten. Dann tauchten ebenfalls Schwierigkeiten mit Lagern und Dichtungen auf. Insgesamt war es auch schwierig, die Turbotechnik im Heck des Elfers unterzubringen, obwohl die ersten Fahrzeuge noch nicht über die sperrigen Ladeluftkühler verfügten.

„In diesem Stadium sah man den Turbolader intern eher noch als Tuningmaßnahme", erinnert sich Heinz Dorsch. Die ersten Versuche waren aber so erfolgreich, daß sich bald die Frage stellte, ob man nicht einen Seriensportwagen mit Turbotechnik aufbauen sollte. Das Umfeld für einen derartigen Hochleistungssportwagen stimmte dabei ganz und gar nicht. Porsche drückte der Kostenschuh und „Propheten im Haus prognostizierten, daß es in zehn Jahren kein Benzin mehr geben werde", wie sich Heinz Dorsch erinnert.

Trotzdem schwamm Porsche gegen den Strom und baute einen Straßenturbo. Das Schlüsselerlebnis für diese Entscheidung hatte Porsche-Lenker Ernst Fuhrmann 1972 bei einem Rennen auf dem Hockenheimring. Wolfgang Berger, damals mit Norbert Singer in der Rennabteilung aktiv, erinnert sich noch genau: „Wir beobachteten ein Rennen, bei dem ein Ford Capri weit vorausfuhr, gefolgt von einem BMW. Der schnellste Porsche vom Kremer-Rennstall war inzwischen schon überrundet. Und da fragte mich Professor Fuhrmann, warum die Konkurrenz vornewegfuhr." Die Antwort führte zunächst einmal zu dem Entschluß, wieder in den Breitensport einzusteigen. In Windeseile wurde der Carrera RS 2.7 entwickelt. Das Reglement für die sogenannte Gruppe 4 (Spezial-GT) forderte 400 Einheiten. Doch bald schon wäre Porsche mit dem starken Saugmotor durch ein neues Sportgesetz (Anhang J) nicht mehr konkurrenzfähig gewesen. Porsche entschied sich deshalb zunächst für die Gruppe 5 und somit für den Typ 935, doch zugleich wollte man einen Homologationswagen für die Gruppe 4. Im November 1973 wurde im Vorstand beschlossen, die dafür erforderlichen 400 Einheiten zu bauen. Dieses Datum ist die eigentliche Geburtsstunde des 911 Turbo, der fortan unter der Bezeichnung Porsche 930 konzipiert wurde.

Heinz Dorsch: „Bei der K-Jetronic wurden einfach zwei Ausgänge verschlossen".

Die Entscheidung für den Straßenturbo war um so erstaunlicher, als dies der einzige Wagen innerhalb der Porsche-Palette wurde, der noch Superbenzin verbleit benötigte. Alle Komponenten der Luftzufuhr wurden in Weissach gefertigt, da sich bei der anvisierten geringen Stückzahl keine Fremdproduktion gelohnt hätte. Ebenso wurden die Kotflügelverbreiterungen in Handarbeit eingeschweißt, da neue Werkzeuge zu teuer geworden wären.

Auch bei der Einspritzanlage wurden bei Bosch möglichst kostengünstige Wege gesucht. Als optimal wurde eine Einspritzanlage mit Luftmengenmessung bei konstantem Druck vor dem Verdichter und Kraftstoffeinspritzung vor das Einlaßventil angesehen. Technischer Stand dafür war die K-Jetronic, die allerdings für einen Sechszylinder mit einem entsprechenden Luftmengenmesser nicht existierte. So wurde ein vorliegendes Achtzylinder-System verwendet, da dieses über einen so großen Luftmengenmesser verfügte, der für 400 PS ausgereicht hätte. „Es wurden einfach zwei Ausgänge verschlossen", erläutert Heinz Dorsch. Diese Lösung hatte noch im Baujahr 1994 Bestand, nach knapp 30 000 Turbo-Elfer. Dabei war der Turbo innerhalb der Modellpalette immer das Fahrzeug, das am längsten unverändert angeboten werden konnte und idementsprechend ausgereift war. „Der Turbo hatte immer die wenigsten Garantiefälle", unterstreicht Dorsch.

Paul Hensler: „Die Kunden begeisterte diese gewaltige Beschleunigung, das Gefühl, in den Sitz hineingepreßt zu werden".

Der Turbo 3.0

Das erste Auto war ein Einzelstück mit einem 250 PS starken 2,7-Liter-Triebwerk, das von Louise Piëch, der Schwester von Ferry Porsche und Chefin von Porsche-Österreich, auf seine Alltagstauglichkeit hin getestet wurde.
In Serie war dann ab März 1975 eine 65 000 Mark teure Dreiliter-Version lieferbar. Mit 0,8 atü Ladedruck mobilisierte das Triebwerk 260 PS. Daraus leitete sich ein stolzes Drehmoment von 350 Nm bei 4000/min und eine Beschleunigung von Null auf 100 Kilometer pro Stunde in 5,5 Sekunden ab.

Der Turbo 3.3

Natürlich wurde auch der Turbo konsequent weiterentwickelt, zumal sich herausstellte, daß die Aufladung von Ottomotoren eine Maßnahme darstellte, die einerseits enorme Leistungsausbeute ermöglichte und andererseits die gesteigerten Umweltanforderungen besser erfüllen konnte. So ergaben Versuche, daß eine Ladeluftkühlung bei gleichbleibender Motorverdichtung und gleichem Oktanzahlbedarf eine wesentlich höhere Aufladung und somit Motorleistung ermöglichen würde. In der Praxis wurden ohne Ladeluftkühlung Ansaugtemperaturen zwischen 140 und 150 Grad vor dem Einlaßventil gemessen. Dadurch erhöhte sich natürlich die ganze thermische Belastung des Motors, dem deshalb noch höher verdichtete Luft zugeführt werden konnte. Das macht – soll ein Leistungsabfall vermieden werden – eine größere geförderte Luftmenge erforderlich und somit wesentlich mehr Antriebsleistung der Laders, um die Luft in die Brennräume zu befördern. Mit dem Ladeluftkühler wurde die Lufttemperatur auf 50 bis 60 Grad gekühlt und konnte somit höher verdichtet dem Brennraum zugeführt werden. Da deshalb geringere Luftmengen erforderlich waren, konnten kleinere Turbolader verwendet werden. Die geringere thermische Belastung des Motors führte auch zu einer geringeren Neigung des Gemischs zur Selbstzündung, also zu einer geringeren Klopfempfindlichkeit. „Mit zunehmender Kühlung kann die gleiche Motorleistung bei geringerem Verdichter-Druckverhältnis erreicht werden", bringt Heinz Dorsch die Vorteile auf den Punkt. „Man darf aber die Ladelufttemperatur nicht zu stark absenken, sondern muß sie optimieren, da man sonst einen zu hohen Widerstand im Ladeluftkühler bekommt. Das nämlich würde wieder eine höhere Verdichterantriebsleistung erfordern und somit einen höheren Abgasgegendruck in der Turbine erzeugen. Also muß zwischen dem Anstieg des Widerstands und dem Absenken der Lufttemperatur optimiert werden", fügt der Turbo-Spezialist hinzu. Diese Erkenntnisse flossen in die zweite Turbo-Generation ab dem Modelljahr 1978 ein, wurden aber einige Jahre geheimgehalten,

Mit dem 300 PS starken Turbo aus 3299 Kubikzentimetern Hubraum wurde in den Fahrleistungen wieder ein Abstand zum Achtzylinder-Modell 928 erreicht. Abgebildet ist ein Motor aus dem Modelljahr 1986.

um sich diesen Wettbewerbsvorteil zu erhalten. Der Ladeluftkühler bekam seinen Platz oberhalb des Sechszylinder-Triebwerks, unter dem dafür neu gestalteten Heckflügel, der stets Geschmacksache war.
300 PS aus 3,3 Liter Hubraum mobilisierte die neue Waffe aus Zuffenhausen mit der Kennziffer 930/60.
Im Werk konnten die Motoren zuletzt auf 330 PS modifiziert werden, für den 964-Turbo wurden sogar 350 PS angegeben.
Mit einem technischen Problem hatte Porsche allerdings noch zu kämpfen. Auf den Turbinenschaufeln des Laders lagerte sich das Blei des Kraftstoffs ab. Nach einer Laufleistung von etwa 35 000 Kilometern hatte sich so viel angesammelt, daß ein Teil der Schicht abplatzte und sofort eine Unwucht entstand – schließlich erreichen die Abgasturbinen Drehzahlen zwischen 100 000 und 120 000 Umdrehungen pro Minute. Dadurch „schüttelte" sich das Turbinenrad kaputt. Spätere Untersuchungen ergaben, daß sich das Blei bei Temperaturen von etwa 600 Grad ablagerte, also hing die Dauer bis zum Auftreten des Defekts von der Fahrweise ab. Diese Gefahr war in Deutschland minimiert, da der Bleigehalt des Kraftstoffs gesenkt worden war. In Amerika, wo der Bleigehalt noch höher war, mußte Porsche das Tanken von bleifreiem Benzin vorschreiben, obwohl der Wagen noch über keinen Katalysator verfügte. Und gerade der Katalysator wurde dem Turbo vorläufig zum Verhängnis. Für den Turbo hat man damals keine Möglichkeit gesehen, ihn mit Katalysator zu bestücken. Theoretisch wäre es nach dem Stand der damaligen Katalysatortechnik schon möglich gewesen, aber mit zu starken Leistungseinbußen. „Von den 300 PS wären gerade noch 240 geblieben", unterstreicht Heinz Dorsch die Problematik. So stellte man den Turbo 1985 in den USA ein und 1990 auch in Deutschland.
Mit einer Höchstleistung von 320 PS erlebte der Turbo-Elfer im Modelljahr 1991 ein nicht allzu erfolgreiches Comeback. Die Fahrleistungen hoben sich nicht mehr deutlich genug von seinen kleineren Geschwistern Carrera 2 und 4 ab. In puncto Umweltfreundlichkeit konnten jedoch neue Maßstäbe für Turbo-Fahrzeuge gesetzt werden. Die neue Abgasanlage ermöglichte mit geregeltem Dreiwege-Metallkatalysator und vergrößertem Auspuffvolumen einen niedrigen Abgas-Gegendruck und reduzierte damit die katalysatorbedingten Verluste. Der getrennte Ausgang des Bypass-Ventils erhielt einen zusätzlichen ungeregelten Metallkatalysator.
Die Möglichkeit, die Motorleistung durch Turboaufladung erheblich zu erhöhen, erfordert neben dem Turbolader selbst noch die Verwendung eines Bypass-Ventils. Hat der Ladedruck seinen Höchstwert erreicht, so öffnet sich das Bypass-Ventil und läßt den Abgasdruck durch ein Bypassrohr so weit entweichen, daß dem Turbolader nur noch eine begrenzte Menge von Abgasdruck zugeführt wird. Zur Vermeidung des „Turbolochs" – der Verzögerung der erneut einsetzenden Beschleunigung nach vor-

Ab Modelljahr 1991 kam weltweit ein neuer Turbo-Motor zum Einsatz. Aus 3,3 Litern Hubraum schöpfte er 320 PS. Dominant wirkt das Abgassystem mit geregeltem Metall-Katalysator. Der Ladeluftkühler wurde nochmals vergrößert. Der Bypass-Auspuff (im Bild links unten) erhielt einen eigenen ungeregelten Katalysator.

Kaum zu glauben, daß dieses Kraftpaket (Modelljahr 1991) im runden Heck des 911 Platz findet. Der Aus- und Einbau ist sogar relativ einfach.

herigem Gaswegnehmen – muß das Bypass-Ventil sehr präzise gesteuert werden.
So wurde dieser zweiten Motorengeneration von geschulten Turbo-Bändigern hauptsächlich Leistungsmangel vorgeworfen. Kein Wunder also, daß die Begeisterung auf dem Genfer Automobilsalon im März 1992 groß war, als Porsche eine Turbo-Leichtbau-Studie zeigte. Wenig später boten die Zuffenhauser eine Kleinserie des hauptsächlich für den Motorsport gedachten Supersportlers an. Für 295 000 Mark erhielt der Käufer ein um 180 Kilogramm erleichtertes Fahrzeug, satte 381 PS bei 6000/min und ein kompromißlos sportliches Fahrwerk. Auslöser für die Entwicklung war der Triumph des 911 Turbo in der amerikanischen Produktions-Sportwagenmeisterschaft, in der seriennahe Sportwagen gegeneinander antreten.

Der Turbo 3.6

Parallel dazu entwickelten die Ingenieure für die Serie weiter, um die „geflügelten" Werte nochmals zu steigern, und das gelang ihnen auch. Die Superlativen lauteten dann für das nächste Turbo-Modell ab dem Auslieferungsbeginn am 9. November 1992: 360 PS bei 5500/min, 520 Nm maximales Drehmoment bei 4200/min, 280 km/h, von 200 km/h auf Null nach 131 Metern und 204 000 Mark. Die Angaben verdeutlichen, daß das vorrangige Ziel der Entwicklungsmannschaft keine bloße Leistungssteigerung war, sondern gleichzeitig höheres Drehmoment und geringerer Benzinverbrauch. Die Symbiose aller Kriterien gelang bestens. Der Motor zieht bereits im Saugbetrieb so kräftig an, daß der für den Turbo charakteristische Zusatzschub ab rund 4000/min. weniger abrupt einsetzt als früher. Trotzdem aber ist der Turbo-Vortrieb deutlich zu spüren. Das aufregende Gefühl, in den Sitz gedrückt zu werden, blieb bestehen. „Das müssen wir beim Turbo auch erhalten", meint Paul Hensler.
Trotz des Erfolgs sollte die dritte Turbo-Generation ein relativ kurzes Leben haben. Die letzten Fahrzeuge verlassen Ende Dezember 1993 das Band. Dann nämlich wird die komplette Produktion auf die Karosserie des Carrera 993 umgestellt.
Mit dem 3,6-Liter setzte sich Porsche natürlich eine sehr hohe Meßlatte für einen Nachfolger, dessen Entwicklung unter der Buchstabenkombination „UST" seit Anfang 1993 auf Hochtouren lief.
Der neue 911 Turbo wurde schließlich im April 1995 international in die Märkte eingeführt. Er setzte neue Maßstäbe. Der neue 911-Turbo-Motor zeichnet sich durch ein großartiges Leistungsangebot und Beschleunigungsverhalten aus. Er erfüllt weltweit alle Abgas- und Geräuschvorschriften und verfügt zudem über ein permanentes Abgasüberwachungssystem für alle relevanten Bauteile, die On-Board-Diagnose II. Das Triebwerk ist der erste Biturbo-Motor mit Luftmassenregelung.
Der Sechszylinder-Boxermotor des Porsche 911 Turbo ba-

Heinz Dorsch hat die gesamte Turbo-Entwicklung bei Porsche miterlebt. Er ist der Spezialist für aufgeladene Triebwerke.

Mit diesem Triebwerk war für Turbo-Fahrer die Welt wieder in Ordnung. Die Leistungssteigerung auf 360 PS durch eine Hubraumerhöhung auf 3,6 Liter brachte gleichzeitig bulliges Drehmoment: 540 Nm.

siert auf dem luftgekühlten 3,6-Liter-Triebwerk des 911 Carrera und leistet mit zwei Turboladern bei 5750/min 300 kW (408 PS). Aus der Leistungssteigerung resultieren nochmals verbesserte Fahrleistungen: Von null auf 100 Kilometer beschleunigt der Turbo in 4,5 Sekunden, die Höchstgeschwindigkeit beträgt 290 Kilometer pro Stunde.
Die Abgas-Turboaufladung wurde von Porsche zur zukunftsträchtigen Hochtechnologie entwickelt. Hinter dem Luftmassenmesser wird die Ansaugluft geteilt und strömt zum linken wie zum rechten KKK-K16-Abgasturbolader. Die Lader verdichten die Luft, was aufgrund der Thermodynamik die Temperaturen deutlich erhöht. Da eine hohe Eintrittstemperatur der Ladeluft deren Dichte und somit die zur Verfügung stehende Sauerstoffmenge reduziert, setzt Porsche seit dem Modelljahr 1978 einen Ladeluftkühler ein, um die Temperatur der verdichteten Verbrennungsluft abzusenken. In der neuen Turbo-Generation treten die verdichteten Teilströme in getrennte, druckverlustoptimierte Ladeluftkühler ein. Diese werden aufgrund der Druckdifferenz zwischen Fahrzeugober- und Unterseite von Kühlluft durchströmt. Die gekühlte Luft wird wieder zusammengeführt und strömt über die Drosselklappe und den widerstandsarmen Kunststoff-Saugverteiler zu den Zylinderköpfen.
Die Aufteilung in zwei Teilströme ermöglicht kleine Turbolader mit geringen Massenträgheitsmomenten, wodurch das Ansprechverhalten gegenüber einem leistungsgleichen Triebwerk mit nur einem Turbolader deutlich verbessert wird. Der Gleichlauf der Lader des Biturbos wird durch den symmetrischen Aufbau der Abgasanlage und durch eine reduzierte Toleranzgrenze der Turbobauteile gewährleistet.
Porsche regelt die Luftmasse hier über ein Bypass-Ventil (Ladedruck-Regelventil), das im Turbolader integriert ist. Die vom Heißfilm-Luftmassenmesser (HFM) gemessene Luftmasse wird mit dem zuvor ermittelten Sollwert verglichen, der in einem Kennfeld abgespeichert ist. Die Differenz zwischen gemessener Luftmasse und Sollwert ergibt die Regelabweichung, die im PID-Regler (Proportional-, Differential- und Integral-Parameter-Anteile) ein neues Tastverhältnis für das Taktventil bestimmt. Durch entsprechenden Druck auf die Membrandose wird die Öffnung des Bypass-Ventils bestimmt.
Die Luftmassen-Regelung wird mit Hilfe der Bosch-Motronic M 5.2 hier erstmals an einem Biturbo-Motor realisiert. Um den Gesamtwirkungsgrad und das Ansprechverhalten zu optimieren und um eine Leistungs-Charakteristik zu programmieren, muß die Luftmasse in Abhängigkeit von verschiedenen Parametern geregelt werden. Im einzelnen erfaßt das Steuergerät Drosselklappen-Position, Motordrehzahl, Ladelufttemperatur, Umgebungsdruck und Klopfereignisse. Mit einem großen Regelbereich wird eine bedarfsweise Umstellung von 98-ROZ- auf 95-ROZ-Kraftstoff sichergestellt.
Die Kraftstoffeinspritzung erfolgt für jeden Zylinder direkt vor dem jeweiligen Einlaßventil. Um den bestmöglichen

Wirkungsgrad zu erreichen, wird der Motor an der Klopfgrenze betrieben. Daher ist das Triebwerk mit einer Klopfregelung ausgestattet, die bei unkontrollierten Verbrennungen (Klopfen) automatisch den Zündzeitpunkt zurücknimmt und den Ladedruck absenkt.
Abgasturboaufladung bedingt anspruchsvollen Motorenbau, da die Triebwerke thermisch und mechanisch höher belastet werden. Die Mehrbelastung des Motors und der Triebwerksteile ist vor allem durch höhere Gaskräfte und höhere Temperaturen gegeben. Um diesen vermehrten Belastungen gewachsen zu sein, erhielt die Turbo-Maschine gegenüber dem Saugmotor konstruktive Modifikationen. So wurde die Kühlgebläsedrehzahl um 15 Prozent erhöht, die Pleuel und die Bodenplatte des Zylinderkopfes wurden verstärkt. Der Motor wurde 8:1 verdichtet, das Gewicht der Bauteile konnte durch einen hohen Anteil von Leichtmetallen wie Aluminium und Magnesium reduziert werden.
Die Abgasanlage ist in zwei Systeme, eines pro Zylinderbank, aufgeteilt. Nach dem Passieren der Laderturbine mündet der Abgasstrom jeweils in voneinander unabhängige Metallträger-Katalysatoren. Über vier Lambda-Sonden (jeweils eine vor und hinter dem Katalysator) läßt sich die Abgaszusammensetzung optimal überwachen und vom Motormanagement steuern. Dieser konstruktiv hohe Aufwand gewährleistet geringstmögliche Schadstoffemissionen, wodurch die seit 1996 in Kraft getretenen EG-Grenzwerte noch erheblich unterschritten werden konnten.
Der frühe Ladereinsatz und die Gesamtabstimmung sorgen schon im unteren und mittleren Drehzahlbereich für reichlich Kraft an der Kurbelwelle. Bereits bei 2500/min werden 450 Newtonmeter erreicht, das entspricht 83 Prozent des maximalen Drehmoments von 540 Nm, das bei 4500/min ansteht. Auch in der Fahrpraxis überrascht der neue 911 Turbo durch überzeugende Werte: Bis 2500/min beschleunigt er äußerst zügig, darüber setzt kontinuierlich kräftiger Schub bis zur Drehzahlgrenze ein. Der phänomenale Turbo-Druck, der den Fahrer mit Macht in seinen Sitz preßt, ist noch ausgeprägter als beim Vorgängermodell – nur eben kontinuierlicher.

Der aktuellste Beitrag zum Breitensport: Porsche 911 GT 2 im Harlekin-Look. Dieses Unikat steht heute in einer japanischen Privatsammlung.

Einen wertvollen Beitrag zum Umweltschutz leistet Porsche mit einem permanenten Abgas-Überwachungssystem für alle abgasrelevanten Bauteile. Die sogenannte „On-Board-Diagnose II" (OBD II) kontrolliert die Katalysatoren und Lambda-Sonden, die Funktion der Tankentlüftung mit Aktivkohlefilter, die Sekundärlufteinblasung, das Kraftstoffsystem und registriert Verbrennungsaussetzer.
Die OBD II – in den USA bereits gesetzlich vorgeschrieben – erforderte einen hohen Entwicklungsaufwand und ein besonders aufwendiges Motormangement-System.
Der Vorteil der On-Board-Diagnose liegt in der frühzeitigen Meldung von Fehlern im Kraftstoff- und Abgassystem, die zu erhöhtem Schadstoffausstoß, etwa durch Katalysatorausfälle, und zu mehr Kraftstoffverbrauch führen können. OBD II meldet Defekte über eine Warnlampe, die den Fahrer zum baldigen Werkstattbesuch auffordert.
Der Schadstoffausstoß wird bisher in Deutschland nur im Zweijahresrhythmus bei der Abgasuntersuchung (AU) ge-

Technik sichtbar gemacht: Kettenspanner eines Turbo-Triebwerks.

prüft. Ein im Fahrzeug installiertes Kontrollsystem kann jede Abweichung vom Sollwert sofort erkennen. Darüber hinaus kann eine On-Board-Diagnose wesentlich mehr Komponenten überprüfen als die Meßeinrichtungen der üblichen AU.

Um die bewährte Tradition fortzusetzen, seinen Kunden ein konkurrenzfähiges Fahrzeug für den Breitensport anzubieten, bereitete Porsche nach dem internationalen GT-Reglement einen 911 GT 2 vor. Die alltagstaugliche Straßenversion dieses heckgetriebenen Porsche wurde seit April 1995 mit 430 PS an Kunden ausgeliefert.
Für die Wettbewerbsfähigkeit sorgen zahlreiche Modifikationen an Triebwerk, Karosserie, Fahrwerk und Ausstattung. Hinzu kommt die Leistungssteigerung um 22 PS, verbunden mit einer Gewichtsreduzierung um rund 200 Kilogramm. Wesentliche Änderungen am Motor sind die Steigerung des maximalen Ladedrucks auf 0,9 bar, das neu abgestimmte Motormanagement mit der Motronic M 5.2 und die Lufteinlässe in den Heckflügelseitenteilen für einen höheren Luftdurchsatz. Für wirksame Motorkühlung sorgt zudem ein zweiter Front-Ölkühler. Mit diesen Maßnahmen werden außergewöhnliche Fahrleistungen realisiert: Beschleunigung aus dem Stand auf Tempo 100 in 4,4 Sekunden, Höchstgeschwindigkeit 295 Kilometer pro Stunde.
Leistungshungrige, die die eher aggressive Optik der GT 2 nicht ansprach, konnten auch den Serien-Turbo ab Werk auf 430 PS leistungssteigern lassen.
Mit dem 911 GT 2 in der Straßenversion sind die Grenzen des luftgekühlten Boxermotors erreicht.

Nächste Seite: Der Porsche 911 Turbo hieß nach kurzer Zeit nur noch „Turbo". Zu sehen ist die aktuelle Version mit zwei Turboladern.

turbo
S-PR 911

Powerplay

Porsche hatte sich bei der Planung des 959 vor allem erhofft, daß es einmal Gruppe-B-Rennen mit diesem Fahrzeug auf der Straße geben würde. Das Reglement bestimmte folglich die Eckdaten des 959. So den Hubraum von 2,85 Litern, die Stückzahl von mindestens 200 Einheiten und die Verwendung leichter Materialien, um die 1100 Kilogramm Fahrzeuggewicht für die Hubraumklasse des 959 zu erreichen.

Nächste Seite: In der Gruppe B, für die der 959 ursprünglich konzipiert wurde, konnte er wegen einer Reglementsänderung nicht eingesetzt werden. Dafür konnten private 959-Treiber mit dem Wagen ungeahnte Geschwindigkeitsbereiche erleben.

Geld konnte Porsche mit dem Technologieträger trotz des vordergründig hohen Einstandspreises nicht verdienen. Im Forschungs- und Entwicklungszentrum in Weissach, das übrigens im Juni 1996 sein 25jähriges Bestehen feierte, wurden nur 284 Einheiten gebaut. Die aufwendige und teure Technik konnte bei dieser geringen Stückzahl nicht vollständig finanziert werden, trotzdem wurde nicht gespart. Kompromißlos wandten die Ingenieure die Erkenntnisse aus dem Rennsport an. Das waren auf dem Motorensektor die wassergekühlten Vierventilköpfe auf luftgekühlten Zylindern (diese Mischkühlung stammte vom Rennmotor 956/962), polierte Titanpleuel, die geschmiedete Kurbelwelle aus Chrommolybdänstahl, hydraulischer Ventilspielausgleich und zwei Abgas-Turbolader, die nacheinander – bei zunehmender Belastung – einsetzen. Diese sehr komplizierte Turbolösung nennt Porsche „Registeraufladung". Dabei arbeitet der Motor im unteren Drehzahlbereich mit nur einem relativ kleinen Lader, der sehr schnell anspricht. Kann dieser Lader den gewünschten Druck nicht mehr liefern, wird über ein Zuschaltventil bei rund 4300/min der zweite, rechts angeordnete Lader hinzugeschaltet. Dieser verfügt dann bereits über die entsprechende Drehzahl, da ihn zuvor schon ein Teil der Abgase durchströmt. Die Arbeitsweise der Registeraufladung ist mit dem Start des zweiten Läufers bei einem Staffellauf zu vergleichen.
Beide Turbolader werden im Bereich ihrer Wellenlagerung wassergekühlt und entsprechen dem Baumuster des Vierzylinders 944 Turbo. Registergeladene Motoren verhindern durch das schnelle Ansprechen des ersten Laders und das zusätzliche Einsetzen des zweiten das bekannte „Turboloch" früherer Triebwerke. Den von den einen gefürchteten und den anderen geliebten Turboschub vermittelt der 959 aber mit einer derartigen Vehemenz, daß es den Passagieren besonders in den unteren drei Gängen fast die Luft nimmt.
Der aus dem Gruppe-B-Reglement resultierende kleine Hubraum (2,85 Liter) ließ bei der Straßenversion eine Leistung von 331 kW (450 PS) bei 6500/min zu. Dies entspricht einer sonst Wettbewerbsautos vorbehaltenen Literleistung von 116 kW (158 PS). Das gewaltige Drehmomentmaximum von 500 Nm stellte sich bei 5500/min ein. Die höchste Betriebsdrehzahl lag bei 7600/min Damit lieferte der Porsche 959 eine Fahrdynamik und ein Beschleunigungsvermögen, das Vergleiche im Rennsport suchen muß: null bis 100 km/h in 3,9 Se-

S JD 5604

Technik pur: Das aufgeladene Triebwerk mobilisierte aus 2,85 Liter Hubraum satte 450 PS. Mit 158 PS pro Liter Hubraum hatte der 959 die höchste spezifische Leistung, die in einem Serienauto damals verwirklicht wurde.

kunden, null bis 200 km/h in 14,3 Sekunden und eine Höchstgeschwindigkeit von mehr als 315 Kilometern pro Stunde.

Der Rumpfmotor Typ 959 ist abgeleitet vom bis dahin schon in über 300 000 Exemplaren gebauten Sechszylinder-911-Aggregat. Seine Merkmale sind: zweiteiliges Druckguß-Kurbelgehäuse aus Aluminium der Legierung CD Al Si 8 Cu 3; geschmiedete Stahl-Kurbelwelle (31 Cro Mo V 9), gasnitriert und siebenfach gelagert; geschmiedete Titan-Pleuel (TL 6410), vollpoliert; Dreistoff-Pleuellager (Bundlager); geschmiedete Leichtmetallkolben; Kolbenbolzenlagerung im Pleuel mit eingepreßten Kupfer-Nickel-Silizium-Büchsen. Dabei sind die Kolbenbolzen im Kolben schwimmend ausgelegt; Kolbenringe: jeweils zwei Verdichtungsringe, ein Ölabstreifring; sechs Leichtmetallzylinder mit Nikasilschicht, luftgekühlt; Vierventil-Zylinderkopf, wassergekühlt, einteilig pro Motorseite; Ventilsitzringe gesintert und vergütet, Ventilführungen aus Messing, eingepreßt, und Nockenwellenantrieb durch Doppelkette sowie natriumgefüllte Auslaßventile.

An der Motorrückseite wird ein Sechsgang-Getriebe angeflanscht. Im Bild ist die Einscheiben-Trockenkupplung zu sehen.

Wie beim Gruppe-C-Rennfahrzeug vom Typ 956 wird beim Porsche 959 zur elektronischen Steuerung von Einspritzung und Zündung eine druckgesteuerte Bosch-Motronic verwendet. Der Druck nach der Drosselklappe wird als Signal verwendet und mit der Ladelufttemperatur korrigiert. Der Druck wird durch einen elektrischen Geber erfaßt. Im Gegensatz zu Systemen, die mit Luftmeßklappen oder Hitzdrähten arbeiten, gibt es bei Druckmessung keinen Leistungsverlust durch Drosselung.
Das System mit Druckmessung setzt voraus, daß Druckveränderungen infolge mechanischer Einflüsse kleingehalten werden. Einen wesentlichen Beitrag liefert dazu der hydraulische Ventilspielausgleich. Die Transistorzündung mit Schließzeitsteuerung arbeitet mit einem Zündspannungsangebot von maximal 30 kV. Wegen der vier großen Ventile je Zylinder werden Zündkerzen mit zwölf Millimeter Durchmesser statt wie üblich 14 Millimeter verwendet. Die Zündkerzen haben Silber- oder Platinelektroden.
Neu bei der Porsche-Ladedruckregelung sind die speziell für Registeraufladung entwickelten Funktionen. Das Lade-

Teuer, aber gut: Wassergekühlte Vierventilköpfe wurden auf luftgekühlte Zylinder montiert. Dieses Prinzip der Mischkühlung stammte vom Rennmotor der Typen 956/962.

drucksteuergerät erhält als Signale Drehzahl, Drosselklappenwinkel und Druck hinter der Drosselklappe.
Das Prinzip der Registeraufladung nochmals technisch: Im Einladerbetrieb wird über ein Taktventil der Steuerdruck des Turbinenzuschaltventils moduliert und damit der Ladedruck des ersten Laders und gleichzeitig das Hochlaufen des zweiten Laders geregelt. Bei genügender Abgasenergie wird die Turbine des zweiten Laders drehzahlabhängig zugeschaltet. Der Verdichter schaltet sich druckabhängig über das Verdichterzuschaltventil zu.
Im Zweiladerbetrieb regelt das Bypassventil, angesteuert durch ein Taktventil, den Ladedruck. Der absolute Ladedruck unterhalb der Zuschaltdrehzahl des zweiten Laders liegt bei zwei bar, oberhalb der Zuschaltdrehzahl von ca. 4300/min bei 1,9 bar. Das ergibt ein effektives Verdichtungsverhältnis von rund 13,5 bei über 5500/min.
Der Motor des Porsche 959 wird wie der Rennmotor des Typs 956 durch ein kombiniertes Wasser-/Luftsystem gekühlt. Die Zylinder werden luftgekühlt. Gebläserad und Lichtmaschine sind koaxial angeordnet, sie werden aber

Beide Turbolader werden im Bereich ihrer Wellenlagerung wassergekühlt und entsprechen dem Baumuster im Modell 944 Turbo. Registeraufgeladene Motoren verhindern durch das schnelle Ansprechen des ersten Laders und das belastungsabhängige Einsetzen des zweiten Laders das „Turboloch".

mit unterschiedlicher Drehzahl angetrieben. Wie im 956 wird die Funktion des Gebläses über den Gebläsestaudruck dynamisch überwacht. Zu niedriger Druck wird sofort optisch und akustisch angezeigt.

Wegen der besonders hohen thermischen Belastung und der schwierigen Platzverhältnisse bei Vierventiltechnik wird der Zylinderkopf wassergekühlt. Parallelgeschaltete Wasserkreisläufe kühlen die beiden Turbolader. Beim heiß abgestellten Motor besorgt die Thermosiphonwirkung eine wirkungsvolle Kühlung der Lader. Kühlluft zur Ladeluftkühlung tritt über besonders gestaltete Ein- und Auslaßöffnungen in den hinteren Kotflügeln ein. Die Ladeluftkühler tauschen die Wärme direkt von Luft zu Luft.

Die Schmiermittelversorgung im Porsche 959 entstand aus den Sporterfahrungen heraus. Sie ist ohne Rücksicht auf den Bauaufwand konzipiert. Es handelt sich um eine Trockensumpfschmierung mit separatem Öldruckbehälter, um auch bei hohen Beschleunigungen und Verzögerungen quer und längs die Versorgung zu sichern. Zahlreiche Absaugstellen vermeiden Pantschverluste und Schäumen.

Spoilerkunde: Das heute noch modern wirkende Flügelwerk war aus aramid- und glasfaserverstärktem Kunststoff gefertigt. Darunter das aufwendigste Porsche-Triebwerk, das jemals für die Straße gebaut wurde.

Einer von 288 Stück: Der 959 war für Porsche ein Leistungsbeweis. Er verkörpert alle technischen Raffinessen, die damals machbar waren.

Fünf Absaugpumpen mit sieben Absaugstellen tragen dazu bei. Zwei Ölkühler im Fahrzeugbug rechts und links gewährleisten die Temperierung der Schmierstoffe, die Kolben selbst sind auf Spritzschmierung ausgerichtet. Öldruck und Ölstand werden dynamisch überwacht und sind mit einem akustischen und optischen Warnsystem ausgestattet. Die drehzahl- und temperaturabhängigen Istwerte werden dabei laufend mit den Sollwerten verglichen.

Der 959 stieß in Grenzbereiche vor, die bis dato Rennfahrzeugen vorbehalten waren. Einige dieser technischen Highlights wurden später dann modifiziert in den Serienfahrzeugen umgesetzt: zum Beispiel das Biturbo-Triebwerk. Von der relativ aufwendigen Mischkühlung kam Porsche allerdings wieder ab. Die Carrera-Motoren ab 1997 sind rein wassergekühlt.

Evolutions-Lehre

Das Automobil ist über ein volles Jahrhundert alt. Der Porsche 911 hat mit seinen 33 Produktionsjahren bereits nahezu ein Drittel dieses Zeitraums überdauert und bis heute nichts von seiner Attraktivität verloren. Dies ist ein Phänomen, wenn man an die vielen technologischen Neuerungen denkt, die in den vergangenen drei Jahrzehnten in der Automobilentwicklung stattgefunden haben.

Beeindruckend ist die Geschichte des Sechszylinder-911-Boxermotors allemal. Er überdauerte alle Stationen des technologischen Wandels mit Bravour und stellt heute noch immer ein modernes Triebwerk nicht nur im Serienfahrzeug, sondern auch im Rennwagen dar.
Die vielen Rennsport-Varianten des 911-Motors besaßen niemals ausgesprochene Sprinterqualitäten, wie sie beispielsweise ein Formel-1-Motor aufweist. Vielmehr lag die Stärke dieser Motoren in ihrer Vielseitigkeit und in einer sprichwörtlichen Zuverlässigkeit. Diese Eigenschaften machten die 911-Rennmotoren zu idealen Triebwerken für den Breitensport und für Langstreckenrennen.
Die über 30jährige Geschichte der 911-Rennmotoren läßt sich in drei Kapitel unterschiedlicher Technologien aufteilen: Die Ära der Saugmotoren begann im Jahr 1963. Sie wurde vom Zeitalter der Abgasturbo-Aufladung im Jahr 1974 abgelöst. Mit Turbo- und Vierventil-Technik, der Wasserkühlung und der Elektronik für die Motorsteuerung, begann 1978 schließlich die „High-Tech"-Ära der 911-Rennmotoren. Diese Entwicklung gipfelte im Rennwagen 911 GT 1, der für den Langstreckenklassiker »Le Mans« 1996 entwickelt wurde. Aus 3,2 Liter Hubraum schöpft der Bolide durch zwei Abgasturbolader über 600 PS.

Die Entstehung der Rennversion

Bereits im Jahre 1959 wurde ein Auftrag für die Entwicklung eines luftgekühlten Sechszylinder-Boxermotors erteilt, der den vom VW-Käfermotor abgeleiteten Vierzylinder-Boxermotor des Typs 356 ablösen sollte.
Dieser erste Vorläufer des 911-Motors, der Typ 745, lief 1962 auf dem Motorprüfstand. Er wies bereits die gleichen Abmessungen in Hub und Bohrung auf wie der spätere 911-Motor. Der Typ 745 besaß keine obenliegenden Nockenwellen, sondern Stößelstangen für die Ventilbetätigung. Die Nockenwellen waren im Kurbelgehäuse untergebracht, und zwar oberhalb der Kurbelwelle für die Einlaßventile und unterhalb der Kurbelwelle für die Auslaßventile. Ein weiterer Nachteil wurde in der Tatsache gesehen, daß die Kurbelwelle dieses Motors nicht voll gelagert war. Seine Entwicklung wurde jedoch bald eingestellt, da seine Konzeption für den Einsatz im Rennsport nicht geeignet erschien.
So wurde der Typ 745 von einem Motor mit obenliegenden Nockenwellen und mit einer vollgelagerten Kurbelwelle abgelöst. Dieser Motor, der intern als Typ 821 bezeich-

Für die Gruppe 4 im Forschungs- und Entwicklungszentrum in Weissach entwickelt: Turbo-Triebwerk des Typs 934 für den Kunden-Motorsport.

net wurde, lief Anfang des Jahres 1963 zum ersten Mal auf dem Prüfstand. Er besaß fast alle Konstruktionsmerkmale der späteren Serienversion – beispielsweise ein stehendes Horizontalgebläse (der Typ 745 hatte zwei) – bis auf ein Kriterium: er hatte einen Naßsumpf.
Erst die dritte Motorversion mit der Typenbezeichnung 901, nun auch noch mit der vorteilhaften Trockensumpfschmierung und damit mit allen Attributen eines Sportmotors ausgerüstet, wurde zur Weiterentwicklung für die Serie freigegeben.
In den Jahren 1963 und 1964 arbeitete ein Entwicklungsteam unter Ferdinand Piëch gleichzeitig sowohl am Serienmotor 901/01 als auch am Rennmotor 901/20. Dieser intensiven und effektiven Entwicklungsperiode verdanken die Sechszylinder-Triebwerke zu einem großen Teil ihre Zuverlässigkeit wie gleichermaßen ihre Renn-sporttauglichkeit. Beide Motorenversionen profitierten gegenseitig von ihren Entwicklungsresultaten.
Die Versuche konzentrierten sich auf den Kettenantrieb der Nockenwellen, den Ölkreislauf für die Trockensumpf-

Mit dem 911 Carrera RSR Turbo begann für das Boxer-Triebwerk 1973 eine neue Karriere. 2,1 Liter Hubraum genügten für fulminante Fahrleistungen.

schmierung und auf den Brennraum. Letzterer wurde mehrmals für den Rennmotor modifiziert und auf die Serienversion übertragen. Hierbei konnte auf Erfahrungen aus der Entwicklung des Achtzylinder-Rennmotors Typ 753/771 zurückgegriffen werden. Dieser luftgekühlte Boxermotor war in der gleichen Zeit wie die 901-Vorläufer zwischen 1959 und 1962 zunächst als 1,5-Liter-Formel-1-Motor, später als 2,0- und 2,2-Liter-Motor für die Europa-Bergmeisterschaft und für Langstreckenrennen entwickelt worden.
Die Hauptziele bei der Entwicklung der 901/20-Rennversion, die Steigerung der Leistung auf 210 bis 220 PS (154 bis 162 kW) und eine drastische Gewichtsreduktion, wurden im wesentlichen durch folgende Maßnahmen erreicht: Erhöhung der Verdichtung auf 10,5:1 (Serie: 9,0:1); Brennraum mit zwei Zündkerzen (Serie: eine Zündkerze); Vergrößerung der Ventile auf 45 Millimeter und 39 Millimeter (Serie: 39 Millimeter und 35 Millimeter); Vergrößerung der Kanäle auf 38 Millimeter (Serie: 32 Millimeter); geänderte Nockenwelle; Kolben geschmiedet (Serie: gegossen); Ventile hohlgebohrt und natriumgefüllt; neue Kipphebel, hartverchromt, ohne Einstellschraube; Chromal-Zylinder (Serie: Biral-Zylinder); Kurbelgehäuse sowie alle Gußteile mit Ausnahme der Zylinder, der Zylinderköpfe und der Nockenwellengehäuse sind in der Magnesiumlegierung RZ 5 (statt Aluminiumlegierung) gegossen; Pleuelstangen aus Titan (statt Stahl); Kurbel-

gehäuse- und Zylinderkopfschrauben aus Titan (statt Stahl) und Verwendung von Weber-Dreifachvergasern (Serie Solex-Vergaser).
Der Hub und die Bohrung blieben mit 66 Millimeter und 80 Millimeter für beide Zweiliter-Motoren gleich, unverändert auch die Kurbelwelle.
Der erste Serienmotor 901/01 hatte 130 PS (96 kW) bei einer Drehzahl von 6100/min und wog 184 Kilogramm. Für die erste Rennversion 901/20 wurden offiziell 210 PS (154 kW) bei 8000/min angegeben. Das Motorgewicht konnte auf 130 Kilogramm abgesenkt werden.
Im September 1964 begann die Serienproduktion des 901-Fahrzeugs, dessen Typbezeichnung noch im gleichen Jahr auf 911 geändert wurde. Acht Monate danach, im Mai 1965, erfolgte der erste Einsatz des 901/20-Rennmotors bei der „Targa Florio" in Sizilien in einem 904 Carrera GTS. Es folgten 1965 weitere Einsätze, beispielsweise auch beim 24-Stunden-Rennen in Le Mans. Intensiv erprobt, stand mit dem Motor 901/20 ein zuverlässiges Triebwerk für den Typ 906 bereit. Dieses offiziell Carrera 6 genannte Fahrzeug war in einer 50-Stück-Serie geplant und erhielt im Mai 1966 die Homologation als Seriensportwagen.

Hans Mezger: „Konzipiert wurde er als ziviles Alltags-Aggregat. Bald war er eine der erfolgreichsten Rennmaschinen überhaupt."

Als homologierter Seriensportwagen gewann ein Carrera 6 die Targa Florio im Mai 1966 und errang damit den ersten Gesamtsieg des Sechszylindermotors bei einem Weltmeisterschaftslauf. Bei diesem Rennen wurden zwei Carrera-6-Prototypenfahrzeuge mit einer Einspritzversion des Sechszylindermotors eingesetzt. Dieser Motor mit der Typenbezeichnung 901/21 besaß eine mechanische Sechsstempel-Einspritzpumpe und leistete 220 PS (162 kW) bei 8000/min. Versuchschef Ferdinand Piëch wollte jedes Jahr mit einem neuen Prototyp am Start stehen und bemängelte damals, daß Porsche immer nur Klassensiege errang.

Oliver Bienert fertigt in seinem achtköpfigen Betrieb bei Ingolstadt heute anerkannt zuverlässige Zweiliter-Triebwerke für den historischen Motorsport. Als besondere Dienstleistung bietet er Service auf Rennstrecken an.

Die Ära der Saugmotoren

Die 911-Saugmotor-Versionen waren ideale Triebwerke für den Breitensport. Sie wurden über ein Jahrzehnt hinweg weltweit bei unzähligen Langstreckenrennen und Rallyes mit großem Erfolg eingesetzt. Allein die Rallye Monte Carlo wurde in den Jahren 1968 bis 1970 dreimal hintereinander gewonnen. Ähnlich wie bei den 911-Serienmotoren wurde der Hubraum auch bei den Rennmotoren innerhalb eines Jahrzehnts von zwei Liter auf drei Liter angehoben. Hierbei hat sich die Nenndrehzahl mit 8000/min und die spezifische Leistung der verschiedenen Hubraumvarianten von 110 bis 115 PS/Liter (80 bis 85 kW/Liter) nie verändert.
Parallel zur Entwicklung der Sechszylinder-Rennmotoren wurde die Entwicklung der reinrassigen Rennmotoren vor-

Der abgebildete 906 startete 1967 beim 24-Stunden-Rennen von Le Mans in der Sportwagenklasse. Er wurde von einem 220 PS starken Sechszylinder befeuert.

Mit dem leistungsgesteigerten Sechszylinder-Motor des 911 rannte der 904 von Sieg zu Sieg. Alternativ wurde das Königswellen-gesteuerte Vierzylinder-Carrera-Triebwerk eingebaut.

angetrieben, die zwar bessere Sprinteigenschaften und eine höhere Leistung aufwiesen, aber nicht ganz die Zuverlässigkeit der 911-Rennmotoren erreichten. Mit dem luftgekühlten Zweiliter-Achtzylindermotor Typ 771, eingebaut in das moderne 910-Chassis, errang Porsche in den Jahren 1966, 1967 und 1968 den begehrten Titel der Europa-Bergmeisterschaft.

Im Jahr 1967 wurde eine Viernockenwellen-Variante des Sechszylindermotors entwickelt. Sie erhielt die Typenbezeichnung 916 und bildete den Prototyp einer geplanten Vier-, Sechs- und Achtzylinder-Serienfamilie.

Die Familienidee wurde aber bald wieder aufgegeben. Der 916-Motor hingegen bestritt einige Wettbewerbe, darunter die Rallye Korsika. Im gleichen Jahr wurde beschlossen, einen Motor für die Markenweltmeisterschaft, die für Dreiliter-Prototypen ausgeschrieben war, zu entwickeln. In einer relativ kurzen Zeit konnte ein neuer luftgekühlter Achtzylinder-Boxermotor realisiert werden, indem man den Sechszylindermotor 916 um zwei Zylinder „verlängerte". Der Dreiliter-Motor Typ 908 gilt als eine vom 911-Motor abgeleitete Variante. Sein Einsatz bei den Rennen der Markenweltmeisterschaft in den Jahren 1968, 1969 und 1970 zählt zu den Höhepunkten der Renngeschichte des Hauses Porsche. Mit dem 908-Rennwagen holte sich Porsche im Jahr 1969 seinen ersten Weltmeistertitel. Abgelöst wurde der Typ 908 vom Zwölfzylindermotor Typ 917, der von 1969 bis 1971 die Rennen der Markenweltmeisterschaft beherrschte und anschließend in den Jahren 1972 und 1973 in einer Turboversion bei den amerikanischen CanAm-Rennen dominierte.

Die Turbo-Motoren halten Einzug

Die neue Technologie der Abgasturboaufladung verhalf dem 911-Motor zu einem großartigen Comeback im Motorsport.

Bei der Entwicklung des 917 Turbo für die CanAm-Serie leistete Porsche Pionierarbeit. Vor allem konnte das zuvor unbefriedigende Ansprechverhalten der Turbomotoren so verbessert werden, daß ein Einsatz bei Rundstreckenrennen möglich wurde.

Die Erfolge des 917 CanAm-Turbo ermutigten Porsche zu der Entscheidung, ein Serienfahrzeug mit Abgasturboaufladung, den 911 Turbo, zu entwickeln. Beeinflußt wurde der Beschluß auch durch ein neues FISA-Reglement: Die Markenweltmeisterschaft wurde nicht mehr für Prototypen ausgeschrieben, sondern für sogenannte Produktions-Rennwagen.

Das neue Reglement war ursprünglich für das Jahr 1975 geplant, trat dann aber erst 1976 in Kraft. Die Produktion des Dreiliter-911 Turbo begann im Jahr 1975 und wird bis heute fortgesetzt, obwohl ursprünglich nur eine Mindestserie von 400 Fahrzeugen geplant war.

Meilenstein für den Rennsport und die Straße: Zweiliter-Sechszylinder-Boxer.

Um Rennerfahrungen sammeln zu können, wurde ein 911-Turbomotor bereits 1974 bei Langstreckenrennen eingesetzt. Nach den noch gültigen alten Vorschriften mußte das Carrera-Fahrzeug in der Prototypenklasse starten, wo das Hubraumvolumen des Turbomotors auf 2,14 Liter begrenzt war. Der Motor wurde 1974 in Le Mans eingesetzt, wo er bei einer Verdichtung von 6,5 : 1 eine Leistung von 490 PS (360 kW) bei 7600/min abgab. Zur Verbesserung der Kühlverhältnisse erhielt der Motor im Laufe der Saison ein horizontal angeordnetes Kühlluftgebläse.

Für das ab 1976 geltende neue Reglement hatte Porsche drei Fahrzeuge mit unterschiedlichen Turbo-Motoren vorbereitet:

• den Gruppe 5 „Produktions-Rennwagen" Typ 935. Er hatte bei 70,4 Millimeter Hub und 92,8 Millimeter Bohrung ein Hubvolumen von 2857 Kubikzentimetern. Mit nur einem Abgasturbolader ausgerüstet, betrug seine Leistung 590 PS (434 kW) bei 7900/min und einem Ladedruck von 1,4 bar Überdruck;

• für das Gruppe-4-Fahrzeug ließ das Reglement keine großen Veränderungen zu. Mit einem Hub von 70,4 Millimeter und einer Bohrung von 95 Millimetern besaß der Motor die gleichen Abmessungen wie das Serienfahrzeug 911 Turbo mit einem Hubraum von 2994 Kubikzentimeter. Die Verdichtung betrug 6,5 : 1, und der Motor gab mit einem Ladedruck von 1,4 bar eine Leistung von 485 PS (357 kW) bei 7000/min ab. Beim 934-Motor wurde das Einspritzsystem „K-Jetronic" aus der 911-Serie übernommen, während der 935-Motor eine mechanische Stempelpumpe besaß;

• überraschend wurde neben der Markenweltmeisterschaft 1976 für Produktionsrennwagen auch eine Sportwagenweltmeisterschaft für zweisitzige Rennwagen ausgeschrieben, deren Motoren maximal drei Liter Hubraum, beziehungsweise 2,14 Liter Hubraum bei Aufladung aufweisen durften. In kurzer Zeit entwickelte man den zweisitzigen Rennwagen Typ 936. Sein Sechszylinder-Motor mit einem Hub von 66 Millimetern und einer Bohrung von 83

Power für historische Rallyes: Das abgebildete Zweiliter-Triebwerk mobilisiert rund 180 PS.

Millimetern leistete 520 PS (382 kW) bei 8000/min und einem Ladedruck von 1,2 bar.
Porsche gewann im Jahr 1976 mit dem Typ 935 die Produktionsweltmeisterchaft und mit dem Typ 936 auch die Sportwagenweltmeisterschaft. Außerdem siegte im Jahr 1976 mit dem Typ 936 zum ersten Mal ein Fahrzeug mit Turbo-Motor bei den 24 Stunden von Le Mans. Ein Typ 936 gewann auch im Jahr 1977 das Rennen von Le Mans. Der Motor hatte zwei kleine Abgasturbolader statt eines großen. Die Leistung der Le Mans-Version 1977 betrug 540 PS (397 kW) bei 1,3 bar Ladedruck. Beim Siegerfahrzeug trat 45 Minuten vor Schluß des Rennens ein Kolbenschaden auf. Der Vorsprung war aber bereits so groß, daß der Sieg quasi „errechnet" werden konnte. Erst etwa zehn Minuten vor Schluß des Rennens verließ der Wagen die Boxen und fuhr schließlich als Sieger – mit stillgelegtem Zylinder 3 – über die Ziellinie.
Nach diesem dramatisch verlaufenen Le Mans-Rennen wurde eine Weiterentwicklung für die Turbomotoren 935 und 936 beschlossen. Da eine weitere Leistungssteigerung vor allem thermische Schwierigkeiten erwarten ließ, entschied man sich für ein wassergekühltes Vierventil-Konzept. Weil die luftgekühlten Einzelzylinder des Sechszylindermotors laut Reglement beibehalten werden mußten, erhielt die neue Motorvariante ebenfalls Einzelzylinderköpfe wie der Typ 911, allerdings nicht mehr luftgekühlt mit zwei Ventilen, sondern nunmehr wassergekühlt mit vier Ventilen.
Die vom Reglement aufgezwungene Konstruktion einer kombinierten Wasser-/Luftkühlung erschien zunächst kompliziert. Aber sie hatte einen großen Vorteil: es war möglich, Zylinderkopf und Zylinder miteinander zu verschweißen, so daß auf das kritische Bauteil der Zylinderkopfdichtung ganz verzichtet werden konnte.
Die vier Nockenwellen der neuen „High-Tech"-Motorengeneration wurden nicht mehr mit Ketten sondern mit Zahnrädern angetrieben. Für die luftgekühlten Zylinder mußte ein Kühlgebläse – mit allerdings deutlich verringerter Leistung – beibehalten werden. Die kritische Temperatur an den Zylindern ging um 90 Grad Celsius zurück, obwohl weiterhin mit Luft gekühlt wurde.
Zur Verwendung im Typ 935 entwickelte man für die Rennsaison 1978 eine 2,8-Liter- und eine 3,2-Liter-Version. Die letztere Version – eingebaut in den „Moby Dick" genannten Produktions-Rennwagen – leistete über 800 PS (588 kW). Für den Sportwagen Typ 936 wurde eine neue 2,1-Liter-Variante entwickelt, bei der die Bohrung von 83 Millimeter auf 87 Millimeter erhöht und der Hub von 66 Millimeter auf 60 Millimeter gesenkt wurde. Im Le Mans-Fahrzeug 1978 leistete der Motor 600 PS (440 kW) und verhalf dem Porsche 936 mit einer Rundenzeit von drei Minuten und 27,5 Sekunden zur Pole Position. Das Fahrzeug schied jedoch im Rennen wegen eines Unfalls aus.
Im Dezember 1979 gab Porsche in einer Pressemitteilung bekannt, daß man beim 500-Meilen-Rennen von Indianapolis 1980 an den Start gehen werde. Geplant war der Einsatz eines Porsche-Indy-Motors in einem Chassis des amerikanischen Interscope-Teams.
Bereits Ende 1978 begann die Entwicklung für das Indy-Projekt. Das Reglement schrieb für aufgeladene Rennmotoren einen maximalen Hubraum von 2650 Kubikzentimeter vor, und man hielt den neuen wassergekühlten Sechszylinder-Motor mit seiner modernen Vierventil-Brennraumkonstruktion für gut geeignet. Die 2,65-Liter-Indy-Version hatte einen Hub von 66 Millimeter und eine Bohrung von 92,3 Millimeter. Der im Reglement vorgeschriebene Kraftstoff Methanol ließ eine Verdichtung von 9,5:1 zu. Aufgrund der Kühlwirkung des Methanols konnte beim Indy-Motor die Luftkühlung der Zylinder entfallen. Der Indy-Sechszylindermotor war die einzige vom 911-Motor abgeleitete Rennversion, mit der eine Nenndrehzahl von über 9000/min gefahren wurde. Außerdem wurde auch die höchste spezifische Leistung erzielt: auf dem Motorprüfstand wurden 904 PS (665 kW) mit einem allerdings erhöhten Ladedruck gemessen. Der Indy-Motor hatte eine vollelektronische Motorsteuerung für Einspritzung und Zündung.
Wegen reglementbedingter Probleme mußte Porsche das Indy-Projekt im März 1980 stoppen.
Für das Jahr 1982 hatte die FISA ein neues, außerge-

Der 911 GT 1 (rechts) war zunächst ein reinrassiger Rennwagen. Er wurde für den Gesamtsieg in Le Mans gebaut. Die kleine Stückzahl mit Straßenzulassung wird mit dem 554 PS starken Turbo-Triebwerk für 1,5 Millionen Mark angeboten. Den GT 2 gab es ebenfalls als Straßen- und Rennversion (im Bild unten).

wöhnliches Reglement für die Markenweltmeisterschaft angekündigt. Es enthielt keinerlei Vorschriften für die Konstruktion des Motors, sondern limitierte ausschließlich den Kraftstoffverbrauch. Da die Veranstalter des Le Mans-Rennens schon 1981 nach dem neuen Reglement gebaute Gruppe-C-Rennwagen zuließen, entschied man sich im März 1981 für eine Teilnahme von zwei 936-Fahrzeugen. Die noch vorhandenen Indy-Motoren sollten hierzu verwendet werden und auf Benzinbetrieb zurückgebaut werden.

Wie erwartet, gab der 2,65-Liter-Motor bei seinem ersten Lauf auf dem Prüfstand eine Leistung von 740 PS (545 kW) ab. Mit Rücksicht auf die Beanspruchung des Getriebes, vor allem aber im Hinblick auf die zukünftige Verbrauchsformel für Gruppe-C-Wagen, wurde die Motorleistung um etwa 100 PS (74 kW) durch Absenken der Motordrehzahl, durch Reduzierung des Ladedrucks sowie mit gezielten Maßnahmen im Gaswechsel herabgesetzt.

Die in Le Mans 1981 in den 936-Typen verwendeten Motoren hatten folgende Spezifikationen: Luft-/Wassergekühlter Sechszylinder-Boxer-Motor mit Abgasturboaufladung; Bohrung 92,3 Millimeter, Hub 66 Millimeter; Hubvolumen 2649,65 Kubikzentimeter nach Turbofaktor 1,4 : 3709,5 Kubikzentimeter; Verdichtungsverhältnis 7,0 : 1; Ventilwinkel Einlaß 14 Grad – Auslaß 16 Grad; Ventilhub Einlaß zehn Millimeter – Auslaß zehn Millimeter; Motorleistung 635 PS (467 kW) bei Drehzahl 8000/min und Ladedruck 1,3 bar.

Das Siegerfahrzeug hatte einen durchschnittlichen Kraftstoffverbrauch von 51,6 Litern auf 100 Kilometer, was ziemlich genau den Erwartungen entsprach. Die ab 1982 gültige Verbrauchsformel ließ einen Wert von ungefähr 55 Liter pro 100 Kilometer zu.

Porsche entwickelte für das Gruppe-C-Reglement ein komplett neues Fahrzeug, den Typ 956. Der ab 1982 verwendete Motor entsprach im wesentlichen der Le-Mans-Version 1981, die wie beschrieben aus Teilen des Indy-Motors gebaut worden war. Im Jahr 1987 wurden die Gruppe-C-Motoren auf reine Wasserkühlung umgestellt. Außerdem wurde das Hubvolumen auf drei Liter erhöht. Hub und Bohrung betrugen 74,4 Millimeter und 95 Millimeter. Die Porsche Gruppe-C-Fahrzeuge gewannen in den Jahren 1982 bis 1986 fünfmal hintereinander die Langstrecken-Weltmeisterschaft.

Die spätere Entwicklung des Hauses Porsche, der Typ 959, verfügt über einen „zivilisierten" Gruppe-C-Motor und damit ebenfalls über eine vom 911-Motor abgeleitete Variante. Der 2,85-Liter-Motor, mit 67 Millimeter Hub und 95 Millimeter Bohrung, leistet in der Straßenversion 450 PS (331 kW) bei 6500/min und einer Verdichtung von 8,5 : 1. Er hat zwei Abgasturbolader in Registeranordnung.

Wie der erste Gruppe-C-Motor besitzt der Motor Typ 959 eine Wasserkühlung für die Zylinderköpfe und Luftkühlung für die Zylinder. Allerdings werden keine Einzelzylinderköpfe, sondern für jede Zylinderreihe des Boxermotors ein Dreifach-Zylinderkopf verwendet. Die vier Nockenwellen sind kettengetrieben.

Bereits am Le-Mans-Rennen 1986 nahm eine Rennversion des Typs 959 mit einem leistungsgesteigerten Motor teil. Nahezu identisch mit der 959-„Straßenversion" gab der Motor 680 PS (500 kW) bei 7500/min ab. Die vom Serienmotor 99 abgeleitete, und im Jahr 1978 erstmals eingesetzte Motorengeneration sollte wiederum fast zwei Jahrzehnte lang in der Rennszene mit Erfolgen glänzen.

In den Jahren 1996 und 1997 verhalf der Porsche-Sechszylinder-Boxermotor beim härtesten Rennen der Welt, den „24 Stunden von Le Mans", einem Sportwagen zum Sieg. Er unterstrich damit noch einmal all das, was ihn zur Legende werden ließ.

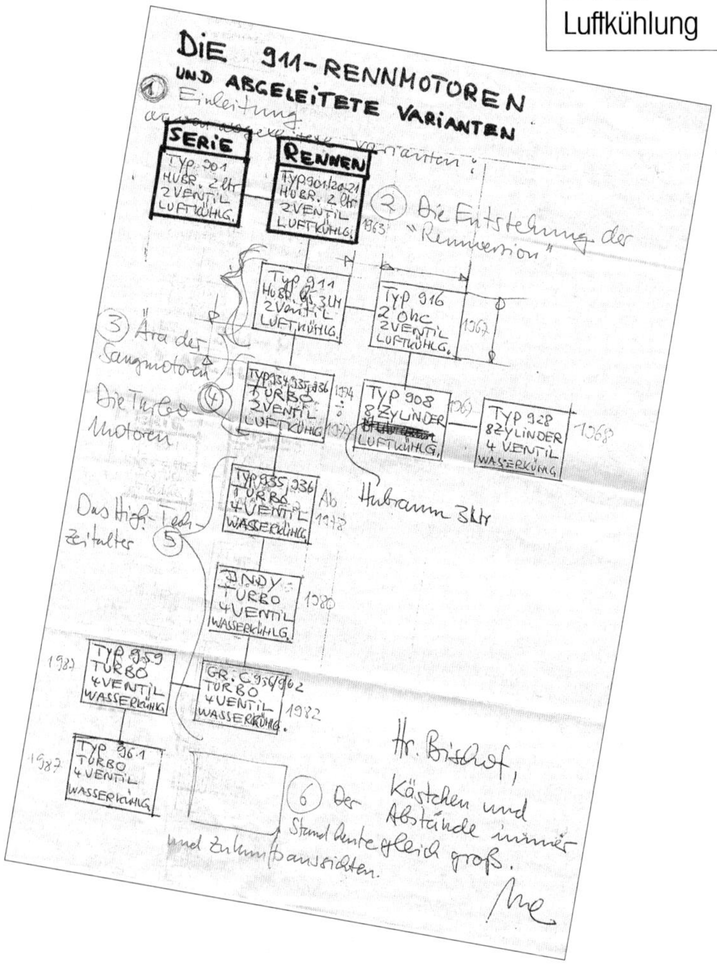

Originalaufzeichnungen des 911er-Rennmotoren-Stammbaums.

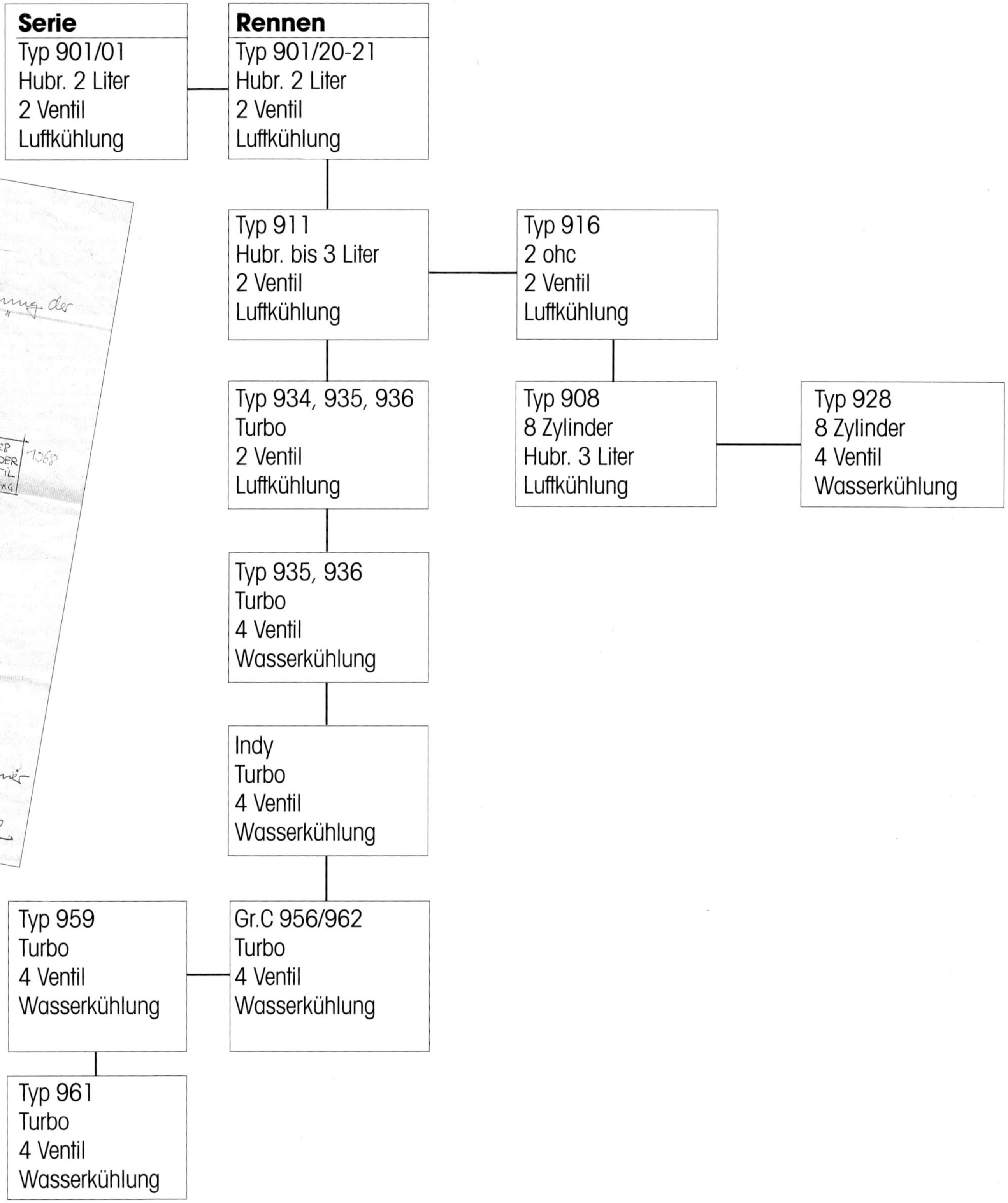

Was für Porsche das Beste ist, ist für Sie gerade richtig:

Mobil 1
0W-40

Nirgends auf der Welt sind die Ansprüche an das Motorenöl höher als im Motorsport. Porsche hat sich für Mobil 1 entschieden. Der vollsynthetische Hochleistungsschmierstoff bietet schnelle Durchölung, außergewöhnliche Leistungsreserven, hervorragenden Motorschutz – auch unter extremen Fahrbedingungen – und deutliche Kraftstoffeinsparungen. Diese Vorzüge stellt Porsche allen Kunden von Anfang an zur Verfügung: Schon die Erstbefüllung erfolgt mit Mobil 1. Erfahren Sie den Unterschied.

Kommen Sie jetzt zum Ölwechsel in Ihre Fachwerkstatt.

Mobil 1®
Erfahren Sie den Unterschied

http://www.mobil1.de

Die Porsche-Akustikabteilung

Nichts ist zufällig

Die Kunst besteht nicht darin, einen Porsche leiser zu machen, sondern darin, einen typischen Porsche-Sound zu erhalten. Dieser komplexen Aufgabe trägt der Sportwagenhersteller mit einer eigenen Akustik-Abteilung Rechnung, die sich durch zahlreiche Eigen- und Kundenprojekte weltweit einen guten Ruf erworben hat.

Seit Mitte der sechziger Jahre verschärfen sich die zulässigen Geräusch-Grenzwerte von Kraftfahrzeugen kontinuierlich, hauptsächlich in der Schweiz und in den USA. Schon zwischen 1975 und 1990 wurde der höchste Lärmpegel eines Autos von 80 auf 75 Dezibil gedrückt. Das entsprach etwa einer Halbierung des Lärms. Heute darf die akustische Energie, die ein vorbeifahrender Kraftwagen abgibt, laut EU-Vorschrift nur noch rund 16 Prozent des Wertes von 1979 betragen.
Die Gesetzgeber machten damit das Leben für Hersteller charakteristischer Fahrzeuge, die nunmal auch gut klingen müssen, immer wieder schwer. Und Porsche hat mit dem 911 ein Fahrzeug im Programm, das vor allem über das subjektive Empfinden, über Emotionen verkauft wird. Bei dem Sportwagen des Jahrhunderts (Ergebnis einer Umfrage unter 15 international renommierten Auto Journalisten in der französischen Fachzeitschrift „Sport Auto") geht es dabei aber keinesfalls nur um das Einhalten gesetzlicher Vorschriften. Vielmehr haben die Zuffenhausener aus der Not eine Tugend gemacht und gründeten eine eigene Abteilung, die sich mit den neuen Anforderungen befaßt: die Entwicklung Gesamtfahrzeug-Akustik, kurz EGA.
Das breit gefächerte Leistungsspektrum dieser Abteilung ist dabei nicht allein auf die Automobiltechnik beschränkt. Porsche-Akustiker wenden ihr Know-how seit vielen Jahren auch in anderen Bereichen erfolgreich an. Ob es sich um Haushaltsgeräte, Außenbordmotoren, Mähdrescher oder um das Kerngeschäft, Automobile, handelt, ist zunächst einmal nebensächlich. Die Art und Größe der zu optimierenden Gegenstände beeinflussen im wesentlichen nur die Meßvorrichtungen und Prüfstände. Dabei stehen Aggregate-Schallräume, Gesamtfahrzeug-Schallräume, Komponentenprüfstände, eine ISO-Verkehrsgeräusch-Normmeßstrecke, Windkanäle und das Prüfgelände zur Verfügung. Doch Porsche bietet seinen Kunden nicht nur umfassende Analysen und Messungen an, sondern berät Entwickler auch im Vorfeld bei anstehenden Konzeptentscheidungen.
In der Akustik-Abteilung unter Leitung von Rolf von Sivers geht es immer um den guten Ton, und der Chef der 40köpfigen Akustiktruppe weiß ganz genau, was seine Kunden wünschen. Für das Eigenprojekt Porsche 911 bringt es von Sivers auf den Punkt: „Fahrlustgewinn im Porsche". Aufklärend fügt er hinzu: „Beim Außengeräusch haben die gesetzlichen Vorschriften Priorität - innen aber herrscht Tonfreiheit."
Was früher der schiere Klang war, mutierte zu einem Ton, der aus einer Gratwanderung zwischen Gesetz und Ge-

Jede Funktion wird im Labor ausgiebig getestet: Hinter dem typischen Sound eines 911-Motors steckt fundiertes Ingenieurswissen.

fühl hervorgeht. Dazu etablierte sich ein Spezialbegriff: „Sound Engineering" heißt das Zauberwort, das modernste Ingenieurleistung bedeutet, die keine alten Tugenden vergißt. Und den Porsche 911 kennzeichnet nunmal der Sound. Erstens von außen: Jedes Kind erkennt ihn allein an seinem charakteristischen Bellen. Zweitens von innen: Ein Genuß, der nur Fahrer und Beifahrer zuteil wird und der ein gutes Stück zum persönlichen Fahrspaß beiträgt.

Der Klang des Sechszylinder-Boxertriebwerks überträgt Werte, die seit den Pioniertagen des Rennsports mit dem Heckmotor-Sportwagen überlebt haben. Er trägt dazu bei, daß ihm Frauen und Männer seit drei Jahrzehnten die Treue halten.

Die Aufgaben, die das Porsche-Akustik-Team zu lösen hat, sind enorm. Die Techniker tragen Wesentliches zum fortwährenden Erfolg des 911 bei. Diese Verantwortung

Nächste Seite:
Charaktersache: Sowohl das 911 -Triebwerk als auch der V2 von Harley-Davidson erfreuen durch ihren Ton. Beide Triebwerke wurden in der Porsche-Akustikabteilung klangoptimiert.

HARLEY-DAVIDSON

schwebt als Mahnung wie ein Heiligenschein über dem Forschungsalltag der Abteilung.
Der erste Schlüssel zur Problemlösung im Fall 911 war die Erkenntnis, den Klang zunehmend auf den Fahrer auszurichten und die sensible Umgebung zu schonen. Der Fahrer soll die Bässe im Bauch spüren und das Rasseln mit den Ohren wahrnehmen können. Dabei spielen medizinische Erkenntnisse eine große Rolle. Ein Fahrgeräusch darf auch bei längerer Fahrdistanz nicht „nerven". Hingegen verringert das Hochdrehen des Motors die Akzeptanz des Geräusches nicht. Vielmehr erweckt es den Eindruck von Dynamik und wird häufig sogar als angenehm empfunden. So geriet der Porsche 911 (993) bei Drehzahlen ab 6.000/min zu einem unvergeßlichen Klangerlebnis, vor allem, wenn durch einen speziellen Sport-Luftfilter das Ansauggeräusch verstärkt wurde.
Hinter dem typischen Sound eines 911-Motors steckt zunächst einmal fundiertes Ingenieurswissen, kombiniert mit langjähriger Erfahrung und dem gewissen Gespür. Untermauert werden diese traditionellen Werte durch hochkomplizierte Meßverfahren auf unterschiedlichen Prüfständen. Dort wird zunächst einmal der Frage nachgegangen, was den Lärm verursacht. Dabei kommen verschiedene Teilschallquellen in Frage: der Motor, das Getriebe, der Antriebsstrang, Reifen sowie Abgas- und Ansauganlage. Diese setzen sich wiederum aus weiteren

Lautloser Versuchsträger: Dieser Porsche 928 ist beim Vorbeifahren kaum zu hören. Alle Fahrgeräusche werden eleminiert.

Einzelquellen zusammen. Haben die Ingenieure nähere Erkenntnisse gewonnen, werden Lösungsansätze analysiert. Wie können die Schwingungen unterbunden werden? Dabei kann sich dieser Ablauf mehrfach wiederholen. Ist nämlich erst einmal ein Lärmverursacher beseitigt, kann manchmal erst erkannt werden, daß eine weitere Baugruppe ebenfalls am Geräusch beteiligt ist. Um alle möglichen Teilschallquellen zu anlysieren, müssen im aufwendigsten Fall allein am Motor rund 1000 Bauteile untersucht werden.

Diese hochkomplexe Aufgabe wird von der Mannschaft um Peter Ehinger, Chef der Abteilungen „Verkehrsgeräusche und Aggregateakustik" gelöst. Insgesamt hat Rolf von Sivers sein Team in vier Bereiche eingeteilt. Die zweite Gruppe unter der Leitung von Karl Gregotsch ist für „Antriebsstrang und Schwingungsfestigkeit" zuständig. Die Spezialisten übertragen Erkenntnisse aus der Luft- und Raumfahrttechnik auf den Automobilbau. Eine falsche Verbindung kann nämlich durch den Weiterleitungseffekt des Schalls alle bisher eingeleiteten Maßnahmen zunichte machen. Deshalb wird eine komplette Einheit, bestehend aus Motor mit Ansaug- und Abgasanlage, Getriebe und Antriebswelle auf einen sogenannnten „elektrodynamischen Erreger" aufgespannt, um die Schwingungsfestigkeit zu testen. Der Elektropulser leitet dabei Schwingungen ein, wie sie im Fahrbetrieb auftreten. Zusätzlich wird die Abgasanlage auf bis zu 1000 Grad Celsius erhitzt - um ebenfalls Praxisnähe zu erzielen. Dieser Vorgang wird rund 80 Stunden lang wiederholt, was etwa 6000 Kilometer auf dem Prüfgelände entspricht.

Die dritte Abteilung, geleitet von Clemens Mutter, beschäftigt sich mit „Innengeräuschen und Fahrwerkakustik". Dabei sind die Innengeräusche vom Gesetzgeber nicht definiert. Somit können diese Werte ganz entsprechend den Kundenwünschen ausgerichtet werden. Die Arbeit dieser Abteilung beginnt also mit der Aufstellung eines Zielkatalogs, gestützt auf Erkenntnisse und Umfragen der Marketing-Abteilung.

Die Truppe unter Leitung von Jürgen Ochs beschäftigt sich mit „Karosserieakustik und Schwingungen". Hier werden durch Schüttel-Versuche Klappergeräusche ermittelt und bereits in der Prototypen-Phase ein mögliches Zittern des Wagens beim Fahren ermittelt.

Das Aufgabengebiet der Akustiker ist so vielfältig wie in kaum einer Abteilung des Forschungs- und Entwicklungszentrums in Weissach bei Stuttgart. Manchmal geht es „lediglich" um Geräuschdämmung, die mit Matten erzielt werden kann. Komplizierter wird es, wenn Verdeckantriebe oder Sitzstellmotoren leiser werden sollen. Hochwissenschaftlich wird es dann, wenn beim Auslösen von Airbags Hörschäden vermieden werden müssen. Die Akustiger werden oftmals schon frühzeitig in Forschungsaufträge miteinbezogen. Nicht nur bei Problemlösungsfindungen für die eigenen Fahrzeuge, auch für Fremdaufträge, die bereits rund 50 Prozent des Gesamtvolumens ausmachen. Natürlich sind die Aufgaben dabei wiederum vielfältig und nicht immer so spannend wie beispielsweise bei dem Harley-Davidson-Projekt. Dem Hubraumriesen aus Milwaukee wollten die Gesetzgeber ebenfalls das Stampfen abgewöhnen. Das ließen die Porsche-Ingenieure nur teilweise zu.

Der Trend ist jedenfalls nicht zu bremsen: Fahrzeuge müssen immer leiser werden. Dadurch werden Sound-Designer immer gefragter. Sie werden künftig noch mehr auf den guten Ton achten müssen - wenn oftmals auch nur für das Fahrzeuginnere.

Forschung sichtbar gemacht: Aufgrund der besseren Platzverhältnisse rüstete Porsche einen 928 zum Akustik-Labor aus. Die gewonnenen Erkenntnisse werden auf den 911 übertragen.

Der Sechszylinder-Boxermotor eignete sich nicht nur für die Straße

Abenteuer Flugmotor

Kompakte Abmessungen, geringes Gewicht, hohe Leistungsabgabe und absolute Zuverlässigkeit sind die geforderten Kriterien für Flugmotoren. Der luftgekühlte Sechszylinder-Boxermotor von Porsche bietet hierfür die idealen Voraussetzungen.

Der luftgekühlte Boxer mußte für den Flugbetrieb im Detail überarbeitet werden. Im Bild der Typ PFM 3200 von 1986.

Bei Porsche entstand Mitte der achziger Jahre auf Basis des luftgekühlten Sechszylinder-Boxertriebwerks ein Motor, der Maßstäbe setzte. Folgende Merkmale zeichneten ihn aus: Ein doppeltes Zündsystem, aus Sicherheitsgründen unabhängig voneinander arbeitend, die dazugehörende doppelte Stromversorgung über zwei Lichtmaschinen und die Verwendung von Stirnrädern anstelle der Ketten für den Nockenwellenantrieb. Auch der Einsatz der Stirnräder erfolgte aus Sicherheitsgründen, da eine nachlassende Kettenspannung immer ein Grundrisiko darstellt. Die hohe Leistungsentfaltung erlaubt die Verwendung eines großen, dreiflügeligen Propellers, die hohe Motordrehzahl machte allerdings ein Herabsetzen der Propellerdrehzahl über ein Reduziergetriebe erforderlich. So entstand ein Flugmotor, der durch die Verwendung eines Schalldämpfers nicht nur erheblich leiser arbeitete als alle Konkurrenten, sondern auch erheblich weniger Kraftstoff verbrauchte. Die Verwendung von normalem Auto-Super-Kraftstoff war bei leicht reduzierter Leistung möglich. Bei der Turboversion wurde zum Erreichen großer Flughöhen der Ladedruck nachgeregelt und damit die Leistung auf demselben Niveau gehalten. Die lange Lebensdauer von Sportflugzeugen und die daraus resultierende mäßige Nachfrage nach neuen Flugzeugen grenzte jedoch die Absatzchancen für diesen idealen Flugmotor so stark ein, daß das Projekt aufgegeben werden mußte. Bei den geringen zu erwartenden Stückzahlen wäre der Porsche-Flugmotor schlichtweg zu teuer geworden.

Technische Daten

Triebwerk
Sechszylinder-Boxer, achtfach gelagerte Kurbelwelle, Kurbelgehäuse, Einzelzylinder und Einzelzylinderköpfe aus Leichtmetall, zwei obenliegende Nockenwellen, Gebläsekühlung, Trockensumpf-Schmierung, Hauptstromölfilter, Ölkühler mit Thermostat, Öltank

Hub/Bohrung
74,4 Millimeter / 95 Millimeter

Hubraum
3164 Kubikzentimeter

Verdichtungverhältnis
9,2 : 1 N 01; 10,5 : 1 N 03; 8,5 : 1 T 03

Kraftstoffeinspritzung
K-Jetronic, automatische Gemischkorrektur für „best power" und „best economy" in allen Höhen, zwei elektrische Kraftstoffpumpen

Zündung
Zwei Zündanlagen, elektronische Steuerung und Auslösung

Stromversorgung
Zwei Generatoren, mechanisch voneinander unabhängig angetrieben, 24 V, 35 V, 55 V oder 70 A

Geräteträger
Für zwei Vakuumpumpen, Hydraulikpumpe, Propellerregler

Leistungssteuerung
Einhebelbedienung auf Drosselklappe und Propellerregler wirkend

Propellergetriebe
Magnesiumgehäuse, zweiteilig, schrägverzahnte Stirnräder, Drehschwingungsdämpfer zwischen Kurbelwelle und Getriebe, rechts- oder linksdrehend

Übersetzungsverhältnis
0,442 : 1

Kraftstoff
AVGAS 100 LL oder MOGAS DIN 51600 S; Super-Kraftstoff bei Leistungsreduzierung möglich

Schmierstoff
SAE-Klassen 10-20 W / 30-50 API Klassifikation SF/CC, SF/CD

Leistungen (ISAOm)

	PFM 3200	N 01	N 03
Start	PS(kW)	212(156)	220(162) bei 5300/min
Max. Dauerleistung	PS(kW)	212(156)	220(162) bei 5300/min
Max. Sparleistung	PS(kW)	170(125)	176(129) bei 5000/min

Systemgewicht, trocken
Rund 200 Kilogramm inklusive Einspritzung, Zündanlage, Abgasanlage, Ölkühler und Öltank

Abmessungen (Länge:Breite:Höhe)
Rund 950 Millimeter : 850 Millimeter : 605 Millimeter (ohne Abgasanlage)

Abgasanlage
Abgasrohre (Abgaskollektor), Schalldämpfer und Heizluft-Wärmetauscher

Aus dieser Perspektive ist die Turbo-Technik des Sechszylinder-Flugmotors deutlich zu sehen (oben). Turbo-Power für die Luft und die Straße: Der 959 bot in den achtziger Jahren so überzeugende Fahrleistungen, daß die Floskel „Nur fliegen ist schöner" nicht für jedermann zutraf.

D-EAFE
D-EAFE

Wasser statt Luft

Der neue 911 (996) hat wieder einen Boxer-Motor, in dem alles drinsteckt, was die Ingenieure in über 30 Jahren mit dem luftgekühlten Aggregat gelernt haben. Und sie haben wieder auf etwas geachtet, was sich beim 911 bis heute bezahlt machte. Sie haben ein Triebwerk mit viel Entwicklungspotential geschaffen.

Nicht nur Kritiker werden sofort fragen: Hat der Wassermantel den geliebten Klang ertränkt? Nein, zumindest nicht ganz. Auch der neue 911 hat einen Sound, einen anderen eben. Also werden wir an dieser Stelle nicht in das große Wehklagen der Branche einstimmen. Zweifellos ist die Totalrenovierung des Elfers der gewagteste Schritt in der Geschichte dieses Sportwagens, zumal der 911-Kult keinesfalls auf objektiven Verbesserungen resultiert. Vielmehr führten stets vorwiegend irrationale Gründe zu seinem Kauf.

Beim 911 wurden aus zwei Litern letzendlich 3,8. Der Boxster startete 1996 mit einer Zweieinhalbliter-Maschine, die 204 PS (150 kW) bei 6000/min leistet. Eine 250-PS-Version (184 kW) steht in den Startlöchern. Seit Oktober 1997 ist der neue 911 zu haben. Seine Leistung stieg trotz leichter Hubraumreduzierung von 3,6 auf 3,4 Liter von 285 PS (210 kW) auf 300 PS (221 kW). Seine Höchstgeschwindigkeit stieg ebenfalls, um fünf Kilometer auf 280 km/h. Gleichzeitig sank der Verbrauch um etwa zehn Prozent.

Bei Porsche hat ein entscheidender Generationswechsel begonnen. Jetzt präsentieren sich wassergekühlte Vierventil-Sechszylinder mit variabler Einlaßventilsteuerung und hydraulischem Ventilspielausgleich. Der Massenausgleich des neuen Triebwerks ist vollkommen, die Abmessungen sind kompakt (70 Millimeter kürzer und 120 Millimeter niedriger), die geringe Bauhöhe sichert einen niedrigen Schwerpunkt, und die kurze und steife Kurbelwelle erlaubt hohe Drehzahlen.

Wasserkühlung machte den Weg frei für die lange ersehnte Vierventiltechnik, gesteuert durch zweimal zwei obenliegende Nockenwellen. Durch die präzise Beatmung der Zylinderköpfe und eine zentral angeordnete Zündkerze verbessert sich der Wirkungsgrad, was wiederum zu einem geringeren Benzinverbrauch führt. Der Boxster begnügt sich trotz seiner Größe und seines Gewichts von 1250 Kilogramm mit 10,1 Litern auf 100 Kilometer im Drittelmix. Für den 911 gibt Porsche denselben Wert an, obwohl das Fahrzeug nochmals 70 Kilogramm mehr wiegt.

Der wassergekühlte Sechszylinder-Boxermotor des neuen 911 entspricht in seinem grundsätzlichen Aufbau dem Aggregat des Boxster. Von seinem Vorgänger hingegen hat er nur wenig übernommen, interessanterweise aber ein fundamentales Maß: Der Zylinderabstand beträgt bei beiden 118 Millimeter. Geblieben ist auch das Boxer-Prinzip, das seine Ursprünge bei Porsche bereits vor mehr als 60 Jahren in der Konstruktion des Volkswagen-Motors findet. Boxermotoren bieten eine ganze Reihe von Vorteilen, wie etwa einen ausgezeichneten Massenausgleich.

Gerade der 911-Motor mit seinen sechs, sich gegenüberliegenden Zylindern ist in dieser Beziehung ausgezeichnet. Eine angenehme Laufkultur ist hier also vorprogrammiert. Daß Boxermotoren nicht häufiger verwendet werden, liegt daran, daß die Triebwerke sehr aufwendig gebaut sein müssen und dadurch relativ teuer sind.
Auch der neue Boxer zählt zu der Gattung der Kurzhuber. Mit einer Bohrung von 96 Millimetern und einem Hub von 78 Millimetern glänzt er wieder durch hohes Drehvermögen und eine auffällig dynamische Leistungsentfaltung. Die hohe Drehzahlfestigkeit steckt tief im Kern der neuen Boxer-Technik. Ein festes Fundament für alle Kurbelwellenlager gilt unter Technikern als die ideale Voraussetzung für ruhigen und kultivierten Lauf sowie für lange Lebensdauer trotz hoher Belastung. Die neuen Boxer-Motoren von Porsche bekamen dies in Form einer separaten Lagerbrücke aus Leichtmetall mit eingegossenen Lagersitzen aus Gußstahl, der die sieben Hauptlager der geschmiedeten Kubelwelle umschließt und als ein harter Kern im Leichtmetallkurbelgehäuse verschraubt ist. Die Lagerbrücke ist der Motorleistung angepaßt: Für die stärkere Maschine des Elfers gibt es eine Ausführung mit kräftigeren Lagersitzen als für den Motor des Boxster. Der Lagerträger enthält alle Ölkanäle zur Schmierung der Kurbelwellenlager und die sechs Spritzdüsen für die Kolbenkühlung.
Die siebenfach gelagerte Kurbelwelle des neuen Boxers ist ein Schmiedeteil. Sie hat zwölf Gegengewichte zur Perfektion der Laufkultur. Die sechs Stahlpleuel werden jeweils am Stück geschmiedet. Die für die Montage erforderliche Teilung im Pleuelfuß findet anschließend statt. Nach dem Markieren einer Trennungslinie durch einen Laserstrahl wird der Pleuelfuß mechanisch gebrochen. Die kristalline Bruchstruktur der Trennstelle stellt nach der Montage des Pleuels auf dem Lager eine in idealer Weise verzahnte Verbindung dar. Diese bisher nur bei gesinterten Pleueln mögliche Bauweise wird im Porsche-Motor erstmals auch bei einem geschmiedeten Pleuel angewandt.

Rennfahrerlegende Hans Herrmann läßt sich von Horst Marchart, Porsche-Entwicklungsvorstand, den wassergekühlter Boxer erklären (oben). Weltmeister Walter Röhrl (ganz oben) über das neue Triebwerk: „Unwahrscheinlich, wie der Carrera von unten raus anschiebt." Porsche-Kenner Paul Frère bekennt auf seinen luftgekühlten Carrera blickend: „Mir gefällt der Neue sehr gut, aber ich werde noch eine Weile diesen fahren."

Wasserkühlung machte den Weg frei für die lange ersehnte Vierventiltechnik zur Verbesserung des Wirkungsgrades.

Die Kolben des 911-Motors unterscheiden sich von denen des Boxster nicht nur im Durchmesser; sie sind wegen der höheren Belastung auch geschmiedet statt gegossen.
Das in seiner Mitte senkrecht geteilte Motorgehäuse besteht aus Leichtmetall-Druckguß im sogenannten Squeeze-Cast-Verfahren. Sein Volumen ist aufgrund der Wasserkühlung gewachsen, denn es umfaßt nun auch auf jeder Seite die drei Zylinder, die hier in sogenannter Open-Deck-Ausführung frei innerhalb des Kühlmantels stehen. Gußtechnisch weist die Porsche-Konstruktion neue Wege. Kernstück der Zylinderlaufbahnen sind die Preforms aus gesinterten Siliziumkristallen. Sie werden in die Gußform eingelegt, von Aluminium umgossen und infiltriert. Bei der Bearbeitung werden Siliziumkristalle in einem speziellen Honverfahren freigelegt und bilden dann eine verschleißfeste Laufschicht.
Teil des Motorgehäuses ist beim neuen Boxer-Motor auch der Behälter für das Schmieröl, der allerdings klar von der Kurbelkammer getrennt ist. Die Porsche-Techniker bezeichnen diese neue Lösung als eine integrierte Trockensumpfschmierung. Gegenüber der traditionellen Bauart beim Porsche 911 mit separatem Öltank stellt das neue System eine Vereinfachung dar, die dem Grundsatz huldigt, einen Motor mit möglichst wenig störenden Schläuchen drumherum zu bauen.
Auf der Druckseite ist eine Zahnradölpumpe an der Vorderseite des Motors für den Ölkreislauf zuständig. Der Rücklauf des Öls erfolgt von der Lagerbrücke der Kurbelwelle direkt in das integrierte Trockensumpf-Reservoir. Zusätzlich wird das Schleuderöl an einem an die Kurbelwelle angepaßten Ölabweiser abgefangen. Die Rückführung aus den Zylinderköpfen erledigen kleine mechanische Pumpen. Im Reservoir für die 10,25 Liter Öl befindet sich rund um den Ansaugkorb der Ölpumpe, einer Falle gleich, ein Schottkasten mit Rückschlagklappen, die sich bei starker Querbeschleunigung in der Kurve schließen und so das Öl für die Pumpe parat halten. Auf seinem Rückfluß in den Vorratsbehälter passiert das Öl zur Entschäumung zwei Swirl Pots, in denen ein künstlich erzeugter Strudel durch Zentrifugalkraft die Luft abscheidet. Anschließend wird das Restgas über einem beheizten Ölabscheider nochmals zentrifugiert.
Für ausgeglichenen Temperatur-Haushalt im neuen Boxer-Motor sorgt ein direkt auf das Motorgehäuse geflanschter, groß dimensionierter Öl/Wasser-Wärmetauscher. Während der Warmlaufphase bringt das Kühlwasser das Öl rasch auf seine Betriebstemperatur. Steigt bei höherer Belastung die Temperatur des Öls über die etwa 90 Grad des Kühlmittels an, verläuft der Wärmetausch in die umgekehrte Richtung, das Öl gibt Wärme an das Kühlwasser ab.
Für den Antrieb der vier obenliegenden Nockenwellen fanden die Ingenieure in Weissach eine besonders platzsparende Lösung. Die erste Stufe dieser Kraftübertragung führt über eine Duplex-Kette von der Kurbelwelle zu einer darunter liegenden Zwischenwelle. Von dieser läuft auf der Vorderseite des Motors eine Duplex-Kette zur rechten Auslaßnockenwelle und von der Kupplungsseite eine weitere

Wegbereiter: Der Boxster war der erste Porsche mit wassergekühltem Sechszylinder-Boxermotor. Er schöpft aus 2,5 Litern Hubraum 204 PS.

Kette zur linken Auslaßnockenwelle. Durch diese eigenwillige Anordnung nutzen die Ketten einen Raum, der sich aus dem Versatz der beiden Zylinderbänke des Boxermotors ohnehin ergibt.

Zwei Simplex-Ketten wiederum verbinden Auslaß- und Einlaßnockenwellen. An diesen Ketten sorgt eine Spannvorrichtung für eine Phasenverschiebung, beziehungsweise eine Verstellung der Einlaßsteuerzeiten. Das VarioCam genannte System verbessert nicht nur den Verlauf der Drehmomentkurve, sondern reduziert auch die Schadstoffe im Abgas. Bei 1400/min wird auf die Drehmoment-Steuerzeit umgeschaltet. Im mittleren Drehzahlbereich sorgt VarioCam für geringe Überschneidungen der Einlaß- und Auslaßventile; erst im oberen Drehzahlbereich wird bei 5820/min wieder auf leistungsorientierte Steuerzeiten mit stärkerer Überschneidung umgeschaltet.

Die von konischen Federn geschlossenen Ventile werden über Hydrostößel mit automatischem Spielausgleich betätigt. Damit entfallen beim Kundendienst Kontrolle und Einstellung des Ventilspiels. Und auch die Ketten des Ventiltriebs bedürfen keiner Wartung; für eine korrekte Spannung ist durch einen hydraulischen Ausgleich lebenslang gesorgt.

Der Fluß des Kühlmittels um die Zylinder und die Brennräume folgt den Prinzipien des Rennmotorenbaus bei Porsche. Die Techniker sprechen hier von einer Querstromkühlung, bei der das Wasser über die gesamte Breite von Zylinderbank und Zylinderkopf von der heißen Auslaß- zur kühleren Einlaß-Seite fließt. Das Kühlmittel fließt thermisch korrekt abgestimmt in zwei Bahnen. Auf jeder Seite des Motors umspült ein Strom die Zylinder. Ein zweiter wird in die Zylinderköpfe geleitet und kühlt die Brennräume. Als trennendes Element dient die Zylinderkopfdichtung.
Die Kühlung erfolgt bei den Wagen mit Sechsgang-Schaltgetriebe über zwei Kühler links und rechts im Bug. Die Carrera mit der neuen Fünfgang-Tiptronic S erhalten einen dritten Wasserkühler in der Mitte, weil hier das Automatiköl über einen am Getriebe angeflanschten Öl/Wasser-Wärmetauscher im Kühlmittelkreislauf mitgekühlt wird.
Die Ansauganlage des neuen 911-Motors ist deutlich aufwendiger als die des Boxster. An den beiden Zylinderköpfen befinden sich jeweils drei Ansaugstutzen aus Leichtmetall. Die übrige Ansauganlage besteht aus einem Kunststoff, dessen hohe Oberflächenqualität den vorteilhaften Effekt polierter Kanäle aufweist.
Jede Zylinderbank des 911-Motors verfügt über einen Luftsammler, der als Resonanzkammer wirksam werden kann. Zur Verstärkung dieses Effekts und zur Verbesserung der Zylinderfüllung ist das Resonanz-Volumen variabel. Diese Veränderung erfolgt durch ein Verbindungsrohr mit Resonanzklappe zwischen den beiden Kammern. Die Klappe ist bis 2720/min geöffnet, darüber wird sie bis zu einer Drehzahl von 5120/min geschlosssen und dann im oberen Bereich wieder geöffnet. So ist es möglich, die Füllung der Zylinder durch gezielte Ausnutzung der Resonanzen im System zu verbessern und im Bereich des höchsten Drehmoments auf mehr als 100 Prozent anzuheben. Eine zentrale Drosselklappe regelt die Luftzufuhr. Der Treibstoff - Super Plus - wird über sechs elektromagnetische Einspritzventile sequentiell, das heißt im Rhythmus der Zündfolge, zugeführt.
Das Management von Zeitpunkt und Menge der Einspritzung erfolgt elektronisch entsprechend der Last, der Dreh-

zahl und einer durch Heißfilmtechnik ermittelten Luftmassenmessung. Als wichtige Korrekturgröße wird die Zusammensetzung der Abgase erfaßt. Zur Messung des Sauerstoff-Anteils im Abgas verfügt auch der neue Boxermotor über zwei Lambda-Sonden, die eine als besonders exakt bewährte Stereo-Regelung ermöglichen.
Die Zündanlage des neuen Boxers arbeitet voll elektronisch und verzichtet auf den herkömmlichen mechanischen Verteiler, den der klassische Sechszylinder noch hat. Sie arbeitet mit ruhender (elektronischer) Verteilung des Zündstroms zu sechs Zündspulen, die in die Kerzenstecker integriert sind. Der Wegfall herkömmlicher Zündkabel, die eine hohe Spannung führen, verbessert die Zuverlässigkeit der Anlage und verhindert die Störung anderer elektronischer Komponenten durch elektromagnetische Strahlung.
Um einerseits die Verbrennung des Kraftstoffs bei bestem thermischem Wirkungsgrad sicherzustellen und andererseits auch mit schlechteren Spritqualitäten als Super Plus einen problemlosen Betrieb zu ermöglichen, arbeitet die Zündanlage mit zylinderselektiver Klopfregelung. Dabei werden unregelmäßige Arbeitstakte einzelner Zylinder erkannt; der Zündzeitpunkt läßt sich entsprechend allein für den betroffenen Zylinder korrigieren. Abgesehen von einem gewissen Leistungsverlust bleibt ein Betrieb mit niederoktanigem Markenkraftstoff frei von Risiken und Nebenwirkungen.
Jede der beiden Zylinderreihen hat eine eigene Auspuffanlage. Die Abgase verlassen die Auslaßkanäle durch geschweißte Auspuffkrümmer aus Edelstahl und gelangen über Metallträger-Katalysatoren in die umfangreichen Schalldämpfer, die sich jeweils im gegenüberliegenden Kotflügel befinden.
Die harmonische Abstimmung des Auspuffsounds war Bestandteil eines umfangreichen Akustik-Konzepts, bei dem es darum ging, einerseits die immer strengeren Geräuschvorschriften zu erfüllen und andererseits die typische Tonlage eines Sechszylinder-Boxers à la Porsche in seinen sympathischen Grundzügen zu erhalten.
Am Motor des neuen 911 haben die Mechaniker beim Kundendienst nur noch wenig zu tun (Wartungsintervall 20 000 Kilometer oder einmal pro Jahr). Das elektronische Motormanagement arbeitet wartungsfrei, kann aber über die On-Board-Diagnose per Computer überprüft werden. Die Steuerketten des Ventiltriebs und der Poly-V-Riemen zum Antrieb von Lichtmaschine, Wasserpumpe, Hydraulikpumpe und des Kompressors der Klimaanlage sind mit automatischen Spannvorrichtungen ausgerüstet. Die Kontrolle des Ölstandes und des Kühlwasser-Vorrats finden im Kombi-Instrument des Armaturenbretts statt.
Summa summarum ist der neue Boxer unbestritten effektiver. Der 911 wird mit dem neuen Triebwerk noch alltagstauglicher und das hebt ihn noch mehr von seinen Mitbewerbern ab. Zumindest für einen neuen Käuferkreis liegt damit sein Reiz in bislang unbekannter Perfektion, kombiniert mit der mythischen Ziffernfolge 911. Denn es steht genauso unbestritten fest: Gute Erbanlagen zahlen sich aus.

Auf der abgebildeten Motorenseite wird an den vor der Hinterachse eingebauten Boxster-Motor das Sechsganggetriebe angeflanscht.

Linke Seite:
Technik sichtbar gemacht: Der Boxster-Motor präsentiert sich mit variabler Einlaßventilsteuerung und hydraulischem Ventilspielausgleich (oben). Die große Frage an das wassergekühlte Triebwerk mit dem aufwendigen Auspuffsystem: Wie klingt er?

S-PR 996

Typenkunde

Das nachfolgende Zahlenwerk dokumentiert die technischen Daten aller luftgekühlten Sechszylinder-Motoren, die zwischen Baujahr 1964 und Modelljahr 1998 angeboten wurden.
Insgesamt handelte es sich dabei um 40 verschiedene Triebwerke; zuzüglich verschiedener Sportversionen. Die schwächste Version mit 110 PS war im 911 T ab Modelljahr 1968 eingesetzt, die stärkste Motorisierung mit 430 PS befeuert den 911 GT 2. Im Datenteil nicht aufgeführt ist das in nur 40 Einheiten angebotene Sondermodell des 911 Turbo 3.6 mit 450 PS. Dieser schnellste luftgekühlte Straßenturbo aller Zeiten wurde im Frühjahr 1998 auf Basis der letzten 993-Karosserien gefertigt und ausgeliefert.
Interessant bei der Betrachtung des Zahlenwerks ist auch ein Ausflug in die Leistungsgewichte der Elfer. Unübertroffen zeigt sich auch hier der 911 GT 2 von 1995, allerdings in der 450 PS starken Rennversion mit gerade 2,55 Kilogramm pro PS, in respektablem Abstand gefolgt von der allradgetriebenen Sportversion des 959 (1987) mit exakt drei Kilogramm pro PS. Die weiteren Spitzenreiter in Kürze: 911 GT 2 Straße (1995) mit ebenfalls 3,0 kg/PS, 959 Komfortversion (1987) mit 3,22 kg/PS, 911 Turbo S 3.3 Leichtbau (1993) mit 3,39 kg/PS, Biturbo 3.6 (1996) mit 3,69 kg/PS und als erste Sauger-Version der 911 SC RS (1984) mit 3,76 kg/PS:
Grundsätzlich beginnen die Modelljahre bei Porsche nach den Werksferien ab August des Vorjahres. Die Zuordnung der Änderungen und Neuerungen ist aber nicht immer leicht, da Modifikationen teilweise auch innerhalb der Modelljahre erfolgten oder aber, teilweise länderspezifisch, später durchgeführt wurden. Im Vordergrund steht in dem Buch über die luftgekühlten Sechszylinder-Boxermotoren aber das jeweils in Deutschland ausgelieferte Aggregat. Hinzu kommt eine Besonderheit, die aufgrund der Verfügbarkeit des Datenmaterials entstand. Die Motorendetails und die Art der Gemischaufbereitung werden in Modelljahren aufgeführt, bei der bisher einmaligen Zuordnung von Fahrgestellnummern zu Motortypen und in den Anfangsjahren auch Motornummern erfolgt eine Übersicht nach Kalenderjahren. Um die nachfolgenden Tabellen übersichtlicher zu halten, sind nicht serienmäßig eingebaute Fahrzeugkomponenten mit Punkten (...) gekennzeichnet, ein Gleichheitszeichen (=) steht für die vorangestellte Angabe.
Die technische Übersicht basiert auf zahlreichen Werksunterlagen wie den jährlich erscheinenden Service-Informationen und den Broschüren „Typen, Maße, Toleranzen".

Linke Seite:
Ein zum Kunstwerk mutierter Motor und die vier Jahreszeiten: Frühling, Sommer, Herbst und Winter.

Modelljahre 1964/1965

Modellbezeichnung		**911**
Motor		
Motor-Typ Schaltgetr.		901/01
Zylinderzahl		6
Bohrung	(mm)	80
Hub	(mm)	66
Hubraum	(cm^3)	1991
Verd.verhältnis		9,0:1
Motorleistung	(kW/PS)	96/130
bei Drehzahl	(U/min)	6100
Drehmoment	(Nm)	174
bei Drehzahl	(U/min)	4200
Literleistung	(kW/l)	48,6 (65 PS/l)
Höchstdrehzahl	(U/min)	6500
Motorgewicht	(kg)	184
Gemischaufbereitung, Zündung, Einstellwerte		
Kraftstoffanlage		Solex Überlauf-Fallstrom-vergaser 40PI
Kraftstoffart	(ROZ)	96
Zündsystem		herkömmliche Batteriezündung
Zündfolge aller 911-Motoren:		1 - 6 - 2 - 4 - 3 - 5
Zündverteiler		Marelli S 112 AX
Zündkerzen Bosch		W225T7, W 200T35
Beru		P 225/14
Elektrodenabstand	(mm)	0,6...0,7
Leerlaufdrehz.	(U/min)	850...950
Füllmengen		
Motorölmenge 1*	(l)	9
Ölwechselmenge 1*	(l)	8...9

1* Zugelassen API SE/SF mit Kombinationen API SE/CC - SF/CC - SF/CD - SE/CD. Mehrbereichsöle nach Werksfreigabe. (SAE 10 W/50 oder 15 W/40 oder 20 W/50). Auch Einbereichsöle (Marken-HD-Öle) sind zulässig. Sommer SAE 30, Winter SAE 20.

Baujahr	Modell – Karosse		Typ	Fahrgestell-Nr.	Motor-Nr.	Motor-Typ
1963	Coupé	901	901			
1964	Coupé	911		300001-300235	900001-900360	901/01
1965	Coupé	911		300236-303390 303391-305100	900361-903550 903551-907000	901/01

Modelljahr 1966

Modellbezeichnung		**911**
Motor		
Motor-Typ Schaltgetr.		901/01 und 901/05
Zylinderzahl		6
Bohrung	(mm)	80
Hub	(mm)	66
Hubraum	(cm^3)	1991
Verd.verhältnis		9,0:1
Motorleistung	(kW/PS)	96/130
bei Drehzahl	(U/min)	6100
Drehmoment	(Nm)	174
bei Drehzahl	(U/min)	4200
Literleistung	(kW/l)	48,6 (65 PS/l)
Höchstdrehzahl	(U/min)	6500
Motorgewicht	(kg)	184
Gemischaufbereitung, Zündung, Einstellwerte		
Kraftstoffanlage Motor 901/01		Solex Überlauf-Fallstrom-vergaser 40PI
Motor 901/05		Weber-Vergaser 40IDA 3L und 3C1
Kraftstoffart	(ROZ)	96
Zündsystem		herkömmliche Batteriezündung
Zündfolge aller 911-Motoren:		1 - 6 - 2 - 4 - 3 - 5
Zündverteiler		Marelli S 112 AX
Zündkerzen Bosch		W225T7, W 200T35
Beru		P 225/14
Elektrodenabstand	(mm)	0,6...0,7
Leerlaufdrehz.	(U/min)	850...950
Füllmengen		
Motorölmenge 1*	(l)	9
Ölwechselmenge 1*	(l)	8...9

1* Zugelassen API SE/SF mit Kombinationen API SE/CC - SF/CC - SF/CD - SE/CD Mehrbereichsöle nach Werksfreigabe. (SAE 10 W/50 oder 15 W/40 oder 20 W/50). Auch Einbereichsöle (Marken-HD-Öle) sind zulässig. Sommer SAE 30, Winter SAE 20

Baujahr	Modell/Karosse	Typ	Fahrgestell-Nr.	Motor-Nr.	Motor-Typ
1966	Coupé	911	305101-307350	909001-911000	901/05
			307351-308522	911001-911190	901/06
	Targa	911	500001-500718	911191-912050	
	Coupé	911S	305101S-308523S	960001-961144	901/02
				961145-962178	
	Targa	911S	500001S-500718S		

Modelljahr 1967

Modellbezeichnung		911	911 S
Motor			
Motor-Typ Schaltgetr.		901/06	901/02
Zylinderzahl		6	=
Bohrung	(mm)	80	=
Hub	(mm)	66	=
Hubraum	(cm^3)	1991	=
Verd.verhältnis		9,0:1	9,8:1
Motorleistung	(kW/PS)	96/130	118/160
bei Drehzahl	(U/min)	6100	6600
Drehmoment	(Nm)	174	179
bei Drehzahl	(U/min)	4200	5200
Literleistung	(kW/l)	48,6	59,2
Höchstdrehzahl	(U/min)	6500	7200
Motorgewicht	(kg)	184	184

2. Gemischaufbereitung, Zündung, Einstellwerte

Kraftstoffanlage		WV 40IDA	WV 40IDS
Kraftstoffart	(ROZ)	96	96
Zündsystem		herkömmliche Batteriezündung	
Zündfolge aller 911-Motoren:		1 - 6 - 2 - 4 - 3 - 5	
Zündverteiler		Bosch	Bosch
Zündkerzen Bosch		W230T30	W250P21
Beru		P 225/14	...
Elektrodenabstand	(mm)	0,6...0,7	0,35
Leerlaufdrehz.	(U/min)	850...950	=

Zeichenerklärung:
WV = Weber Vergaser 40 IDT P

Füllmengen

Motorölmenge 1*	(l)	9	=
Ölwechselmenge 1*	(l)	8...9	=

1* Zugelassen API SE/SF mit Kombinationen API SE/CC - SF/CC - SF/CD - SE/CD Mehrbereichsöle nach Werksfreigabe. (SAE 10 W/50 oder 15 W/40 oder 20 W/50). Auch Einbereichsöle (Marken-HD-Öle) sind zulässig. Sommer SAE 30, Winter SAE 20

Baujahr	Modell/Karosse	Typ	Fahrgestell-Nr.	Motor-Nr.	Motor-Typ
1967	Coupé	911US	11830001-11830473	3280001-3281606	901/14
				3380001-3380463	901/17
	K-Coupé	911	11835001-11835742		905/00
	Targa	911	11880001-11880268		
	Coupé	911L	11810001-11810720	3080001-3080655	901/06
				3180001-3180347	901/07
				3880001-3880028	901/30
	Targa	911L	11860001-11860307		
	Coupé	911T	11820001-11820928	2080001-2081754	901/03
	K-Coupé	911T	11825001-11825683		
	Targa	911T	11870001-11870521		
	Coupé	911S	11800001-11801267	4080001-4081549	901/02
	K-Coupé	911S		4180001-4180227	901/08
	Targa	911S	11850001-11850442		
	Coupé	911L-US	11805001-11805449	3280001-3281606	901/14
				3380001-3380464	901/17
	Targa	911L-US	11855001-11855134		

Modelljahr 1968

Modellbezeichnung		911 T	911 L	911 S
Motor				
Motor-Typ Schaltgetr.		901/03	901/06	901/02
Zylinderzahl		6	=	=
Bohrung	(mm)	80	=	=
Hub	(mm)	66	=	=
Hubraum	(cm^3)	1991	=	=
Verd.verhältnis		8,6:1	9,0:1	9,8:1
Motorleistung	(kW/PS)	81/110	96/130	118/160
bei Drehzahl	(U/min)	5800	6100	6600
Drehmoment	(Nm)	157	174	179
bei Drehzahl	(U/min)	4200	4600	5200
Literleistung	(kW/l)	40,7	48,2	59,2
Höchstdrehzahl	(U/min)	6500	6500	7200
Motorgewicht	(kg)	184	184	184

Gemischaufbereitung, Zündung, Einstellwerte

Kraftstoffanlage		WV 40IDT P	WV 40IDA	WV 40IDA
Kraftstoffart	(ROZ)	96	98	98
Zündsystem		herkömmliche Batteriezündung		
Zündfolge aller 911-Motoren:		1 - 6 - 2 - 4 - 3 - 5		
Zündverteiler		Marelli	Bosch	Bosch
Zündkerzen Bosch		W230T30	W250P21	W265P21
Beru		P 225/14	...	...
Elektrodenabstand	(mm)	0,6...0,7	0,35	0,35
Leerlaufdrehz.	(U/min)	850...950	=	=

Zeichenerklärung:
WV = Weber Vergaser

Füllmengen

Motorölmenge 1*	(l)	9	=	10
Motorölmenge mit SPM	(l)	+ 2	=	...
Ölwechselmenge 1*	(l)	8...9	=	=

1* Zugelassen API SE/SF mit Kombinationen API SE/CC - SF/CC - SF/CD - SE/CD Mehrbereichsöle nach Werksfreigabe. (SAE 10 W/50 oder 15 W/40 oder 20 W/50). Auch Einbereichsöle (Marken-HD-Öle) sind zulässig. Sommer SAE 30, Winter SAE 20.

Baujahr	Modell/Karosse	Typ	Fahrgestell-Nr.	Motor-Nr.	Motor-Typ
1968	Coupé	911T	119100001-119100343	6190001-6192455	901/03
				6193001-6193297	901/13
	K-Coupé	911T	119120001-119123561	6195001-6197292	901/16
				6198001-6198184	901/19
	Targa	911T	119100001-119111282		
	Coupé	911E	119200001-119200954	6290001-6292270	901/09
				6298001-6298583	901/11
	K-Coupé	911E	119220001-119221014		
	Targa	911E	119210001-119210858		
	Coupé	911S	119300001-119301492	6390001-6392126	901/10
	Targa		119310001-119310614		

Modelljahr 1969

Modellbezeichnung		911 T	911 E	911 S
Motor				
Motor-Typ Schaltgetr.		901/03	901/09	901/10
Bohrung	(mm)	80	=	=
Hub	(mm)	66	=	=
Hubraum	(cm^3)	1991	=	=
Verd.verhältnis		8,6:1	9,1:1	9,9:1
Motorleistung	(kW/PS)	81/110	103/140	125/170
bei Drehzahl	(U/min)	5800	6500	6800
Drehmoment	(Nm)	157	175	182
bei Drehzahl	(U/min)	4200	4500	5500
Literleistung	(kW/l)	40,7	51,5	62,5
Höchstdrehzahl	(U/min)	6500	6800	7200
Motorgewicht	(kg)	176	182	182

Gemischaufbereitung, Zündung, Einstellwerte

Kraftstoffanlage		WV 40IDTP	MSE	MSE
Kraftstoffart	(ROZ)	96	98	=
Zündsystem		herk. BZ	BHKZ	=
Zündverteiler		Marelli	Bosch	=
Zündkerzen Bosch		W230T30	W265P21	=
Beru		240/14/3P	265/14/3P	=
Elektrodenabstand	(mm)	0,6	=	=
Leerlaufdrehz.	(U/min)	850...950	=	=

Zeichenerklärung:
BHKZ = Batterie-Hochspannungs-Kondensator-Zündung
BZ = Batteriezündung
WV = Weber Vergaser 40 IDT3C
MSE = Mechanische Bosch-Saugrohreinspritzung mittels 6-Element-Doppelreiheneinspritzpumpe

Füllmengen

Motorölmenge 1*	(l)	9	=	10
Motorölmenge mit SPM	(l)	+ 2	=	..
Ölwechselmenge 1*	(l)	8...9	=	=

1* Zugelassen API SE/SF mit Kombinationen API SE/CC - SF/CC - SF/CD - SE/CD Mehrbereichsöle nach Werksfreigabe. (SAE 10 W/50 oder 15 W/40 oder 20 W/50). Auch Einbereichsöle sind zulässig. Sommer SAE 30, Winter SAE 20.

Baujahr	Modell/Karosse	Typ	Fahrgestell-Nr.	Motor-Nr.	Motor-Typ
1969	Coupé	911T	9110100001-9110102418	6100001-6103000	911/03
	K-Coupé	911T	9119120001-9110124126	6103501-6104547	911/07
	Targa	911T	9110110001-9110112545	6103001-6103230	911/06
	S-Matic	911T		6105001-6107999	911/08
	Coupé	911E	9110200001-9110201304	6108501-6109955	911/01
	K-Coupé	911E	9110220001-9110220667	6108001-6108374	911/04
	Targa	911E	9110210001-9110210933	6200001-6202476	
	S-Matic	911E		6208001-6208434	
	Coupé	911S	9110300001-9110301744	6300001-6302480	911/02
	Targa	911S	9110310001-9110310729		

Modelljahr 1970

Modellbezeichnung		911 T	911 E	911 S
Motor				
Motor-Typ Schaltgetr.		911/03	911/01	911/02
Bohrung	(mm)	84	=	=
Hub	(mm)	66	=	=
Hubraum	(cm^3)	2195	=	=
Verd.verhältnis		8,6:1	9,1:1	9,8:1
Motorleistung	(kW/PS)	92/125	114/155	132/180
bei Drehzahl	(U/min)	5800	6200	6500
Drehmoment	(Nm)	176	191	199
bei Drehzahl	(U/min)	4200	4500	5200
Literleistung	(kW/l)	41,9	51,9	60,1
Höchstdrehzahl	(U/min)	6500	6700	7200
Motorgewicht	(kg)	176	182	182

Gemischaufbereitung, Zündung, Einstellwerte

Kraftstoffanlage		WV 40IDT3C	MSE	MSE
Kraftstoffart	(ROZ)	98	=	=
Zündsystem		BHKZ	=	=
Zündverteiler		Bosch	=	=
Zündkerzen Bosch		W230T30	W265P21	=
Beru		240/14/3P	265/14/3P	=
Elektrodenabstand	(mm)	0,6	=	=
Leerlaufdrehz.	(U/min)	850...950	=	=
Kraftstoffnormverbr.	(l/100 km)	9,0	9,5	10,2

BHKZ = Batterie-Hochspannungs-Kondensator-Zündung
WV = Weber Vergaser 40 IDT3C
MSE = Mechanische Bosch-Saugrohreinspritzung mittels 6-Element-Doppelreiheneinspritzpumpe

Füllmengen

Motorölmenge 1*	(l)	9	=	10
Motorölmenge mit SPM	(l)	+ 2	=	...
Ölwechselmenge 1*	(l)	8...9	=	=

1* Zugelassen API SE/SF mit Kombinationen API SE/CC - SF/CC - SF/CD - SE/CD Mehrbereichsöle nach Werksfreigabe. (SAE 10 W/50 oder 15 W/40 oder 20 W/50). Auch Einbereichsöle sind zulässig. Sommer SAE 30, Winter SAE 20.

Baujahr	Modell/Karosse	Typ	Fahrgestell-Nr.	Motor-Nr.	Motor-Typ
1970	Coupé	911T	9111100001-9111100583	6110001-6113475	911/03
	K-Coupé	911T	9111120001-9111121934	6114001-6118119	911/07
	Targa	911T	9111110001-9111113476	6119001-6119190	911/06
	S-Matic	911T		6119501-6119728	911/08
	Coupé	911E	9111200001-9111201088	6210001-6211767	911/01
	Targa	911E	9111210001-9111210935		
	S-Matic	911E		6218001-6218260	911/04
	Coupé	911S	9111300001-9111301430	6310001-6311959	911/02
	Targa	911S	9111310001-9111310788		

Modelljahr 1971

Modellbezeichnung		911 T	911 E	911 S
Motor				
Motor-Typ Schaltgetr.		911/03	911/01	911/02
Bohrung	(mm)	84	=	=
Hub	(mm)	66	=	=
Hubraum	(cm^3)	2195	=	=
Verd.verhältnis		8,6:1	9,1:1	9,8:1
Motorleistung	(kW/PS)	92/125	114/155	132/180
bei Drehzahl	(U/min)	5800	6200	6500
Drehmoment	(Nm)	176	191	199
bei Drehzahl	(U/min)	4200	4500	5200
Literleistung	(kW/l)	41,9	51,9	60,1
Höchstdrehzahl	(U/min)	6500	6700	7200
Motorgewicht	(kg)	176	182	182
Gemischaufbereitung, Zündung, Einstellwerte				
Kraftstoffanlage		SZV	MSE	MSE
Kraftstoffart	(ROZ)	98	=	=
Zündsystem		BHKZ	=	=
Zündverteiler		Bosch	=	=
Zündkerzen Bosch		W230T30	W265P21	=
Beru		250/14/3P	265/14/3P	=
Elektrodenabstand	(mm)	0,6	=	=
Leerlaufdrehz.	(U/min)	850...950	=	=
CO-Gehalt	(%)	2,5...3,5	=	=
Kraftstoffnormverbrauch (l/100 km)		9,0	9,5	10,2

Zeichenerklärung:
BHKZ = Batterie-Hochspannungs-Kondensator-Zündung
SZV = Solex-Zenith Vergaser 40TIN
MSE = Mechanische Bosch-Saugrohreinspritzung

Füllmengen				
Motorölmenge 1*	(l)	9	=	10
Motorölmenge mit SPM	(l)	+ 2	=	...
Ölwechselmenge 1*	(l)	8...9	=	=

1* Zugelassen API SE/SF mit Kombinationen API SE/CC - SF/CC - SF/CD - SE/CD Mehrbereichsöle nach Werksfreigabe. (SAE 10 W/50 oder 15 W/40 oder 20 W/50). Auch Einbereichsöle sind zulässig. Sommer SAE 30, Winter SAE 20.

Baujahr	Modell/Karosse	Typ	Fahrgestell-Nr.	Motor-Nr.	Motor-Typ
1971	Coupé	911T	9112500001-9112501963	6520001-6523284	911/57
	Targa	911T	9112510001-9112511523		
	S-Matic	911T		6529001-6529224	911/67
	Coupé	911T-US	9112100001-9112102931	6120001-6124478	911/51
	Targa	911T-US	9112110001-9112111821		
	S-Matic	911T-US		6129001-6129293	911/61
	Coupé	911E	9112200001-9112201124	6220001-6221765	911/52
	Targa	911E	9112210001-9112210861		
	S-Matic	911E		6629001-6229248	911/62
	Coupé	911S	9112300001-9112301750	6320001-6322586	911/53
	Targa	911S	9112310001-9112310989		
	S-Matic	911S		6329001-6329147	911/63

Modelljahr 1972

Modellbezeichnung		911 T	911 E	911 S
Motor				
Motor-Typ Schaltgetr.		911/57	911/52	911/53
Bohrung	(mm)	84	=	=
Hub	(mm)	70,4	=	=
Hubraum	(cm^3)	2341	=	=
Verd.verhältnis		7,5:1	8,0:1	8,5:1
Motorleistung	(kW/PS)	96/130	121/165	140/190
bei Drehzahl	(U/min)	5600	6200	6500
Drehmoment	(Nm)	196	206	216
bei Drehzahl	(U/min)	4000	4500	5200
Literleistung	(kW/l)	41	52	60
Höchstdrehzahl	(U/min)	6500	7000	7300
Motorgewicht	(kg)	176	183	182
Gemischaufbereitung, Zündung, Einstellwerte				
Kraftstoffanlage		SZV	MSE	MSE
Kraftstoffart	(ROZ)	91	=	=
Zündsystem		BHKZ	=	=
Zündkerzen Bosch		W230T1	W265P21	=
Beru		225/14/3	235/14/3P	=
Elektrodenabstand	(mm)	0,7	0,5...0,6	=
Leerlaufdrehz.	(U/min)	850...950	=	=
CO-Gehalt	(%)	2,5...3,5	=	=

Zeichenerklärung:
BHKZ = Batterie-Hochspannungs-Kondensator-Zündung
SZV = Solex-Zenith Vergaser 40TIN
MSE = Mechanische Bosch-Saugrohreinspritzung

Füllmengen				
Motorölmenge 1*	(l)	11	13	=
Motorölmenge mit SPM	(l)	+ 2	=	=
Ölwechselmenge 1*	(l)	10	=	=

1* Zugelassen API SE/SF mit Kombinationen API SE/CC - SF/CC - SF/CD - SE/CD Mehrbereichsöle nach Werksfreigabe. (SAE 10 W/50 oder 15 W/40 oder 20 W/50). Auch Einbereichsöle sind zulässig. Sommer SAE 30, Winter SAE 20.

Baujahr	Modell	Typ	Fahrgestell-Nr.	Motor-Nr.	Motor-Typ
1972	Coupé	911T	9113500001-9113501875	6530001-6533239	911/57
	Targa	911T	9113510001-9113511541		
	S-Matic	911T		6539001-6539197	911/67
	Coupé	911T-US	9113100001-9113101252	6130001-6131926	911/51
	Targa	911T-US	9113110001-9113110781		911/51
	S-Matic	911T-US		6139001-6139149	911/61
	Coupé	911T-C	9113101501-9113103444	6133001-6136092	911/91
	Targa	911T-C	9113111001-9113112302		
	S-Matic	911T-C		6139301-6139502	911/96
	Coupé	911E	9113200001-9113201366	6230001-6232125	911/52
	Targa	911E	9113210001-9113211055		
	S-Matic	911E		6239001-6239319	911/62
	Coupé	911S	9113300001-9113301430	6330001-6332231	911/53
	Targa	911S	9113310001-9113310925		
	S-Matic	911S		6339001-6339136	911/63
	Coupé	911SC	9113600001-9113601590	6630001-6631551	911/83

Modelljahr 1973

Modellbezeichnung		911 T	911 E	911 S	911 RS 2.7
Motor					
Motor-Typ Schaltgetr.		911/57	911/52	911/53	911/83
Bohrung	(mm)	84	=	=	90
Hub	(mm)	70,4	=	=	=
Hubraum	(cm^3)	2341	=	=	2687
Verd.verhältnis		7,5:1	8,0:1	8,5:1	8,5:1
Motorleistung	(kW/PS)	96/130	121/165	140/190	154/210
bei Drehzahl	(U/min)	5600	6200	6500	6300
Drehmoment	(Nm)	96	206	216	255
bei Drehzahl	(U/min)	4000	4500	5200	5100
Literleistung	(kW/l)	41	52	60	57
Höchstdrehzahl	(U/min)	6500	7000	7300	7300
Motorgewicht	(kg)	176	183	182	182
Gemischaufbereitung, Zündung, Einstellwerte					
Kraftstoffanlage		SZV	MSE	MSE	MSE
Kraftstoffart	(ROZ)	91	=	=	=
Zündsystem		BHKZ	=	=	=
Zündkerzen Bosch		W230T1	W265P21	=	W260P21
Beru		225/14/3	235/14/3P	265/14/3P	265P21
Elektrodenabstand	(mm)	0,7	0,5...0,6	=	=
Leerlaufdrehz.	(U/min)	850...950	=	=	=
CO-Gehalt	(%)	2,5...3,5	=	=	2,0...3,0

Zeichenerklärung:
BHKZ = Batterie-Hochspannungs-Kondensator-Zündung
SZV = Solex-Zenith Vergaser 40 TIN
MSE = Mechanische Bosch-Saugrohreinspritzung

Füllmengen					
Motorölmenge 1*	(l)	11	13	=	=
Motorölmenge mit SPM	(l)	+ 2	=	=	...
Ölwechselmenge 1*	(l)	10	=	=	=

1* Zugelassen API SE/SF mit Kombinationen API SE/CC - SF/CC - SF/CD - SE/CD, Mehrbereichsöle nach Werksfreigabe. (SAE 10 W/50 oder 15 W/40 oder 20 W/50). Auch Einbereichsöle sind zulässig. Sommer SAE 30, Winter SAE 20.

Baujahr	Modell	Typ	Fahrgestell-Nr.	Motor-Nr.	Motor-Typ
1973	Coupé	RS	9113600001-9113601036	6630001-6631551	911/83
	Coupé	SC	9113601590		

Modelljahr 1974

Modellbezeichnung		911	911 S	911 Carrera
Motor				
Motor-Typ Schaltgetr.		911/92	911/93	911/83
Bohrung	(mm)	90	=	=
Hub	(mm)	70,4	=	=
Hubraum	(cm^3)	2687	2687	2687
Verd.verhältnis		8,0:1	8,5:1	8,5:1
Motorleistung	(kW/PS)	110/150	129/175	154/210
bei Drehzahl	(U/min)	5700	5800	6300
Drehmoment	(Nm)	235	235	255
bei Drehzahl	(U/min)	3800	4000	5100
Literleistung	(kW/l)	41	48	57
Höchstdrehzahl	(U/min)	6400	6400	7200
Motorgewicht	(kg)	182	182	182
Gemischaufbereitung, Zündung, Einstellwerte				
Kraftstoffanlage		K-Jetronic	K-Jetronic	MSE
Kraftstoffart	(ROZ)	91	91	91
Zündsystem		BHKZ	BHKZ	BHKZ
Zündkerzen Bosch		W215T30	W225T30	W260T2
Beru		215/14/3	225/14/3A	260/14/3
Elektrodenabstand	(mm)	0,7	=	=
Leerlaufdrehz.	(U/min)	850...950	=	=
CO-Gehalt	(%)	2,5	=	=
Kraftstoffverbrauch bei gemischtem Betrieb	(l/100 km)	12...14	13...15	15...18

Zeichenerklärung:
BHKZ = Batterie-Hochspannungs-Kondensator Zündung
SLE = Sekundärlufteinblasung, ZLP = Zusatzluftpumpe
MSE = Mechanische Bosch-Saugrohreinspritzung

Füllmengen				
Motorölmenge 1*	(l)	11	13	=
Motorölmenge mit SPM	(l)	+ 2	=	...
Ölwechselmenge 1*	(l)	10	=	=

1* Zugelassen API SE/SF mit Kombinationen API SE/CC - SF/CC - SF/CD - SE/CD Mehrbereichsöle nach Werksfreigabe. (SAE 10 W/50 oder 15 W/40 oder 20 W/50). Auch Einbereichsöle sind zulässig. Sommer SAE 30, Winter SAE 20.

Baujahr	Modell	Typ	Fahrgestell-Nr.	Motor-Nr.	Motor-Typ
1974	Coupé	911	9114100001-9114104014	6140001-6146625	911/92
	Targa	911	9114110001-9114113110		
	S-Matic	911		6149001-6149517	911/97
	Coupé	911S	9114300001-9114301359	6340001-6342804	911/93
	Targa	911S	9114310001-9114310898		
	S-Matic	911S		6349001-6349236	911/98
	Coupé	Carrera	9114600001-9114601036	6640001-6641456	911/83
	Targa	Carrera	9114610001-9114610433		
	Coupé	Carrera-US	9114400001-9114400528	6340001-6340169	911/93
	Targa		9114410001-9114410246		
	S-Matic				

Modelljahr 1975

Modellbezeichnung		911	911 S	911 Carrera	911 Turbo
Motor					
Motor-Typ Schaltgetr.		911/41	911/42	911/83	930/52
Bohrung	(mm)	90	90	90	95
Hub	(mm)	70,4	=	=	=
Hubraum	(cm^3)	2687	2687	2687	2994
Verd.verhältnis		8,0:1	8,5:1	8,5:1	6,5:1
Motorleistung	(kW/PS)	110/150	129/175	154/210	191/260
bei Drehzahl	(U/min)	5700	5800	6300	5500
Drehmoment	(Nm)	235	235	255	343
bei Drehzahl	(U/min)	3800	4000	5100	4000
Literleistung	(kW/l)	41	48	57	64
Höchstdrehzahl	(U/min)	6500	6500	7300	7000
Motorgewicht	(kg)	195	200	200	207
Gemischaufbereitung, Zündung, Einstellwerte					
Kraftstoffanlage		K-Jetronic	K-Jetronic	MSE	K-Jetronic
Kraftstoffart	(ROZ)	91	91	91	96
Zündsystem		BHKZ	BHKZ	BHKZ	BHKZ kontaktlos
Zündkerzen Bosch		W215T30	W225T30	W260T2	W280P21
Beru		215/14/3	225/14/3A	260/14/3	...
Elektrodenabstand	(mm)	0,7	=	=	=
Leerlaufdrehz.	(U/min)	850...950	=	=	900...950
Abgasanlage/Entgiftung		...	...	...	...
CO-Gehalt	(%)	2,5	=	=	=
Kraftstoffverbrauch bei gemischtem Betrieb	(l/100 km)	12...14	13...15	15...18	14...18

Zeichenerklärung:
BHKZ = Batterie-Hochspannungs-Kondensator-Zündung
SLE = Sekundärlufteinblasung, ZLP = Zusatzluftpumpe
MSE = Mechanische Bosch-Saugrohreinspritzung

Füllmengen					
Motorölmenge 1*	(l)	11	13	=	=
Motorölmenge mit SPM	(l)	+ 2	=	...	...
Ölwechselmenge 1*	(l)	10	=	=	=

1* Zugelassen API SE/SF mit Kombinationen API SE/CC - SF/CC - SF/CD - SE/CD
Mehrbereichsöle nach Werksfreigabe. (SAE 10 W/50 oder 15 W/40 oder 20 W/50).
Auch Einbereichsöle sind zulässig. Sommer SAE 30, Winter SAE 20.

Baujahr	Modell	Typ	Fahrgestell-Nr.	Motor-Nr.	Motor-Typ
1975	Targa	911S-US	9115210001-9115211517		
	Sportomatic	911S-US		6459001-6459135	911/48
	Coupé	911S	9115300001-9115300385	6350001-6350567	911/42
	Targa	911S	9115310001-9115310266		
	Sportomatic	911S		6359001-6359105	911/47
	Coupé	Carrera	9115600001-9115600518	6650021-6650712	911/83
	Targa	Carrera	9115610001-9115610197		
	Coupé	Carrera-US	9115400001-9115400395	6450001-6452440	911/43
	Targa		9115410001-9115410174		
	Sportomatic			6459001-6459135	911/48
	Coupé	911-3.0	9116600001-9116601093		930/02
	Targa	911-3.0	9116610001-9116610479		
	Sportomatic	911-3.0			930/12
	Coupé	930-3.0	9305700001-9305700284		930/50

Modelljahr 1976

Modellbezeichnung		911	911 Carrera	911 Turbo
Motor				
Motor-Typ Schaltgetr.		911/81	930/02	930/52
Bohrung	(mm)	90	95	95
Hub	(mm)	70,4	70,4	70,4
Hubraum	(cm^3)	2687	2994	2994
Verd.verhältnis		8,5:1	8,5:1	6,5:1
Motorleistung	(kW/PS)	121/165	147/200	191/260
bei Drehzahl	(U/min)	5800	6000	5500
Drehmoment	(Nm)	235	255	343
bei Drehzahl	(U/min)	4000	4200	4000
Literleistung	(kW/l)	45	49	64
Höchstdrehzahl	(U/min)	6700	7000	7000
Motorgewicht	(kg)	195	200	207
Gemischaufbereitung, Zündung, Einstellwerte				
Kraftstoffanlage		K-Jetronic	K-Jetronic	K-Jetronic
Kraftstoffart	(ROZ)	91	91	96
Zündsystem		BHKZ	BHKZ	BHKZ kontaktlos
Zündkerzen Bosch		W225T30	W260T2	W280P1
Beru		225/14/3	260/14/3	225/14/3A
Elektrodenabstand	(mm)	0,7	=	0,7
Leerlaufdrehz.	(U/min)	850...950	=	900...950
Abgasanlage/Entgiftung		...	...	SLE+ZLP
CO-Gehalt	(%)	2,5	2,5	2,5

Zeichenerklärung: BHKZ = Batterie-Hochspannungs-Kondensator-Zündung
SLE = Sekundärlufteinblasung, ZLP = Zusatzluftpumpe

Kraftstoffverbrauch bei gemischtem Betrieb	(l/100km)	13...15	14...16	14...18
Füllmengen				
Motorölmenge 1*	(l)	13	=	=
Motorölmenge mit SPM	(l)	+ 2	=	...
Ölwechselmenge 1*	(l)	10	=	=

1* Zugelassen API SE/SF mit Kombinationen API SE/CC - SF/CC - SF/CD - SE/CD Mehrbereichsöle nach Werksfreigabe. (SAE 10 W/50 oder 15 W/40 oder 20 W/50). Auch Einbereichsöle sind zulässig. Sommer SAE 30, Winter SAE 20.

Baujahr	Modell	Typ	Fahrgestell-Nr.	Motor-Nr.	Motor-Typ
1976	Coupé	911	9116300001-9116301868	6360001-6363029	911/81
	Targa	911	9116310001-9116311576		
	S-Matic	911		6369001-6369435	911/86
	Coupé-US	911S	9116200001-9116202079	6460001-6462305	911/82
	Targa-US	911S	9116210001-9116212175	6560001-6561837	911/84
	S-Matic-US	911S		6569001-6569160	911/89
	Coupé-Japan	911	9116100001-9116100130	6160001-6160140	911/41
	Coupé	911	9116609001-9116609123	6668001-6668155	911/83
	Targa	911	9116609001-9116609030		930/50
	Coupé	930-3.0	9306700001-9306700644		930/52
	Coupé-US	930-3.0	9306800001-9306800530		930/51

Modelljahr 1977

Modellbezeichnung		911	911 Carrera	911 Turbo
Motor				
Motor-Typ Schaltgetr.		911/81	930/02	930/52
Bohrung	(mm)	90	95	95
Hub	(mm)	70,4	70,4	70,4
Hubraum	(cm^3)	2687	2994	2994
Verd.verhältnis		8,5:1	8,5:1	6,5:1
Motorleistung	(kW/PS)	121/165	147/200	191/260
bei Drehzahl	(U/min)	5800	6000	5500
Drehmoment	(Nm)	235	255	343
bei Drehzahl	(U/min)	4000	4200	4000
Literleistung	(kW/l)	45	49	64
Höchstdrehzahl	(U/min)	6700	7000	7000
Motorgewicht	(kg)	195	200	207
Gemischaufbereitung, Zündung, Einstellwerte				
Kraftstoffanlage		K-Jetronic	K-Jetronic	K-Jetronic
Kraftstoffart	(ROZ)	91	91	96
Zündsystem		BHKZ	BHKZ	BHKZ kontaktlos
Zündkerzen Bosch		W225T30	=	W280P21
Beru		225/14/3	=	225/14/3A
Elektrodenabstand	(mm)	0,7	=	0,6
Leerlaufdrehz.	(U/min)	850...950	=	900...950
Abgasanlage/Entgiftung		ZLP+TR+EGR*	=	SLE+ZLP
CO-Gehalt	(%)	2,0...2,4	2,0...4,0	2,5

Zeichenerklärung:
BHKZ = Batterie-Hochspannungs-Kondensator-Zündung
SLE = Sekundärlufteinblasung, ZLP = Zusatzluftpumpe
TR = Thermoreaktoren, EGR = Abgasrückführung, * = nur USA

Kraftstoffverbrauch bei gemischtem Betrieb	(l/100km)	13...15	14...16	14...18
Füllmengen				
Motorölmenge 1*	(l)	13	=	=
Motorölmenge mit SPM	(l)	+ 2	...	...
Ölwechselmenge 1*	(l)	10	=	=

1* Zugelassen API SE/SF mit Kombinationen API SE/CC - SF/CC - SF/CD - SE/CD Mehrbereichsöle nach Werksfreigabe. (SAE 10 W/50 oder 15 W/40 oder 20 W/50). Auch Einbereichsöle sind zulässig. Sommer SAE 30, Winter SAE 20.

Baujahr	Modell	Typ	Fahrgestell-Nr.	Motor-Nr.	Motor-Typ
1977	Coupé	911	9117300001-9117302449	6370001-6373531	911/81
	Targa	911	9117310001-9117311724		
	S-Matic	911		6379001-6379322	911/86
	Coupé-US	911S	9117200001-9117203388	6270001-6276041	911/85
	Targa-US	911S	9117210001-9117212747		
	S-Matic-US	911S		6279001-6279113	911/90
	Coupé-Japan	911S		6170001-6170273	911/94
	S-Matic-Japan	911S		6179001-6179110	911/99
	Coupé	911-3.0	9117600001-9117601473		930/02
	Targa	911-3.0	9117610001-9117610646		
		911-3.0 Sportomatic			930/12
	Coupé	930-3.0	9307700001-9307700695		930/52
	Coupé-US	930-3.0	9307800001-9307800727		930/54

Modelljahr 1978

Modellbezeichnung		911 SC	911 Turbo
Motor			
Motor-Typ Schaltgetr.		930/03	930/60
Bohrung	(mm)	95	97
Hub	(mm)	70,4	74,4
Hubraum	(cm^3)	2994	3299
Verd.verhältnis		8,5:1	7,0:1
Motorleistung	(kW/PS)	132/180	221/300
bei Drehzahl	(U/min)	5500	5500
Drehmoment	(Nm)	265	412
bei Drehzahl	(U/min)	4200	4000
Literleistung	(kW/l)	44	67
Höchstdrehzahl	(U/min)	7000	7000
Motorgewicht	(kg)	200	230
Gemischaufbereitung, Zündung, Einstellwerte			
Kraftstoffanlage		K-Jetronic	K-Jetronic
Kraftstoffart	(ROZ)	91	98
Zündsystem		BHKZ	BHKZ kontaktlos
Zündkerzen Bosch		W225T30	W280P21
Beru		225/14/3	225/14/3A
Elektrodenabstand	(mm)	0,8	0,8
Leerlaufdrehz.	(U/min)	850...950	950...1050
Abgasanlage/Entgiftung		SLE+ZLP	SLE+ZLP
CO-Gehalt	(%)	2,0...2,4	2,0...4,0

Zeichenerklärung:
BHKZ = Batterie-Hochspannungs-Kondensator-Zündung
SLE = Sekundärlufteinblasung, ZLP = Zusatzluftpumpe

Kraftstoffverbrauch nach DIN 70 030,	(l/100km)		
A. bei konstant 90 km/h		9,2	8,1
B. bei konstant 120 km/h		11,4	15,3
C. EG-Stadtzyklus		17,3	20,0
Füllmengen			
Motorölmenge 1*	(l)	13	=
Motorölmenge mit SPM	(l)	+ 2	...
Ölwechselmenge 1*	(l)	10	=

1* Zugelassen API SE/SF mit Kombinationen API SE/CC - SF/CC - SF/CD - SE/CD Mehrbereichsöle nach Werksfreigabe. (SAE 10 W/50 oder 15 W/40 oder 20 W/50).

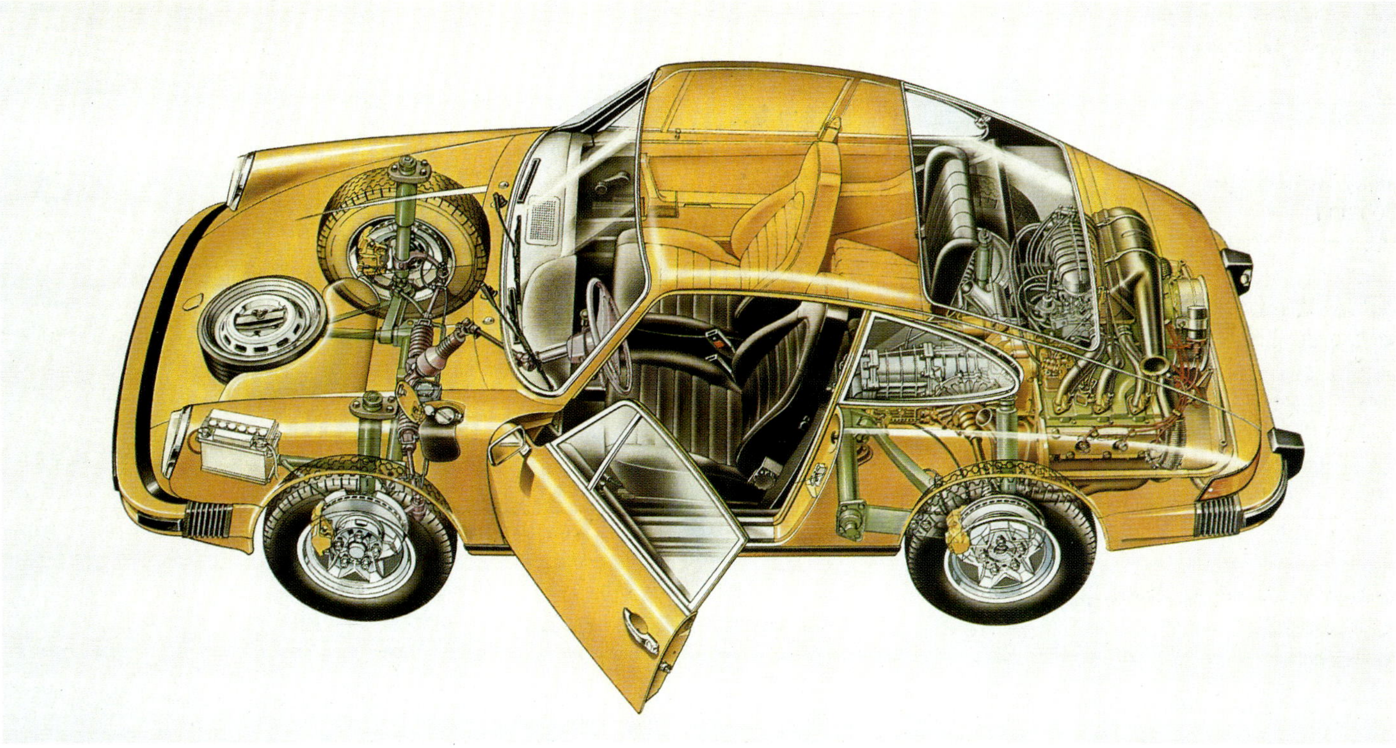

Baujahr	Modell	Typ	Fahrgestell-Nr.	Motor-Typ
1978	Coupé	911SC-3.0	9118300001-9118302438	930/03
	Targa	911SC-3.0	9118310001-9118311729	
		911SC-3.0 Sportomatic		930/13
	Coupé-US	911SC-3.0	9118200001-9118202436	930/04
	California			930/06
	Targa-US	911SC-3.0	9118210001-9118212579	
		911SC-3.0 Sportomatic		930/14
	Coupé-Japan		WPO22291ZBS129500-	930/17
	Targa-Japan		WPO22291ZBS169500-	
	Coupé	930-3.3	9308700001-9308700735	930/60
	Coupé-US	930-3.3	9308800001-9308800461	930/61
	Coupé-Japan	930-3.3	9308709501-9308709561	930/62
	Coupé-Japan	911	9118309501-9118309804	930/05

Modelljahr 1979

Modellbezeichnung		911 SC	911 Turbo
Motor			
Motor-Typ Schaltgetr.		930/03	930/60
Bohrung	(mm)	95	97
Hub	(mm)	70,4	74,4
Hubraum	(cm^3)	2994	3299
Verd.verhältnis		8,5:1	7,0:1
Motorleistung	(kW/PS)	132/180	221/300
bei Drehzahl	(U/min)	5500	5500
Drehmoment	(Nm)	265	412
bei Drehzahl	(U/min)	4200	4000
Literleistung	(kW/l)	44	67
Höchstdrehzahl	(U/min)	7000	7000
Motorgewicht	(kg)	200	230
Gemischaufbereitung, Zündung, Einstellwerte			
Kraftstoffanlage		K-Jetronic	K-Jetronic
Kraftstoffart	(ROZ)	91	98
Zündsystem		BHKZ	BHKZ kontaktlos
Zündkerzen Bosch		W225T30	W280P21
Beru		225/14/3	225/14/3A
Elektrodenabstand	(mm)	0,8	0,8
Leerlaufdrehz.	(U/min)	850...950	950...1050
Abgasanlage		SLE+ZLP	SLE+ZLP
CO-Gehalt	(%)	2,0...2,4	2,0...4,0

Zeichenerklärung: BHKZ = Batterie-Hochspannungs-Kondensator-Zündung
SLE = Sekundärlufteinblasung, ZLP = Zusatzluftpumpe

Kraftstoffverbrauch nach DIN 70 030	(l/100km)		
A. bei konstant 90 km/h		9,2	8,1
B. bei konstant 120 km/h		11,4	15,3
C. EG-Stadtzyklus		17,3	20,0
Füllmengen			
Motorölmenge 1*	(l)	13	=
Motorölmenge mit SPM	(l)	+ 2	...
Ölwechselmenge 1*	(l)	10	=

1* Zugelassen API SE/SF mit Kombinationen API SE/CC - SF/CC - SF/CD - SE/CD Mehrbereichsöle nach Werksfreigabe. (SAE 10 W/50 oder 15 W/40 oder 20 W/50).

Baujahr	Modell	Typ	Fahrgestell-Nr.	Motor-Typ
1979	Coupé	930-3.3	9309700001-9309700820	930/60
	Coupé-US	930-3.3	9309800001-9309801200	930/61
	Coupé-Japan	930-3.3	9309709501-9309709532	930/62
	Coupé	911SC-3.0	9119300001-9119303319	930/03
	Targa	911SC-3.0	9119310001-9119313319	
	Coupé-US	911SC-3.0	9119200001-9119202013	930/04
	California			930/06
	Targa-US	911SC-3.0	9119210001-9119211965	930/04
	California			930/06
	Coupé-Japan	911SC-3.0	9119309501-9119309873	

Modelljahr 1980

Modellbezeichnung		911 SC	911 Turbo
Motor			
Motor-Typ Schaltgetr.		930/09	930/60
Bohrung	(mm)	95	97
Hub	(mm)	70,4	74,4
Hubraum	(cm^3)	2994	3299
Verd.verhältnis		8,6:1	7,0:1
Motorleistung	(kW/PS)	138/188	221/300
bei Drehzahl	(U/min)	5500	5500
Drehmoment	(Nm)	265	412
bei Drehzahl	(U/min)	4200	4000
Literleistung	(kW/l)	46	67
Höchstdrehzahl	(U/min)	6500	7000
Motorgewicht	(kg)	190	230
Gemischaufbereitung, Zündung, Einstellwerte			
Kraftstoffanlage		K-Jetronic	K-Jetronic
Kraftstoffart	(ROZ)	91	98
Zündsystem		BHKZ	BHKZ kontaktlos
Zündkerzen Bosch		W260T2	W280P21
Beru		260/14/3	225/14/3A
Elektrodenabstand	(mm)	0,8	0,8
Leerlaufdrehz.	(U/min)	850...950	950...1050
Abgasanlage/Entgiftung		SLE+ZLP	SLE+ZLP
CO-Gehalt	(%)	2,0...2,4	2,0...4,0

Zeichenerklärung
BHKZ = Batterie-Hochspannungs-Kondensator-Zündung
SLE = Sekundärlufteinblasung, ZLP = Zusatzluftpumpe

Kraftstoffverbrauch nach DIN 70 030	(l/100km)		
A. bei konstant 90 km/h		9,2	8,1
B. bei konstant 120 km/h		11,4	15,3
C. EG-Stadtzyklus		17,3	20,0
Füllmengen			
Motorölmenge 1*	(l)	13	=
Motorölmenge mit SPM	(l)	+ 2	...
Ölwechselmenge 1*	(l)	10	=

1* Zugelassen API SE/SF mit Kombinationen API SE/CC - SF/CC - SF/CD - SE/CD.
Mehrbereichsöle nach Werksfreigabe (SAE 10 W/50 oder 15 W/40 oder 20 W/50)

Baujahr	Modell	Typ	Fahrgestell-Nr.	Motor-Typ
1980	Coupé	930-3.3	93A0070001-93A0070840	930/60
	Coupé	911SC-3.0	91A0130001-91A0134831	930/09
				930/08
	Targa	911SC-3.0		
	Coupé-US	911SC-3.0	91A0140001-91A0144272	930/07
	Targa-US	911SC-3.0		

Modelljahr 1981

Modellbezeichnung		**911 SC**	**911 Turbo**
Motor			
Motor-Typ Schaltgetr.		930/10	930/60
Bohrung	(mm)	95	97
Hub	(mm)	70,4	74,4
Hubraum	(cm^3)	2994	3299
Verd.verhältnis		9,8:1	7,0:1
Motorleistung	(kW/PS)	150/204	221/300
bei Drehzahl	(U/min)	5900	5500
Drehmoment	(Nm)	267	412
bei Drehzahl	(U/min)	4300	4000
Literleistung	(kW/l)	50,0	67
Höchstdrehzahl	(U/min)	6800	7000
Motorgewicht	(kg)	190	245
Gemischaufbereitung, Zündung, Einstellwerte			
Kraftstoffanlage		K-Jetronic	K-Jetronic
Kraftstoffart	(ROZ)	98	98
Zündsystem		BHKZ	BHKZ kontaktlos
Zündkerzen Bosch		WR 4 C1	W 3 DP
Beru		14/4 C1	...
Elektrodenabstand	(mm)	0,8	0,8
Leerlaufdrehz.	(U/min)	800...950	900+-50
Abgasanlage/Entgiftung		SLE+ZLP	SLE+ZLP
CO-Gehalt	(%)	1,0...2,0	1,5...2,5

Zeichenerklärung:
BHKZ = Batterie-Hochspannungs-Kondensator-Zündung
SLE = Sekundärlufteinblasung, ZLP = Zusatzluftpumpe

Kraftstoffverbrauch nach EG-Norm,	(l/100km)		
A. bei konstant 90 km/h		8,0	8,1
B. bei konstant 120 km/h		9,7	15,3
C. EG-Stadtzyklus		13,4	20,0
Füllmengen			
Motorölmenge 1*	(l)	13	=
Ölwechselmenge 1*	(l)	10	=

1* Zugelassen API SE/SF mit Kombinationen API SE/CC - SF/CC - SF/CD - SE/CD Mehrbereichsöle nach Werksfreigabe.

Baujahr	Modell	Typ	Fahrgestell-Nr.	Motor-Typ
1981	Coupé	911SC	WPOZZZ91ZBS 100001-103181	930/10
	Targa		WPOZZZ91ZBS 140001-141703	
	Coupé-Japan	911SC	WPOZZZ91ZBS 129500-129622	930/17
	Targa		WPOZZZ91ZBS 169500-169510	
	Coupé USA/ Calif./Canada	911SC	WPOAAO91BS 120001-121573	930/16
	Targa		WPOEAO91BS 160001-161407	
	Coupé	930/3,3	WPOZZZ93ZBS 000001-000698	930/60
	Coupé Canada	930/3,3	WPOJAO93BS 050001-050063	930/60

Modelljahr 1982

Modellbezeichnung		911 SC	911 Turbo
Motor			
Motor-Typ Schaltgetr.		930/10	930/60
Bohrung	(mm)	95	97
Hub	(mm)	70,4	74,4
Hubraum	(cm^3)	2994	3299
Verd.verhältnis		9,8:1	7,0:1
Motorleistung	(kW/PS)	150/204	221/300
bei Drehzahl	(U/min)	5900	5500
Drehmoment	(Nm)	267	412
bei Drehzahl	(U/min)	4300	4000
Literleistung	(kW/l)	50,0	67
Höchstdrehzahl	(U/min)	7000	7000
Motorgewicht	(kg)	190	245
Gemischaufbereitung, Zündung, Einstellwerte			
Kraftstoffanlage		K-Jetronic	K-Jetronic
Kraftstoffart	(ROZ)	98	98
Zündsystem		BHKZ	BHKZ
Zündkerzen Bosch		WR 4 C1	W 3 DP
Beru		14/4 C1	...
Elektrodenabstand	(mm)	0,8	0,8
Leerlaufdrehz.	(U/min)	800...950	900+-50
Abgasanlage/Entgiftung		SLE+ZLP	SLE+ZLP
CO-Gehalt	(%)	1,0...2,0	1,5...2,5

Zeichenerklärung:
BHKZ = Batterie-Hochspannungs-Kondensator-Zündung
SLE = Sekundärlufteinblasung, ZLP = Zusatzluftpumpe

Kraftstoffverbrauch nach EG-Norm,	(l/100km)		
A. bei konstant 90 km/h		8,0	8,1
B. bei konstant 120 km/h		9,7	15,3
C. EG-Stadtzyklus		13,4	20,0
Füllmengen			
Motorölmenge 1*	(l)	13	=
Ölwechselmenge 1*	(l)	10	=

1* Zugelassen API SE/SF mit Kombinationen API SE/CC - SF/CC - SF/CD - SE/CD Mehrbereichsöle nach Werksfreigabe.

Baujahr	Modell	Typ	Fahrgestell-Nr.	Motor-Typ
1982	Coupé	911SC	WPOZZZ91ZCS 100001-103307	930/10
	Targa		WPOZZZ91ZCS 140001-141737	
	Coupé-Japan	911SC	WPOZZZ91ZCS 109501-709628	930/17
	Targa		WPOZZZ91ZCS 149501-149562	
	Coupé US/ Calif./Canada	911SC	WPOAA091CS 120001-122457	930/16
	Targa		WPOEA091CS 160001-162426	
	Coupé	930/3,3	WPOZZZ93ZCS 000001-000938	930/60
	Coupé Canada	930/3,3	WPOJA093CS 050001-050089	930/60

Modelljahr 1983

Modellbezeichnung		911 SC	911 Turbo
Motor			
Motor-Typ Schaltgetr.		930/10	930/66
Bohrung	(mm)	95	97
Hub	(mm)	70,4	74,4
Hubraum	(cm^3)	2994	3299
Verd.verhältnis		9,8:1	7,0:1
Motorleistung	(kW/PS)	150/204	221/300
bei Drehzahl	(U/min)	5900	5500
Drehmoment	(Nm)	267	430
bei Drehzahl	(U/min)	4300	4000
Literleistung	(kW/l)	50,0	67
Höchstdrehzahl	(U/min)	7000	7200
Motorgewicht	(kg)	190	230
Gemischaufbereitung, Zündung, Einstellwerte			
Kraftstoffanlage		K-Jetronic	K-Jetronic
Kraftstoffart	(ROZ)	98	98
Zündsystem		BHKZ	BHKZ kontaktlos
Zündkerzen Bosch		WR 4 C1	W 3 DP
Beru		14/4 CU	...
Elektrodenabstand	(mm)	0,8	0,8
Leerlaufdrehz.	(U/min)	800...950	900+-50
Abgasanlage/Entgiftung		SLE+ZLP	SLE+ZLP
CO-Gehalt	(%)	1,0...1,5	1,5...2,5

Zeichenerklärung:
BHKZ = Batterie-Hochspannungs-Kondensator-Zündung
SLE = Sekundärlufteinblasung, ZLP = Zusatzluftpumpe

Kraftstoffverbrauch nach DIN 70 030	(l/100km)		
A. bei konstant 90 km/h		8,0	9,7
B. bei konstant 120 km/h		9,7	11,8
C. EG-Stadtzyklus		13,4	15,5
Füllmengen			
Motorölmenge 1*	(l)	13	=

1* Zugelassen API SE/SF mit Kombinationen API SE/CC - SF/CC - SF/CD - SE/CD. Mehrbereichsöle nach Werksfreigabe.

Baujahr	Modell	Typ	Fahrgestell-Nr.	Motor-Typ
1983	Coupé	911SC	WPOZZZ91ZDS 100001-102995	930/10
	Targa		WPOZZZ91ZDS 140001-141258	
1983	Cabrio		WPOZZZ91ZDS 150001-152406	
	Coupé Japan	911SC	WPOZZZ91ZDS 109501-109645	930/17
	Targa		WPOZZZ91ZDS 149501-149562	
	Cabrio		WPOZZZ91ZDS 159501-159590	
	Coupé USA/ Calif./Canada	911SC	WPOAA091DS 120001-122599	930/16
	Targa		WPOEA091DS 160001-161430	
	Cabrio		WPOEA091DS 170001-171781	
	Coupé	930/3,3	WPOZZZ93ZDS 000001-001015	930/66
	Coupé Canada	930/3,3	WPOJA093DS 050001-050065	930/66

Modelljahr 1984

Modellbezeichnung		911 Carrera	911 Turbo
Motor			
Motor-Typ Schaltgetr.		930/20	930/66
Bohrung	(mm)	95	97
Hub	(mm)	74,4	74,4
Hubraum	(cm^3)	3164	3299
Verd.verhältnis		10,3:1	7,0:1
Motorleistung	(kW/PS)	170/231	221/300
bei Drehzahl	(U/min)	5900	5500
Drehmoment	(Nm)	284	430
bei Drehzahl	(U/min)	4800	4000
Literleistung	(kW/l)	53,7	67
Höchstdrehzahl	(U/min)	6560	7200
Motorgewicht	(kg)	210	253
Gemischaufbereitung, Zündung, Einstellwerte			
Kraftstoffanlage		DME	K-Jetronic
Kraftstoffart	(ROZ)	98	98
Zündsystem		DME	BHKZ kontaktlos
Zündung		Einfach	Einfach
Zündkerzen Bosch		WR 4 CC	W 3 DP
Beru		14/4 CU	...
Elektrodenabstand	(mm)	0,7	0,8
Leerlaufdrehz.	(U/min)	880+-20	900+-50
Abgasanlage/Entgiftung		...	SLE+ZLP
CO-Gehalt ohne Kat.	(%)	1,0...1,5	1,5...2,5

Zeichenerklärung:
BHKZ = Batterie-Hochspannungs-Kondensator-Zündung
DME = Digitale Motor Elektronik (Einspritzung+Zündung)
SLE = Sekundärlufteinblasung, ZLP = Zusatzluftpumpe

Kraftstoffverbrauch nach EG-Norm,	(l/100km)		
A. bei konstant 90 km/h		6,8	9.7
B. bei konstant 120 km/h		9,0	11,8
C. EG-Stadtzyklus		13,6	15,5
Drittelmix		9,8	12,3
Füllmengen			
Motorölmenge 1*	(l)	13	=

1* Zugelassen API SE/SF mit Kombinationen API SE/CC - SF/CC - SF/CD - SE/CD. Mehrbereichsöle nach Werksfreigabe.

Baujahr	Modell	Typ	Fahrgestell-Nr.	Motor-Typ
1984	Coupé	911 Carrera	WPOZZZ91ZES 100001-104033	930/20
	Targa		WPOZZZ91ZED 140001-141469	
	Cabrio		WPOZZZ91ZES 150001-151835	
	Coupé Japan	911 Carrera	WPOZZZ91ZES 109501-109717	930/20
	Targa		WPOZZZ91ZES 149501-149564	
	Cabrio		WPOZZZ91ZES 159501-159577	
	Coupé US/ Calif./Canada	911 Carrera	WPOABO91ES 120001-122282	930/21
	Targa		WPOEBO91ES 160001-162260	
	Cabrio		WPOEBO91ES 170001-171191	
	Coupé	930/3,3	WPOZZZ93ZES 000001-000804	930/66
	Coupé Canada	930/3,3	WPOJAO93ES 050001-050077	930/66

Modelljahr 1985

Modellbezeichnung		911 Carrera	911 Turbo
Motor			
Motor-Typ Schaltgetr.		930/20	930/66
Bohrung	(mm)	95	97
Hub	(mm)	74,4	74,4
Hubraum	(cm^3)	3164	3299
Verd.verhältnis		10,3:1	7,0:1
Motorleistung	(kW/PS)	170/231	221/300
bei Drehzahl	(U/min)	5900	5500
Drehmoment	(Nm)	284	430
bei Drehzahl	(U/min)	4800	4000
Literleistung	(kW/l)	53,7	67
Höchstdrehzahl	(U/min)	6560	7200
Motorgewicht	(kg)	219	253
Gemischaufbereitung, Zündung, Einstellwerte			
Kraftstoffanlage		DME	K-Jetronic
Kraftstoffart	(ROZ)	98	98
Zündsystem		DME	BHKZ kontaktlos
Zündung		Einfach	Einfach
Zündkerzen Bosch		WR 4 CC	W 3 DPW3CP
Beru		...	...
Elektrodenabstand	(mm)	0,7	0,6
Leerlaufdrehz.	(U/min)	880+-20	900+-50
Abgasanlage/Entgiftung		...	SLE+ZLP
CO-Gehalt ohne Kat.	(%)	1,0...1,5	1,5...2,5

Zeichenerklärung:
DME = Digitale Motor Elektronik, (Einspritzung+Zündung)
BHKZ = Batterie-Hochspannungs-Kondensator-Zündung
SLE = Sekundärlufteinblasung, ZLP = Zusatzluftpumpe

Kraftstoffverbrauch nach EG-Norm,	(l/100km)		
A. bei konstant 90 km/h		6,8	9.7
B. bei konstant 120 km/h		9,0	11,8
C. EG-Stadtzyklus		13,6	15,5
Drittelmix		9,8	12,3
Füllmengen			
Motorölmenge 1*	(l)	13	=

1* Zugelassen API SE/SF mit Kombinationen API SE/CC - SF/CC - SF/CD - SE/CD. Mehrbereichsöle nach Werksfreigabe.

Baujahr	Modell	Typ	Fahrgestell-Nr.	Motor-Typ
1985	Coupé RDW	911 Carrera	WPOZZZ91ZFS	930/20
			100001-103529	930/26
	Targa		WPOZZZ91ZFS	930/21
			140001-141435	
	Cabriolet		WPOZZZ91ZFS	
	Turbo Look		150001-151583	
	Coupé USA	911 Carrera	WPOAB091FS	930/21
	Targa		WPOEB091FS	
			160001-161942	
	Cabrio		WPOEB091FS	
		Turbo Look	170001-171050	
	Coupé Japan	911 Carrera	WPOZZZ91ZFS	930/21
			109501-109722	
	Targa		WPOZZZ91ZFS	
			149501-149564	
	Cabrio		WPOZZZ91ZPO	
		Turbo Look	159501-159575	
	Coupé	930/3,3	WPOZZZ93ZFS	930/66
			000001-001063	
	Coupé Canada	930/3,3	WPOJA093FS	930/66
			0500085-050085	

Modelljahr 1986

Modellbezeichnung		911 Carrera	911 Turbo
Motor			
Motor-Typ Schaltgetr.		930/20	930/66
Bohrung	(mm)	95	97
Hub	(mm)	74,4	74,4
Hubraum	(cm^3)	3164	3299
Verd.verhältnis		10,3:1	7,0:1
Motorleistung	(kW/PS)	170/231	221/300
bei Drehzahl	(U/min)	5900	5500
Drehmoment	(Nm)	284	430
bei Drehzahl	(U/min)	4800	4000
Literleistung	(kW/l)	53,7	67
Höchstdrehzahl	(U/min)	6570	7200
Motorgewicht	(kg)	219	253
Gemischaufbereitung, Zündung, Einstellwerte			
Kraftstoffanlage		DME	K-Jetronic
Kraftstoffart	(ROZ)	98	98
Zündsystem		DME	BHKZ kontaktlos
Zündung		Einfach	Einfach
Zündkerzen Bosch		WR 4 CC	W 3 DP
Beru		...	...
Elektrodenabstand	(mm)	0,7	0,7
Klopfregelung		nein	nein
Leerlaufdrehz.	(U/min)	880	900+-50
Abgasanlage/Entgiftung		...	SLE+ZLP
CO-Gehalt ohne Kat.	(%)	0,5...1,5	1,5...2,5
mit Kat.	(%)	0,4...0,8	...

Zeichenerklärung:
DME = Digitale Motor Elektronik (Einspritzung+Zündung); BHKZ = Batterie-Hochspannungs-Kondendator-Zündung;
SLE = Sekundärlufteinblasung, ZLP = Zusatzluftpumpe

Kraftstoffverbrauch nach EG-Norm, Schaltgetriebe	(l/100km)		
A. bei konstant 90 km/h		6,8	9.7
B. bei konstant 120 km/h		9,0	11,8
C. EG-Stadtzyklus		13,6	15,5
Drittelmix		9,8	12,3
Füllmengen			
Motorölmenge 1*	(l)	13	=

1* Zugelassen API SE/SF mit Kombinationen API SE/CC - SF/CC - SF/CD - SE/CD Mehrbereichsöle nach Werksfreigabe.

Baujahr	Modell	Typ	Fahrgestell-Nr.	Motor-Typ
1986	Coupé RDW	911 Carrera	WPOZZZ91ZGS	930/20
			100001-104031	930/21
	Targa		WPOZZZ91ZGS	930/26
	Cabrio		140001-141758	
			WPOZZZ91ZGS	
	Turbo Look		150001-152358	
	Coupé USA		WPOAB091GS	930/21
			120001-122619	
	Targa		WPOEB091GS	
			160001-161976	
	Cabrio		WPOEB091GS	
	Turbo Look		170001-171986	
	Coupé Japan		WPOZZZ91ZGS	930/21
			109501-109733	
	Targa		WPOZZZ91ZGS	
			149501-149579	
	Cabrio		WPOZZZ91ZGS	
	Turbo Look		159501-159580	
	Coupé	930/3,3	WPOZZZ93ZGS	930/66
			000001-001158	
	Coupé Kanada	930/3,3	WPOJA093GS	930/66
			055001-055088	
	Coupé USA	930/3,3	WPOJB093GS	930/68
			050001-051424	

Modelljahr 1987

Modellbezeichnung		911 Carrera	911 Carrera CLUBSPORT	911 Turbo
Motor				
Motor-Typ Schaltgetr.		930/20	=	930/66
Bohrung	(mm)	95	=	97
Hub	(mm)	74,4	=	74,4
Hubraum	(cm^3)	3164	=	3299
Verd.verhältnis		10,3:1	=	7,0:1
Motorleistung	(kW/PS)	170/231	=	221/300
bei Drehzahl	(U/min)	5900	=	5500
Drehmoment	(Nm)	284	=	430
bei Drehzahl	(U/min)	4800	=	4000
Literleistung	(kW/l)	53,7	=	67
Höchstdrehzahl	(U/min)	6570	6840	7200
Motorgewicht	(kg)	219	=	269
Gemischaufbereitung, Zündung, Einstellwerte				
Kraftstoffanlage		DME	=	K-Jetronic
Kraftstoffart	(ROZ)	98	=	=
Zündsystem		DME	=	BHKZ kontaktlos
Zündung		Einfach	=	=
Zündkerzen Bosch		WR 4 CK	=	W 3 DP 0
Beru		...	=	...
Elektrodenabstand	(mm)	0,7	=	=
Klopfregelung		nein	nein	nein
Leerlaufdrehz.	(U/min)	880	=	900+-50
Abgasanlage/Entgiftung		...	...	SLE+ZLP
CO-Gehalt ohne Kat.	(%)	0,5...1,5	=	...
mit Kat.	(%)	0,4...0,8	=	...

Zeichenerklärung:
DME = Digitale Motor Elektronik (Einspritzung+Zündung); BHKZ = Batterie-Hochspannungs-Kondensator-Zündung
SLE = Sekundärlufteinblasung; ZLP = Zusatzluftpumpe

Kraftstoffverbrauch nach EG-Norm, Schaltgetriebe (l/100km)			
A. bei konstant 90 km/h	6,8	=	9,7
B. bei konstant 120 km/h	9,0	=	11,8
C. EG-Stadtzyklus	13,6	=	15,5
Drittelmix	9,8	=	12,3

Füllmengen				
Motorölmenge 1*	(l)	13	=	=

1* Zugelassen API SE/SF mit Kombinationen API SE/CC - SF/CC - SF/CD - SE/CD. Mehrbereichsöle nach Werksfreigabe.

Baujahr	Modell	Typ	Fahrgestell-Nr.	Motor-Typ
1987	Coupé	911 Carrera	WPOZZZ91ZHS	930/20
		RDW	100001-103381	
		Kat		930/25
	Targa		WPOZZZ91ZHS	
			140001-141354	
	Cabrio		WPOZZZ91ZHS	
			150001-151464	
	Coupé	911 Carrera	WPOZZZ91ZHS	930/25
		Japan	109501-109808	
	Targa		WPOZZZ91ZHS	
			149501-149579	
	Cabrio		WPOZZZ91ZHS	
			159501-159585	
	Coupé	911 Carrera	WPOABO91HS	930/25
		USA	120001-122916	
	Targa		WPOEBO91HS	
			160001-162232	
	Cabrio	Austr.	WPOEBO91HS	
		Schweden	170001-172653	
				930/25
				930/26
	Coupé*	911 Carrera	WPOZZZ91ZHS	930/20
		RDW	105001-105081	930/26
	Coupé*	911 Carrera	WPOABO91HS	930/25
		USA	125001-125300	
	Coupé	930	WPOZZZ93ZHS	930/66
		RDW	000001-000720	
	Targa		WPOZZZ93ZHS	
			010001-010069	
	Cabrio		WPOZZZ93ZHS	
			020001-020142	
	Coupé	930	WPOJAO93HS	930/66
		Kanada	055001-055088	
	Targa		WPOEAO93HS	
			065001-067000	
	Cabrio		WPOEAO93HS	
			075001-077000	
	Coupé	930	WPOJBO93HS	930/68
		USA	050001-051605	
	Targa		WPOEBO93HS	
			060001-060087	
	Cabrio		WPOEBO93HS	
			070001-070183	

* Clubsport [M 637]

Modelljahr 1988

Modellbezeichnung		911 Carrera	911 Turbo
Motor			
Motor-Typ Schaltgetr.		930/20	930/66
Bohrung	(mm)	95	97
Hub	(mm)	74,4	74,4
Hubraum	(cm^3)	3164	3299
Verd.verhältnis		10,3:1	7,0:1
Motorleistung	(kW/PS)	170/231	221/300
bei Drehzahl	(U/min)	5900	5500
Drehmoment	(Nm)	284	430
bei Drehzahl	(U/min)	4800	4000
Literleistung	(kW/l)	53,7	67
Höchstdrehzahl	(U/min)	6570	7200
Motorgewicht	(kg)	219	269
Gemischaufbereitung, Zündung, Einstellwerte			
Kraftstoffanlage		DME	K-Jetronic
Kraftstoffart	(ROZ)	98	98
Zündsystem		DME	BHKZ kontaktlos
Zündung		Einfach	Einfach
Zündkerzen Bosch		WR 4 CK	W 3 DP 0
Beru		...	...
Elektrodenabstand	(mm)	0,7	0,7
Klopfregelung		nein	nein
Leerlaufdrehz.	(U/min)	880	900+-50
Abgasanlage/Entgiftung		...	SLE+ZLP
CO-Gehalt ohne Kat.	(%)	0,5...1,5	1,5...2,5
mit Kat.	(%)	0,4...0,8	...

Zeichenerklärung:
DME = Digitale Motor Elektronik (Einspritzung+Zündung); BHKZ = Batterie-Hochspannungs-Kondensator-Zündung
SLE = Sekundärlufteinblasung; ZLP = Zusatzluftpumpe

Kraftstoffverbrauch nach			
EG-Norm, Schaltgetriebe	(l/100km)		
A. bei konstant 90 km/h		7,9	10.7
B. bei konstant 120 km/h		9,8	13,0
C. EG-Stadtzyklus		14,9	14,3
Drittelmix		10,9	12,7
Füllmengen			
Motorölmenge 1*	(l)	13	=

1* Zugelassen API SE/SF mit Kombinationen API SE/CC - SF/CC - SF/CD - SE/CD. Mehrbereichsöle nach Werksfreigabe.

Baujahr	Modell	Typ	Fahrgestell-Nr.	Motor-Typ
1988	Coupé	911 Carrera	WPOZZZ91ZJS	930/20
		RDW	100001-103580	
	Targa		WPOZZZ91ZJS	
			140001-141281	
	Cabrio		WPOZZZ91ZJS	
			150001-151501	
		CH/+Kat		930/25
	Coupé	911 Carrera	WPOZZZ91ZJS	930/25
		Japan	109501-109930	
	Targa		WPOZZZ91ZJS	
			149501-149586	
	Cabrio		WPOZZZ91ZJS	
			159501-159581	
	Coupé	911	WPOABO91JS	930/25
		USA	120001-122066	
	Targa		WPOEBO91JS	
			160001-161500	
	Cabrio		WPOEBO91JS	
			170001-172116	
		Australien		930/25
		Schweden		930/26
	Coupé*	911	WPOZZZ91ZJS	930/20/26
		RDW	105001-105148	930/25
	Coupé*	911	WPOABO91JS	930/25
		USA	125001-125082	
	Coupé	930	WPOZZZ93ZJS	930/66
		RDW	000001-000677	
	Targa		WPOZZZ93ZJS	
			010001-010136	
	Cabrio		WPOZZZ93ZJS	
			020001-020242	
	Coupé	930	WPOIBO93JS	930/68
		USA/Canada	050001-050701	
	Targa		WPOEBO93JS	
			060001-060141	
	Cabrio		WTOEBO93JS	
			070001-070591	

* Clubsport [M 637]

Modelljahr 1989

Modellbezeichnung		911 Carrera	Speedster	Carrera 4	911 Turbo
Motor					
Motor-Typ Schaltgetr.		930/20 (930/25)	=	M64/01	930/66
Bohrung	(mm)	95	=	100	97
Hub	(mm)	74,4	76,4	74,4	74,4
Hubraum	(cm^3)	3164	=	3600	3299
Verd.verhältnis		10,3:1 (9,5:1)	=	11,3:1	7,0:1
Motorleistung	(kW/PS)	170/231 (160/217)	=	184/250	221/300
bei Drehzahl	(U/min)	5900	=	6100	5500
Drehmoment	(Nm)	284 (265)	=	310	430
bei Drehzahl	(U/min)	4800	=	4800	4000
Literleistung	(kW/l)	53,7 (50,6)	=	51,1	67
Höchstdrehzahl	(U/min)	6570	=	6720	7200
Motorgewicht	(kg)	219	=	238	269
Gemischaufbereitung, Zündung, Einstellwerte					
Kraftstoffanlage		DME	=	DME S	K-Jetronic
Kraftstoffart	(ROZ)	98 (95)	=	95	98
Zündsystem		DME	=	DME	BHKZ kontaktlos
Zündung		Einfach	=	Doppel	Einfach
Zündkerzen Bosch		WR 4 CK	=	FR 5 DTC	W 3 DP 0
Beru		...	...	...	...
Elektrodenabstand	(mm)	0,7	=	0,8	0,7
Klopfregelung		nein	nein	ja	nein
Leerlaufdrehz.	(U/min)	880	=	880+-40	900+-50
Abgasanlage/Entgiftung		L-Sonde+Kat*	L-Sonde+Kat	L-Sonde+Metall-Kat	SLE+ZLP
CO-Gehalt ohne Kat.	(%)	0,5...1,5	=	0,5...1,0	1 ,5...2,5
mit Kat.	(%)	0,4...0,8	=	0,4...1,2	...
Kraftstoffverbrauch nach EG-Norm, Schaltgetriebe	(l/100km)				
A. bei konstant 90 km/h		6,8 (7,9)	=	8,0	10.7
B. bei konstant 120 km/h		9,0 (9,8)	=	9,5	13,0
C. EG-Stadtzyklus		13,6 (14,9)	=	17,9	14,3
Drittelmix		9,8 (10,9)	=	11,8	12,7
Füllmengen					
Motorölmenge 1*	(l)	13	=	11,5	13

1* Zugelassen API SE/SF mit Kombinationen API SE/CC - SF/CC - SF/CD - SE/CD.
Mehrbereichsöle nach Werksfreigabe.

Baujahr	Modell	Typ	Fahrgestell-Nr.	Motor-Typ
1989	Coupé	911	WPOZZZ91ZKS	930/20
		RDW	100001-103532	930/25
		CH		
	Targa	911	WPOZZZ91ZKS	930/20
		RDW	140001-141063	930/25
	Cabrio	911	WPOZZZ91ZKS	930/20
		RDW	150001-152787	930/25
	Speedster	911	WPOEBO91KS	930/25
		USA	173001-173823	
	Coupé	911	WPOABO91KS	930/25
		USA	120001-121156	
	Targa	911	WPOEBO91KS	930/25
		USA	160001-160860	
	Cabrio	911	WPOEBO91KS	930/25
		USA	170001-171361	
	Coupé	930	WPOZZZ93ZKS	930/66
		RDW	000001-000857	930/66S
	Targa	930	WPOZZZ93ZKS	930/66
		RDW	010001-010115	930/66S
	Cabrio	930	WPOZZZ93ZKS	930/66
		RDW	020001-020244	930/66S
	Coupé	930	WPOJBO93KS	930/68
		USA	050001-050639	
	Targa	930	WPOEBO93KS	930/68
		USA	060001-060109	
	Cabrio	930	WPOEBO93KS	930/68
		USA	070001-070600	
	Coupé	964	WPOZZZ96ZKS	M64/01
		RDW	400001-402068	
		CH		
		964	WPOJBO96KS	M64/01
		USA	450001-451117	

Modelljahr 1990

Modellbezeichnung		Carrera 2	Carrera 4	Carrera 2 CUP
Motor				
Motor-Typ Schaltgetr.		M64/01	M64/01	M30/
Tiptronic		M64/02	...	...
Bohrung	(mm)	100	100	100
Hub	(mm)	76,4	76,4	76,4
Hubraum	(cm^3)	3600	3600	3600
Verd.verhältnis		11,3:1	11,3:1	11,3:1
Motorleistung	(kW/PS)	184/250	184/250	195/265
bei Drehzahl	(U/min)	6100	6100	
Drehmoment	(Nm)	310	310	
bei Drehzahl	(U/min)	4800	4800	
Literleistung	(kW/l)	51,1	51,1	54,2
Höchstdrehzahl	(U/min)	6720	6720	6800
Motorgewicht	(kg)	238	238	238
Gemischaufbereitung, Zündung, Einstellwerte				
Kraftstoffanlage		DME S	DME S	DME S
Kraftstoffart (ROZ)		95	95	95
Zündsystem		DME	=	DME
Zündung		Doppel	Doppel	Doppel
Zündkerzen Bosch		FR 5 DTC	=	=
Beru				
Elektrodenabstand	(mm)	0,7	=	0,6
Klopfregelung		ja	ja	ja
Leerlaufdrehz.	(U/min)	880+-40	=	
CO-Gehalt ohne Kat.	(%)	0,5...1,0	=	
mit Kat.	(%)	0,4...1,2	=	
Kraftstoffverbrauch nach EG-Norm, Schaltgetriebe	(l/100km)			
A. bei konstant 90 km/h		7,8	8,0	
B. bei konstant 120 km/h		9,7	9,5	
C. EG-Stadtzyklus		17,1	17,9	
Drittelmix		11,5	11,8	
Mit Tiptronic				
A. bei konstant 90 km/h		7,9	...	...
B. bei konstant 120 km/h		9,6	...	...
C. EG-Stadtzyklus		17,1	...	...
C. Drittelmix		11,4	...	...
Füllmengen				
Motorölmenge 1*	(l)	11,5	=	=

1* Zugelassen API SE/SF mit Kombinationen API SE/CC - SF/CC - SF/CD - SE/CD. Mehrbereichsöle nach Werksfreigabe.

Baujahr	Modell	Typ	Fahrgestell-Nr.	Motor-Typ
1990	Coupé	964	WP0ZZZ96ZLS	M64/01
		RDW	400001-408328	M64/02
		964	WP0AB2965LS	M64/01
		USA/Kanada	450001-452116	M64/02
		mit Airbag		
		964		
		Kanada ohne	WP0AB0966LS	
		Airbag	459001-459080	
	Cabrio	964	WP0ZZZ96ZLS	
		RDW	420001-423410	
		964	WP0CB2964LS	
		USA/Kanada	470001-472169	
		mit Airbag		
		964	WP0CB0962LS	
		Kanada	479001-479061	
		ohne Airbag		
	Targa	964	WP0ZZZ96ZLS	
		RDW	410001-411298	
		964	WP0BB2962LS	
		USA/Kanada	460001-460727	
		mit Airbag		
		964	WP0BB0962LS	
		Kanada	469001-469061	
		ohne Airbag		

Modelljahr 1991

Modellbezeichnung		Carrera 2	Carrera 4	911 Turbo
Motor				
Motor-Typ Schaltgetr.		M64/01	M64/01	M30/69
Tiptronic		M64/02	...	...
Bohrung	(mm)	100	100	97
Hub	(mm)	76,4	76,4	74,4
Hubraum	(cm^3)	3600	3600	3299
Verd.verhältnis		11,3:1	11,3:1	7,0:1
Motorleistung	(kW/PS)	184/250	184/250	235/320
bei Drehzahl	(U/min)	6100	6100	5750
Drehmoment	(Nm)	310	310	450
bei Drehzahl	(U/min)	4800	4800	4500
Literleistung	(kW/l)	51,1	51,1	71,2
Höchstdrehzahl	(U/min)	6720	6720	6900
Motorgewicht	(kg)	238	238	275
Gemischaufbereitung, Zündung, Einstellwerte				
Kraftstoffanlage		DME S	DME S	K-Jetronic
Kraftstoffart	(ROZ)	95	95	95
Zündsystem		DME	=	KFZ
Zündung		Doppel	Doppel	Einfach
Zündkerzen Bosch		FR 5 DTC	=	WR 4 DPO
Beru				
Elektrodenabstand	(mm)	0,7	=	0,6
Klopfregelung		ja	ja	nein
Leerlaufdrehz.	(U/min)	880+-40	=	1000 +-50
CO-Gehalt ohne Kat.	(%)	0,5...1,0	=	1+- 0,2
mit Kat.	(%)	0,4...1,2	=	1+- 0,2
Kraftstoffverbrauch nach				
EG-Norm, Schaltgetriebe	(l/100km)			
A. bei konstant 90 km/h		7,8	8,0	8,5
B. bei konstant 120 km/h		9,7	9,5	10,4
C. EG-Stadtzyklus		17,1	17,9	21,0
Drittelmix		11,5	11,8	13,0
Mit Tiptronic				
A. bei konstant 90 km/h		7,9	...	...
B. bei konstant 120 km/h		9,6	...	...
C. EG-Stadtzyklus		17,1	...	...
C. Drittelmix		11,4	...	...
Füllmengen				
Motorölmenge 1*	(l)	11,5	=	13

1* Zugelassen API SE/SF mit Kombinationen API SE/CC - SF/CC - SF/CD - SE/CD. Mehrbereichsöle nach Werksfreigabe.

Baujahr	Modell	Typ	Fahrgestell-Nr.	Motor-Typ
1991	Coupé	964 Turbo	WPOZZZ96ZNS47	M30/69
		RDW	70001-	
	Coupé	964	WPOZZZ96ZMS	M64/01
		RDW	400001-407839	M64/02
		964	WPOAB2964MS	M64/01
		USA mit	410001-411607	M64/02
		Airbag		
	Cabrio	964	WPOZZZ96ZMS	
		RDW	450001-453885	
		964	WPOCB2969MS	
		USA mit	460001-462206	
		Airbag		
	Targa	964	WPOZZZ96ZMS	
		RDW	430001-431195	
		964	WPOBB2961MS	
		USA mit	440001-440745	
		Airbag		
	Coupé	964 Turbo	WPOZZZ96ZMS	
		RDW	470001-472287	M30/69
		964 Turbo	WPOAA2966MS	
		USA mit	480001-480673	M30/69
		Airbag		

Modelljahr 1992

Modellbezeichnung		Carrera 2	Carrera 4	Carrera RS	RS America	911 Turbo	Turbo S	Turbo Look
Motor								
Motor-Typ Schaltgetr.		M64/01	M64/01	M64/03	M64/01	M30/69	M30/69SL	M64/01
Tiptronic		M64/02	...	...	...	...	...	M64/02
Bohrung	(mm)	100	100	100	100	97	97	100
Hub	(mm)	76,4	76,4	76,4	76,4	74,4	74,4	76,4
Hubraum	(cm³)	3600	3600	3600	3600	3299	3299	3600
Verd.verhältnis		11,3:1	11,3:1	11,3:1	11,3:1	7,0:1	7,0:1	11,3:1
Motorleistung	(kW/PS)	184/250	184/250	191/260	184/250	235/320	280/381	184/250
bei Drehzahl	(U/min)	6100	6100	6100	6100	5750	6000	6100
Drehmoment	(Nm)	310	310	325	310	450	490	310
bei Drehzahl	(U/min)	4800	4800	4800	4800	4500	4800	4800
Literleistung	(kW/l)	51,1	51,1	53,0	51,1	71,2	84,9	51,1
Höchstdrehzahl	(U/min)	6720	6720	6720	6720	6900	6900	6720
Motorgewicht	(kg)	238	238	226	238	275	275	238
Gemischaufbereitung, Zündung, Einstellwerte								
Kraftstoffanlage		DME S	DME S	DME S	DME S	K-Jetronic	K-Jet.	DME S
Kraftstoffart	(ROZ)	95	95	98	95	95	98	95
Zündsystem		DME	=	=	=	KFZ	KFZ	DME
Zündung		Doppel	Doppel	Doppel	Doppel	Einfach	Einfach	Doppel
Zündkerzen Bosch		FR 5 DTC	=	=	=	WR 4 DPO	WR4 DPO	FR5 DTC
Beru								
Elektrodenabstand	(mm)	0,7	=	=	=	0,6	0,6	0,7
Klopfregelung		ja	ja	ja	ja	nein	nein	ja
Leerlaufdrehz.	(U/min)	880+-40	=	=	=	1000 +-50	=	880+-40
CO-Gehalt ohne Kat.	(%)	0,5...1,0	=	=	=	1+- 0,2	=	0,5...1,0
mit Kat.	(%)	0,4...1,2	=	=	=	1+- 0,2	=	0,4...1,2
Kraftstoffverbrauch nach								
EG-Norm, Schaltgetriebe	(l/100km)							
A. bei konstant 90 km/h		7,8	8,0	7,7	7,8	8,5	7,8	7,8
B. bei konstant 120 km/h		9,7	9,5	9,5	9,7	10,4	9,7	9,7
C. EG-Stadtzyklus		17,1	17,9	15,7	17,1	21,0	17,1	17,1
Drittelmix		11,5	11,8	11,0	11,5	13,3	11,5	11,5
Mit Tiptronic								
A. bei konstant 90 km/h		7,9	...	...	...	...	...	7,9
B. bei konstant 120 km/h		9,6	...	...	...	...	...	9,6
C. EG-Stadtzyklus		17,1	...	...	...	...	...	17,1
C. Drittelmix		11,4	...	...	...	...	...	11,4
Füllmengen								
Motorölmenge 1*	(l)	11,5	=	=	=	13	13	11,5

1* Zugelassen API SE/SF mit Kombinationen API SE/CC - SF/CC - SF/CD - SE/CD. Mehrbereichsöle nach Werksfreigabe.

Baujahr	Modell	Typ	Fahrgestell-Nr.	Motor-Typ
1992	Coupé	964 RDW Turbo S	WPOZZZ96ZPS47 79001-	M30/69SL
	Coupé	964 RDW	WPOZZZ96ZNS 400001-	M64/01 M64/02
		964 USA/Kanada	WPOZZZ96ZNS 420001-	
	Cabrio	964 RDW	WPOZZZ96ZNS 450001-	
		964 USA/Kanada	WPOZZZ96ZNS 460001-	
	Targa	964 RDW	WPOZZZ96ZNS 430001-	
		964 USA/Kanada	WPOZZZ96ZNS 440001-	
	Coupé	964 RS RDW	WPOZZZ96ZNS 490001-	M64/03
		964 RS USA/Kanada	WPOZZZ96ZNS 495001-	
	Coupé	964 Turbo RDW	WPOZZZ96ZNS 470001-	M30/69
		964 Turbo USA/Kanada	WPOZZZ96ZNS 480001-	M30/69
		964 Turbo S	WPOZZZ96ZPS 479001-	

Modelljahr 1993

Modellbezeichnung		Carrera 2	Carrera 4	Turbo 3.6
Motor				
Motor-Typ Schaltgetr.		M64/01	M64/01	M 64/50
Tiptronic		M64/02	...	...
Bohrung	(mm)	100	100	100
Hub	(mm)	76,4	76,4	76,4
Hubraum	(cm^3)	3600	3600	3600
Verd.verhältnis		11,3:1	11,3:1	7,5:1
Motorleistung	(kW/PS)	184/250	184/250	265/360
bei Drehzahl	(U/min)	6100	6100	5500
Drehmoment	(Nm)	310	310	520
bei Drehzahl	(U/min)	4800	4800	4200
Literleistung	(kW/l)	51,1	51,1	73,6
Höchstdrehzahl	(U/min)	6720	6720	6600
Motorgewicht	(kg)	238	238	276
Gemischaufbereitung, Zündung, Einstellwerte				
Kraftstoffanlage		DME S	DME S	K-Jetronic
Kraftstoffart	(ROZ)	95	95	95
Zündsystem		DME	=	KFZ
Zündung		Doppel	Doppel	Einfach
Zündkerzen Bosch		FR 5 DTC	=	FR 6 LDC
Beru		14Fr-5DTU	=	...
Elektrodenabstand	(mm)	0,7	=	0,8
Klopfregelung		ja	ja	nein
Leerlaufdrehz.	(U/min)	880+-40	=	950+50
Abgasanlage/Entgiftung		Lambda-Sonde+Dreiwege-Metallkatalysator		
CO-Gehalt ohne Kat.	(%)	0,5...1,0	=	1,0...1,4
mit Kat.	(%)	0,4...1,2	=	0,8...1,2
Kraftstoffverbrauch nach				
EG-Norm, Schaltgetriebe	(l/100km)			
A. bei konstant 90 km/h		7,8	8,0	8,3
B. bei konstant 120 km/h		9,7	9,5	10,5
C. EG-Stadtzyklus		17,1	17,9	21,3
Drittelmix		11,5	11,8	13,3
Mit Tiptronic				
A. bei konstant 90 km/h		7,9	...	...
B. bei konstant 120 km/h		9,6	...	...
C. EG-Stadtzyklus		17,1	...	...
C. Drittelmix		11,4	...	...
Füllmengen				
Motorölmenge 1*	(l)	11,5	=	12,0

1* Zugelassen API SE/SF mit Kombinationen API SE/CC - SF/CC - SF/CD - SE/CD. Mehrbereichsöle nach Werksfreigabe.

Baujahr	Modell	Typ	Fahrgestell-Nr.	Motor-Typ
1993	Coupé	964	WPOZZZ96ZPS40	M64/01
		RDW	0001-3249	M64/02
	Targa	964	WPOZZZ96ZPS43	M64/01
		RDW	0001-0419	M64/02
	Cabrio	964	WPOZZZ96ZPS45	M64/01
		RDW	0001-1414	M64/02
	Turbo 3.6	964	WPOZZZ96ZPS47	M64/50
		RDW	0001-0650	

Modelljahr 1994

Modellbezeichnung		Carrera (993)	Carrera 2 Cabriolet	Carrera 2 SPEEDSTER	Carrera 4 Turbo Look*	Turbo 3,6
Motor						
Motor-Typ Schaltgetr.		M64/05	M64/01	M64/01	M64/01	M 64/50
Tiptronic		M64/06	M64/02	M64/02	...	...
Bohrung	(mm)	100	100	100	100	100
Hub	(mm)	76,4	76,4	76,4	76,4	76,4
Hubraum	(cm^3)	3600	3600	3600	3600	3600
Verd.verhältnis		11,3:1	11,3:1	11,3:1	11,3	7,5:1
Motorleistung	(kW/PS)	200/272	184/250	184/250	184/250	265/360
bei Drehzahl	(U/min)	6100	6100	6100	6100	5500
Drehmoment	(Nm)	330	310	310	310	520
bei Drehzahl	(U/min)	5000	4800	4800	4800	4200
* bis 12/93, ab 3/94 neue Generation mit Daten wie 993 Coupé; ** bis 12/93, entfällt danach.						
Literleistung	(kW/l)	55,6	51,1	51,1	51,1	73,6
Höchstdrehzahl	(U/min)	6700	6720	6720	6720	6600
Motorgewicht	(kg)	232	238	238	238	276
Gemischaufbereitung, Zündung, Einstellwerte						
Kraftstoffanlage		DME S	DME S	DME S	DME S	K-Jetronic
Kraftstoffart	(ROZ)	98	95	95	95	95
Zündsystem		DME	DME	DME	DME	KFZ
Zündung		Doppel	Doppel	Doppel	Doppel	Einfach
Zündkerzen Bosch		FR 6 LDC	FR 5 DTC	=	=	FR 6 LDC
Beru		14Fr-5DTU	14FR-5DTU	=	=	...
Elektrodenabstand	(mm)	0,7	0,7	=	=	0,8
Klopfregelung		ja	ja	ja	ja	nein
Leerlaufdrehz.	(U/min)	800+-40	880+-40	=	=	950+50
Abgasanlage/Entgiftung		BLS+2xDWMK	Lambda-Sonde+Dreiwege-Metallkatalysator			= + SLE+ZLP
CO-Gehalt ohne Kat.	(%)	0,5...1,0	=	=	=	1,0...1,4
mit Kat.	(%)	0,4...1,2	=	=	=	0,8...1,2
Kraftstoffverbrauch nach						
EG-Norm, Schaltgetriebe	(l/100km)					
A. bei konstant 90 km/h		7,4	7,8	=	8,0	8,3
B. bei konstant 120 km/h		9,1	9,7	=	9,5	10,3
C. EG-Stadtzyklus		17,9	17,1	=	17,9	21,3
Drittelmix		11,4	11,5	=	11,8	13,3
Mit Tiptronic						
A. bei konstant 90 km/h		7,8	7,9	=	...	...
B. bei konstant 120 km/h		9,6	9,6	=	...	...
C. EG-Stadtzyklus		17,2	17,1	=	...	...
C. Drittelmix		11,5	11,4	=	...	...

Zeichenerklärung:
Turbo Look* = Technische Daten beziehen sich auf Carrera 4 Turbo Look
DME S = Digitale Motor Elektronik, Einspritzung sequentiell; KFZ = Kennfeldzündung, druckgesteuert; SLE = Sekundärlufteinblasung
ZLP = Zusatzluftpumpe

Füllmengen						
Motorölmenge 1*	(l)	11,5	=	=	=	12,0

1* Zugelassen API SE/SF mit Kombinationen API SE/CC - SF/CC - SF/CD - SE/CD. Mehrbereichsöle nach Werksfreigabe

Baujahr	Modell	Typ	Fahrgestell-Nr.	Motor-Typ
1994	Turbo 3.6	964	WPOZZZ96ZRS47	M64/50
		RDW	0001-0471	
	Coupé	993	WPOZZZ99ZRS30	M64/05
		RDW	0001-6412	M64/06
	Coupé	964	WPOZZZ96ZRS40	M64/01
		RDW	0001-0505	M64/02
	Cabrio	964	WPOZZZ99ZRS45	M64/01
		RDW	0001-0315	M64/02
	Speedster	964	WPOZZZ96ZRS45	M64/01
		RDW	5001-5581	M64/02

Modelljahr 1995

Modellbezeichnung		Carrera	Carrera 4	Carrera RS	911 Turbo *
Motor					
Motor-Typ Schaltgetr.		M64/05	M64/05	M64/20	M64/60
	Tiptronic		M64/06	.....	....
Bohrung	(mm)	100	100	102	100
Hub	(mm)	76,4	76,4	76,4	76,4
Hubraum	(cm^3)	3600	3600	3746	3600
Verdichtungsverhältnis		11,3:1	11,3:1	11,3:1	8,0:1
Motorleistung	(kW/PS)	200/272	200/272	221/300	300/408
bei Drehzahl	(U/min)	6100	6100	6500	5750
Drehmoment	(Nm)	330	330	355	540
bei Drehzahl	(U/min)	5000	5000	5400	4500
Literleistung	(kW/l)	55,6	55,6	59	83,3
Höchstdrehzahl	(U/min)	6700	6700	6840	6720
Motorgewicht	(kg)	232	232	230	268
Gemischaufbereitung, Zündung, Einstellwerte					
Kraftstoffanlage		DME S	DME S	DME S	DME S
Kraftstoffart	(ROZ)	98	98	98	98
Zündsystem		DME	DME	DME	DME
Zündung		Doppel	Doppel	Doppel	Einfach
Zündkerzen Bosch		FR 6 LDC und FR 5 DTC	=	=	FR 6 LDC
Beru		14 FR -5 DTU	=	=	14 FR 5 LDU
Elektrodenabstand	(mm)	0,7	=	=	=
Klopfregelung		ja	ja	ja	ja
Leerlaufdrehzahl	(U/min)	800 +-40	880 +-40	960 +-40	800 + -40
Abgasanlage/Entgiftung		BLS+2xDWMK	=	=	4 x BLS + DWMK + ZLP
CO-Gehalt	ohne Kat.	(%)	0,5 ... 1,0	=	= 1,0 ... 1,4
	nach Kat.	(%)	0,4 ... 1,2	=	= 0,8 ... 1,2
Kraftstoffverbrauch nach EG-Norm,					
Schaltgetriebe	(l/100 km)				
bei konstant 90 km/h		7,5	7,5	7,6	8,2
bei konstant 120 km/h		9,2	9,2	9,5	10,3
EG-Stadtzyklus		17,4	17,6	20,1	21,0
Drittelmix		11,4	11,5	12,4	13,2
Tiptronic	(l/100 km)				
bei konstant 90 km/h		7,5	.....	.....	.....
bei konstant 120 km/h		9,2	.....	.....	.....
EG-Stadtzyklus		16,8	.....	.....	.....
Drittelmix		11,3	.....	.....	.....

Zeichenerklärung:
BLS = Beheizte Lambdasonde; DME S = Digitale Motor Elektronik, Einspritzung sequentiell; DWMK = Dreiwege-Metallkatalysator; ZLP = Zusatzluftpumpe

Füllmengen					
Motorölmenge 1*	(l)	11,5	11,5	11,5	11,5

1* Zugelassen Motoröl API SE/SF mit Kombinationen API SE/CC – SF/CC – SF/CD – SE/CD. Mehrbereichsöle nach Werksfreigabe.

Baujahr	Modell	Typ	Fahrgestell-Nr.	Motor-Typ
1995	Coupé	993	WP0ZZZ99ZSS31	M64/05
		RDW	0001-9000	M64/06
	Cabrio	993	WP0ZZZ96ZSS33	M64/05
		RDW	0001-9000	M64/06
	Coupé RS 3.8	993	WP0ZZZ96ZSS93	M64/20
		RDW	0001-0400	

Keine Turbo-Ident-Nummern in diesem Modelljahr – Fahrgestellnummern von Modelljahr 1996

Modelljahr 1996

Modellbezeichnung		Carrera	Carrera 4	Carrera 4 S	Carrera RS	911 Turbo	911 GT 2
Motor							
Motor-Typ Schaltgetr.		M64/05	M64/05	M64/21	M64/20	M64/60	M64/60R
Tiptronic		M64/06	.....	.....	.....	.....	.....
Bohrung	(mm)	100	100	100	102	100	100
Hub	(mm)	76,4	76,4	76,4	76,4	76,4	76,4
Hubraum	(cm^3)	3600	3600	3600	3746	3600	3600
Verdichtungsverhältnis		11,3:1	11,3:1	11,3:1	11,3:1	8,0:1	8,0:1
Motorleistung	(kW/PS)	210/285	210/285	210/285	221/300	300/408	316/430
bei Drehzahl	(U/min)	6100	6100	6100	6500	5750	5750
Drehmoment	(Nm)	340	340	340	355	540	540
bei Drehzahl	(U/min)	5250	5250	5250	5400	4500	4500
Literleistung	(kW/l)	58,3	58,3	58,3	59	83,3	87,77
Höchstdrehzahl	(U/min)	6700	6700	6700	6840	6720	....
Motorgewicht	(kg)	239*	239*	239*	230	268	

* mit Unterbodenverkleidung, Kupplung und Klimakompressor

Gemischaufbereitung, Zündung, Einstellwerte

		Carrera	Carrera 4	Carrera 4 S	Carrera RS	911 Turbo	911 GT 2
Kraftstoffanlage		DME S + Varioram	=	=	=	DME S	DME S
Kraftstoffart	(ROZ)	98	98	98	98	98	98
Zündsystem		DME	DME	DME	DME	DME	DME
Zündung		Doppel	Doppel	Doppel	Doppel	Einfach	Einfach
Zündkerzen Bosch		FR 6 LDC und FR 5 DTC		=	=	FR 6 LDC	....
Beru		14 FR 5 DTU und 14 FR 6 LDU		=	=	14 FR 5 LDU	....
Elektrodenabstand	(mm)	0,7	=	=	=	=	....
Klopfregelung		ja	ja	ja	ja	ja	....
Leerlaufdrehzahl	(U/min)	800 +-40	800 +-40	800+-40	960 +-40	800 +-40	
Abgasanlage/Entgiftung		BLS+2xDWMK	=	=	=	4xBLS+2xDWMK+ZLP	=
CO-Gehalt ohne Kat.	(%)	0,5 ... 1,0	=	=	=	1,0 ... 1,4	....
nach Kat.	(%)	0,4 ... 1,2	=	=	=	0,8 ... 1,2	....
Kraftstoffverbrauch nach EG-Norm,							
Schaltgetriebe	(l/100 km)						
bei konstant 90 km/h		7,6	7,8	8,0	7,6	8,2	*
bei konstant 120 km/h		9,3	9,3	9,6	9,5	10,3	*
EG-Stadtzyklus		16,3	16,9	16,9	20,1	21,0	*
Drittelmix		11,2	11,3	11,5	12,4	13,2	*
Tiptronic	(l/100 km)						
bei konstant 90 km/h		8,2	.....	.....	.....	.....	.....
bei konstant 120 km/h		9,8	.....	.....	.....	.....	.....
EG-Stadtzyklus		15,8	.....	.....	.....	.....	.....
Drittelmix		11,3	.....	.....	.....	.....	.....

Zeichenerklärung:
BLS = Beheizte Lambdasonde; DME S = Digitale Motor Elektronik, Einspritzung sequentiell; DWMK = Dreiwege-Metallkatalysator; * = nicht ermittelt

Füllmengen

		Carrera	Carrera 4	Carrera 4 S	Carrera RS	911 Turbo	911 GT 2
Motorölmenge 1*	(l)	11,5	11,5	11,5	11,5	11,5	

1* Zugelassen Motoröl API SE/SF mit Kombinationen API SE/CC – SF/CC – SF/CD – SE/CD. Mehrbereichsöle nach Werksfreigabe .

Baujahr	Modell	Typ	Fahrgestell-Nr.	Motor-Typ
1996	Coupé	993	WP0ZZZ99ZTS31	M64/21
		RDW	0001-9000	M64/22
	Targa	993	WP0ZZZ99ZTS38	M64/21
		RDW	0001-9000	M64/22
	Cabrio	993	WP0ZZZ96ZTS33	M64/21
		RDW	0001-9000	M64/22
	Coupé RS 3.8	993	WP0ZZZ96ZTS39	M64/20
		RDW	0001-0400	
	Turbo	993	WP0ZZZ96ZTS37	M64/60
		RDW	0001-3000	

Modelljahr 1997/Modelljahr 1998*

Modellbezeichnung		**Carrera (Targa*)**	**Carrera S***	**Carrera 4**	**Carrera 4 S***	**911 Turbo***	**911 GT 2**
Motor							
Motor-Typ Schaltgetr.		M64/21	M64/21	M64/21	M64/21	M64/60	M64/60R
Tiptronic		M64/22	M64/22	.....	.....	.....	.....
Bohrung	(mm)	100	100	100	100	100	100
Hub	(mm)	76,4	76,4	76,4	76,4	76,4	76,4
Hubraum	(cm^3)	3600	3600	3600	3600	3600	3600
Verdichtungsverhältnis		11,3:1	11,3:1	11,3:1	11,3:1	8,0:1	8,0:1
Motorleistung	(kW/PS)	210/285	210/285	210/285	210/285	300/408	316/430
bei Drehzahl	(U/min)	6100	6100	6100	6100	5750	5750
Drehmoment	(Nm)	340	340	340	340	540	540
bei Drehzahl	(U/min)	5250	5250	5250	5250	4500	4500
Literleistung	(kW/l)	58,3	58,3	58,3	58,3	83,3	87,77
Höchstdrehzahl	(U/min)	6700	6700	6700	6700	6720	
Motorgewicht	(kg)	239**	239**	239**	239**	268	

** mit Unterbodenverkleidung, Kupplung und Klimakompressor

Gemischaufbereitung, Zündung, Einstellwerte							
Kraftstoffanlage		DME S + Varioram	=	=	=	DME S	DME S
Kraftstoffart	(ROZ)	98	98	98	98	98	98
Zündsystem		DME	DME	DME	DME	DME	DME
Zündung		Doppel	Doppel	Doppel	Doppel	Einfach	Einfach
Zündkerzen Bosch		FR 6 LDC und FR 5 DTC		=	=	FR 6 LDC	
Beru		14 FR 5 DTU und 14 FR 6 LDU		=	=	14 FR 5 LDU	
Elektrodenabstand	(mm)	0,7	=	=	=	=	
Klopfregelung		ja	ja	ja	ja	ja	
Leerlaufdrehzahl	(U/min)	800 +-40	800 +-40	800+-40	800 +-40	800 +-40	
Abgasanlage/Entgiftung		BLS+DWMK	=	=	=	4xBLS+DWMK+ZLP	=
CO-Gehalt ohne Kat.	(%)	0,5 ... 1,0	=	=	=	1,0 ... 1,4	
nach Kat.	(%)	0,4 ... 1,2	=	=	=	0,8 ... 1,2	
Kraftstoffverbrauch nach 93/116/EG							
Schaltgetriebe	(l/100 km)						
städtisch		17,6	17,7	17,9	18,0	23,5	23,3
außerstädtisch		8,6	8,8	8,9	9,1	11,2	10,8
gesamt		11,9	12,0	12,2	12,3	15,7	15,4
Zielwert CO_2	(g/km)	295	296	299	301	376	368
Tiptronic (l/100 km)							
städtisch		18,2	18,5	.....	.....	.....	.....
außerstädtisch		8,7	8,7	.....	.....	.....	.....
gesamt		12,2	12,4	.....	.....	.....	.....
Zielwert CO_2	(g/km)	303	307	.....	.....	.....	.....

Zeichenerklärung:
BLS = Beheizte Lambdasonde; DME S = Digitale Motor Elektronik, Einspritzung sequentiell; DWMK = Dreiwege-Metallkatalysator

Füllmengen							
Motorölmenge 1*	(l)	11,5	11,5	11,5	11,5	11,5	

1* Zugelassen Motoröl API SE/SF mit Kombinationen API SE/CC – SF/CC – SF/CD – SE/CD. Mehrbereichsöle nach Werksfreigabe.

Baujahr	Modell	Typ	Fahrgestell-Nr.	Motor-Typ
1997	Coupé	993	WPOZZZ99ZVS31	M64/21
		RDW	0001-9000	M64/22
	Targa	993	WPOZZZ99ZVS38	M64/21
		RDW	0001-5000	M64/22
	Cabrio	993	WPOZZZ96ZVS33	M64/21
		RDW	0001-9000	M64/22
	Turbo	993	WPOZZZ96ZVS37	M64/60
		RDW	0001-3000	
1998	Coupé	993	WPOZZZ99ZWS31	M64/21
		RDW	0001-9000	M64/22
	Targa	993	WPOZZZ99ZWS38	M64/21
		RDW	0001-5000	M64/22
	Cabrio	993	WPOZZZ96ZWS33	M64/21
		RDW	0001-9000	M64/22
	Turbo	993	WPOZZZ96ZWS37	M64/60
		RDW	0001-3000	
	Coupé	996	WPOZZZ99ZWS60	M96/01
		RDW	0001-9000	
	Cabrio	996	Bei Drucklegung des Buches noch nicht veröffentlicht	

Porschebücher bei HEEL

„Alexander Knoll hat die Archive durchstöbert, die Story mit Insiderwissen aufbereitet, mit technischen Einzelheiten angereichert und einen Band gefüllt, der für Elfer-Freunde Pflichtstoff ist. Die Knollsche Fotoausbeute läßt kaum eine Frage offen." (Stuttgarter Zeitung)

Alexander Knoll
Das Große Porsche 911-Buch
216 Seiten, 350 Abbildungen,
255 x 340 mm, gebunden mit farbigen Schutzumschlag
DM 78,– / SFR 71,– / ÖS 569,–
ISBN 3-89365-316-3

Dieser neue Technothek-Band beschäftigt sich mit dem Porsche 356, der auch drei Jahrzehnte nach seiner Produktionseinstellung nichts von seiner Faszination verloren hat. Rund 120 Farbfotos zeigen den Porsche 356 in seinen verschiedenen Variationen, ergänzt durch sach- und fachkundige Beiträge der Autoren.

Colin Burnham / Paul Jeffries
Technothek: Porsche 356
128 Seiten, ca. 120 Farbfotos,
210 x 228 mm, Softback
DM 24,80 / SFR 24,80 / ÖS 181,–
ISBN 3-89365-621-9

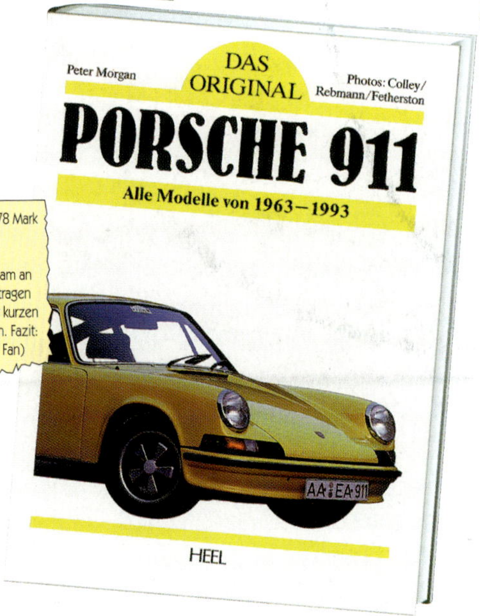

„Dieses Porsche-Buch ist seine 78 Mark allemal wert." (Auto Bild)
„Was der Autor und sein Fototeam an Detailinformation zusammengetragen und illustriert haben, ist in einer kurzen Rezension nicht zu beschreiben. Fazit: sehr empfehlenswert." (Modell Fan)

Morgan, Colley u. a.
Porsche 911
128 Seiten, 200 Abbildungen,
232 x 302 mm, gebunden mit farbigen Schutzumschlag
DM 78,– / SFR 71,– / ÖS 569,–
ISBN 3-89365-462-3

„Faszinierende Fotos, interessante Informationen, attraktive Aufmachung – dieses Buch ist in jeder Hinsicht gelungen." (MOT)
„Die Fotos exzellent, rar und ebenso detailfreudig wie stimmungsgeladen. Die Texte kompetent, knapp und flott formuliert." (Alles Auto)

Henry Rasmussen
Porsche 356 & 550
Eine Erfolgsstory in Bildern
mit einem Vorwort von Ferdi Porsche
160 Seiten, ca. 260 teils farbige Abbildungen,
285 x 223 mm, gebunden mit farbigen Schutzumschlag
DM 68,– / SFR 62,– / ÖS 496,–
ISBN 3-89365-347-3

HEEL Bücher
Postfach 1220
53622 Königswinter
Bestellhotline:
Tel.: (0531) 799079
Fax: (0531) 795939

MITTELMOTOR
• Kompetenz in Technik
• Ersatzteile neu & gebraucht
• Rennsportteile
• Täglicher Versand - weltweit
• Eigene Hauszeitung
• Komplettfahrzeuge
• Rostfreie Rohkarosserien
• Eigene Werkstatt mit Richtbankverleih
• Motoren- und Getriebe-Instandsetzung
0234 935 1414
911 Katalog kostenlos anfordern!
Werner Hellweg 27 • 44803 Bochum • Fax 0234 935 1415 • e-mail: mittelmotor @ t-online.de

Olaf M. Ohl

Geboren 1941 in Siegen/Westfalen. Anfang der Sechziger einige Semester Germanistik, Theaterwissenschaft und Philosophie in Köln. 1963 bis 1966 Schauspielschule in Berlin. Während dieser Jahre wiederholt Jobs als Kabelhilfe und Kameraassistent beim WDR Köln mit der Gelegenheit, den besten deutschen Fernsehspielregisseuren bei der Arbeit zuzusehen. 1967 bis 1994 Wohnsitz München. Von 1967 bis 1974 als Schauspieler und Regieassistent an Theatern in München und Berlin und auf Tourneen. Von 1975 bis 1994 als freier Produzent, Autor und Regisseur von LPs, MCs und Werbespots. 1994 Umzug nach Malta: „Die Alpen versperrten uns halt den Blick aufs Mittelmeer."

Bezug zum Motorsport:

Schon als Kind wurde in mir das Interesse am Motorsport geweckt: „Bevor ich wußte, wer Goethe und Schiller waren, kannte ich schon die Namen Carracciola und Rosemeyer." 1950 zum ersten Mal bei einem Rennen auf dem Nürburgring, seitdem endgültig infiziert. 1968 Begegnung mit Klaus Steinmetz, damals Rennleiter bei BMW. Er zeigt mir englische und amerikanische Motorsport-Schallplatten, nicht ohne Folgen: Im selben Jahr Veröffentlichung der ersten LP „Sounds of the Nürburgring", 1969 folgte „Nürburgring im Cockpit". Von 1975 Tonaufnahmen bei zahlreichen Rennen und Testfahrten: „Fotografen gibt's genug, ich sammle die Sounds." Berufsangabe manchmal – in Anbetracht der Phonzahlen, mit denen ich zu tun hatte –: „Lautmaler". In Malta für die nächsten Jahre damit beschäftigt, das Sound-Archiv auszuwerten.

Weitere Veröffentlichungen zum Thema Motorsport:

LP „Grand Prix Stereo" (1975);
LP „Rennwagen Sound Show" (1977);
LP „Motorrad Sound Show" (1981);
LP „Toni Mang – der Weltmeister" (1981);
LP „Porsche Sound History" (1983);
MC „BMW MPower Sounds" (1989).

Oben: Olaf M. Ohl (im Foto knieend) bei Aufnahmen auf dem ehemaligen Fluggelände in Malmsheim bei Stuttgart.

PORSCHE – DIE ORIGINALEN SECHSZYLINDER-BOXER-SOUNDS

Gesamtlaufzeit inklusive Pausen (je zwei Sekunden): 34,47 Minuten

Laufzeiten in Minuten:

1. **Mixed Sounds: 2,09;**
2. **Ur-911: 0,54;**
3. **904/6: 1,57;**
4. **911 S / 911 T: 1,58;**
5. **911 R: 2,33*;**
6. **906: 1,37*;**
7. **910: 1,28*;**
8. **Carrera 2,7 RS: 1,29;**
9. **Carrera RSR: 2,34;**
10. **930: 1,05;**
11. **935 Gr. 5: 2,13;**
12. **935 Baby Gr. 5: 1,13;**
13. **911 SC: 1,05;**
14. **936 Gr. 6: 1,15;**
15. **956 C: 2,08;**
16. **911 Clubsport: 3,00;**
17. **962 C: 1,53;**
18. **964 / 993: 2,08;**
19. **GT 2: 1,27.**

*** Diese Aufnahmen sind Originale aus den sechziger Jahren. Da es seinerzeit keine transportablen und professionellen Stereo-Aufnahmegeräte gab, wurde monophon aufgezeichnet und nachträglich im Studio stereophoniert. Die Qualität entspricht daher dem damaligen technischen Stand.**